名师名校
新形态通识教育系列教材

U0740222

慕课版

职业生涯发展与就业指导

刘锐 王雅赟 李妍◎编著

CAREER
DEVELOPMENT
AND EMPLOYMENT
GUIDANCE

人民邮电出版社
北 京

图书在版编目（CIP）数据

职业生涯发展与就业指导 ：慕课版 / 刘锐，王雅赟，
李妍编著. -- 北京 ：人民邮电出版社，2023.1
名师名校新形态通识教育系列教材
ISBN 978-7-115-60284-8

Ⅰ. ①职… Ⅱ. ①刘… ②王… ③李… Ⅲ. ①大学生
－职业选择－高等学校－教材 Ⅳ. ①G647.38

中国版本图书馆CIP数据核字(2022)第192710号

内 容 提 要

　　本书根据大学生职业生涯发展的规律，系统科学地讲解了职业生涯发展相关的知识和生涯规划的方法。全书共 11 章，介绍了和职业生涯发展相关的理论，引导大学生进行自我全面的职业生涯认知，连接了专业和职业世界，促进了大学生的实习实践，提供了求职的实战方法等。本书具体内容包括职业生涯发展是一场人生之旅、你需要了解的生涯理论、陪你更加认识你自己、生涯决策、带你发现专业的奥秘、伴你揭开职场的面纱、通用能力训练营、实习实践百宝箱、求职就业宝典、职场适应加油站、生涯转型与平衡。

　　本书既注重理论，又关注实践。书中含有大量案例，并对案例进行了多角度分析。每章最后设有"回顾·练习"和"发现·探索"栏目，针对性强，注重对内容的应用，有助于加深大学生对内容的理解。

　　本书可以作为各类高等院校和职业院校职业生涯类和就业类课程的教材，也适合有职业生涯发展困惑的大学生和社会人士自主学习与参考。

◆ 编　著　刘　锐　王雅赟　李　妍
　　责任编辑　楼雪樵
　　责任印制　王　郁　彭志环
◆ 人民邮电出版社出版发行　　北京市丰台区成寿寺路 11 号
　　邮编　100164　电子邮件　315@ptpress.com.cn
　　网址　https://www.ptpress.com.cn
　　北京鑫丰华彩印有限公司印刷
◆ 开本：787×1092　1/16
　　印张：13.75　　　　　　　　　　2023 年 1 月第 1 版
　　字数：387 千字　　　　　　　　2025 年 7 月北京第 7 次印刷

定价：54.00 元
读者服务热线：(010)81055256　印装质量热线：(010)81055316
反盗版热线：(010)81055315

"我该选择什么样的工作？我要往何处去？"——这样的生涯发展困惑几乎笼罩在每一个大学生的头顶，带来了这个成年初期最普遍的迷茫，这种迷茫也常常伴随着一定的焦虑和痛苦。然而这种迷茫、焦虑和痛苦又是年轻人无法回避的，他们必须独自面对这样的人生挑战。我相信这本书能够帮助大学生面对这样的挑战，因为三位作者都是既有扎实的生涯教育理论功底，又兼备非常丰富的一线指导经验的生涯导师，她们将亦师亦友，把生涯发展的秘诀娓娓道来，一定会让读者有不一样的收获。

教育部大学生心理健康指导专家委员会常务副秘书长

北京师范大学心理学部教授　乔志宏

2022年11月

从学生到社会最重要的是适应不同角色与不同环境，做心智成熟的年轻人，懂得用心经营自己的人生，让自己拥有人生的掌控权。老师对学生的期待是学以致用，将生命投入自己热爱的事情上，通过学习，找到优势，在职场发挥所长；身心健康，做一个对社会有价值的人。

北京大学心理与认知科学学院　侯玉波

2022年11月

亲爱的高校学子们，你们好，很荣幸在这里与你们相遇！

作为天津卫视《非你莫属》节目的制片人，很荣幸接到本书编者之一王雅赟老师的邀请为本书作推荐。在推荐之前，请允许我先向你们介绍一下这档已经12周岁的"老"节目——《非你莫属》。2010年10月30日，《非你莫属》这档栏目在天津卫视与大家第一次见面，作为一档职场服务类节目，它首次揭开了"面试"的神秘面纱，让无数观众看到求职者如何直面企业家的"步步紧逼"。作为一档面对电视观众的职场服务类节目，它兼具专业性和娱乐性，一直致力于传播正确的职场价值观，树立健康的求职观。12年来，我们制作播出了1100多期节目，累计播出时长超过87400分钟，邀请全国各领域近700位企业家参与现场招聘，为4300余位海内外优秀求职者提供了面试机会。

在大量的求职者中，高校学生占据了相当大的比例。12年来，《非你莫属》对高校生的职场规划、择业就业倍加关注，积极邀请高校学生来到节目舞台上展示自身风采，多次进入北京大学、清华大学等高校开设专场，并在毕业季、校招季等重要时间节点为大学生提供有效的职场建议。而大多数高校学生都会在面试的最后环节向企业家提出一个问题，你们能猜到是什么吗？不是工资，不是制度标准，而是"我未来的职业发展方向是什么？"

作为职场节目的制片人，我无数次在录制现场、节目视频中听到这句话，从"90后"到"00后"，高校学生不断提出相似的问题，我意识到，"职业生涯与发展"真的应该成为高校的必修课程之一，因为这么多即将从学校步入职场的大学生都在为了未来的发展方向探索。而在如今凸出个性化的时代，"职业生涯与发展"的教育已经不是父母老师一两句话就可以讲清楚的了，它需要专业的老师及教材抽丝剥茧地告诉学生们，什么是职业生涯发展？如何确定你的职业兴趣？面对职业生涯的重要决策，你该如何选择？

今天，我很开心可以向大家推荐这本《职业生涯发展与就业指导（慕课版）》。本书充分而又详细地回答了上述问题，并引导大学生在理论与实践中慢慢认知真实的职场。本书更侧重方法的传授，在探索自己、探索职业、探索生涯方面都给出了切实可行的方法和值得探索的思路；同时也为大学生如何应对面试、培养职场胜任力，做一名成熟的职场人给出了方向指引。预祝你们在学习过本书后，能清晰地找到自己的职业发展方向，然后自信满满地来到《非你莫属》的舞台上绽放光彩！最后送给所有的学子们3个关键词，希望可以在今后的职场道路上帮助你们前行：树立目标、找准方向、全力以赴！

未来就在你此刻的手中！加油！

大型职场节目《非你莫属》制片人　赵欣

2022年11月

写这本书是为了圆自己的一个梦想——帮助大学生利用好大学时光，顺利走进职场不迷茫的职业价值梦想。听完我的故事，也许你就理解我为什么愿意拿出时间联合两位优秀的高校老师一起写这本书。

我读高中和大学时，没有认真学习过任何职业生涯发展规划和就业相关的书籍和课程，以至于自己在高考选择专业到毕业初入职场的人生路上总是被时间规划，让自己活得非常被动，没有选择权。大学我知道要认真学习、顺利毕业，但是我不知道自己毕业后的发展方向是什么；不知道要找优秀的前辈交流经验；不知道上网查询如何通过不同的校园实践和实习总结经验，让自己的经历变成未来求职的价值；更不知道如何写出一份让面试官印象深刻的简历，不知道如何与面试官沟通表达自己的优势，以至于在面试路上，屡屡受挫。那时的我被现实打击得无地自容。值得庆幸的是，性格决定命运，我不是一个在正确的方向上努力没结果就放弃的人。父母建议我考研、考公务员，参加司法考试，努力留在家乡的法院工作，但当时的我，真心不喜欢这些选择。

上天一定会给每一个努力的人机会。先就业再择业，找不限专业的岗位，我加入了一家比较有名的食品企业做管理培训生。顺利转正和优秀的绩效，让我对自己重建信心。一年半后，我选择"裸辞"，和同学一起到北京发展，这一决策是我人生命运的巨大转折点。

我当时来北京带着明确的求职目标，就是要进入人力资源行业，因此，我做了大量前期调研和准备工作，深入了解每一家求职企业的用人标准和经营理念。顺利踏入目标行业后，我的前辈对我说："记住，今天工作不努力，明天努力找工作。"踏入这个行业让我兴奋，因为每一天都是新鲜的，我有意识地拜访合作企业，与优秀的高管沟通，通过职业访谈，了解他们的职业生涯故事，在这其中我发现，人生有意识地规划，可以让自己拥有"步步为营"的生命状态。

我的工作让我看到大量职场中期转型失败和成功的故事，唯有持续学习更新自己的认知系统，修炼意志品质，才能不被社会淘汰。30岁后，我有了重启人生的新规划，选择在哺乳期，边工作、边考北京大学应用心理学研究生，并顺利拿下硕士学位，让新的专业为自己的职业发展和教育孩子增加技能。

学以致用是我的学习信条，"知识没有用，是因为知识没有用"。我开始做大量职业发展个案咨询，走进高校为老师和学生做讲座，走进企业做内训，实现自己的理论与实践融合的经验价值。我受邀参与天津卫视职场节目《非你莫属》的录制，看到了更多职场里看不到的人生百态，并将有价值的观点输出给电视机前的观众们。我喜欢了解"人的心理"，探索人在不同阶段的"职业发展与规划"的需求，寻找如何拥有幸福人生的解决方案……

过往的从业经历让我阅人无数，阅好企业上万家，让我充分理解好雇主的用人标准和优秀人才的画像。我的经历让我体验到人生规划与选择的重要性。一个人若是看不到未来，就掌握不了现在；一个人若是掌握不了现在，就看不到未来。愿每位读到此书的大学生，让这本书成为你前行路上的一盏路灯，陪你共走一程大学之路。校园中不仅有浪漫，还有人生理想，认真地活在当下的同时，还要心怀远见。

祝每位大学生都能做独一无二的自己，让自己的能力配得上自己的梦想。

王雅婧

2022年11月

党的二十大报告明确指出："我们要坚持教育优先发展、科技自立自强、人才引领驱动，加快建设教育强国、科技强国、人才强国，坚持为党育人、为国育才，全面提高人才自主培养质量，着力造就拔尖创新人才，聚天下英才而用之。"帮助大学生利用大学时光全面规划、积极行动，有自信地走向职场，对于高校来说是一项非常重要的任务。本书的内容设计遵循职业生涯发展的探索逻辑，第一章至第三章主要介绍生涯发展意识的建立，包括生涯发展的观念、理论和方法，第四章、第五章主要介绍决策方法和专业认识，为职业生涯探索奠定基础，第六章至第九章主要介绍职业认识和能力发展，有助于提升大学生的就业能力，第十章和第十一章主要介绍初入职场适应和未来转型，为扫除未来发展可能遇到的阻碍提供准备。

本书主要内容和特点如下。

1. 本书介绍了经典的生涯发展理论和工具，通过大量的案例将理论运用到实践，章后设计"回顾·练习"和"发现·探索"栏目可以引导大学生探索职业生涯。

2. 本书内容紧扣大学生的学习与生活，在专业学习、校园活动、课外实践等方面提供了生涯指导的方法，帮助大学生完成从课本知识学习到生涯发展的思维转变。

3. 本书从职业发展的角度出发，提供了能力发展、初入职场与生涯转型等方面的探索方法，以期大学生能够增强就业能力、确定生涯发展方向。

编著者深知职业生涯发展的规律性和复杂性，在写作时兼顾两者，既介绍经典理论又参照前沿研究。生涯规划"有定式而无定法"，这在本书中有诸多体现。例如，本书既提供工具和模型指导大学生探索职业生涯，也介绍生涯混沌理论和生涯适应力知识；既介绍规划型决策，也介绍直觉型决策，从辩证的角度引导大学生进行职业生涯探索，而不局限于某一理论。

随着人们对教育的重视，我国每年的大学毕业生人数持续增长，因此，帮助大学生制订职业生涯发展规划，发挥所学专业价值，毕业后顺利走向职场，选择对自己的人生有意义、有价值的事业是一项非常重要的教学任务。本书的编写设计注重学以致用，将生涯规划的理论与真实的职业规划案例有效结合，帮助大学生掌握职业生涯规划的底层逻辑，培养职业化能力。

本书将心理学和职业生涯规划及职场应用相结合，并根据国家对于大学生就业需要具备的核心素养进行体系化设计。本书从将人生规划、学业规划、职业规划相结合的视角设计整体教学框架，内容包括生涯规划的意义，生涯规划的经典理论与方法，自我认知的4个关键要素，兴趣、专业与职业匹配的选择路径，打造职场核心素质的关键能力，求职面试指南，职场适应攻略，以及如何拥有幸福的职业人生等。

本书的课程设计非常实用，既对生涯理论及其应用进行了科学严谨的阐述，又通过真实的案例保证了理论的应用价值。书中收集了大量的行业发展和就业形势报告，帮助大学生了解职场中的工具和方法。本书编写力求科学、真实、有效、易懂，用案例解读的方式拆解理论的实践价值，可以帮助教师在教学过程中更好地启发大学生思考。

教师可以根据本书的内容设计，采取1+1模式教学，即采用理论课+实践训练的模式促进大学生对知识的应用。教师可以根据本书内容，以章为单位设计实践训练，让大学生通过分组实践与讨论的学习方式，理解不同个体对于生涯规划的意识。生涯规划的核心是在实践中发现问题和总结经验，让每一个大学生成为自己人生的规划设计师。

本书由刘锐、王雅赟、李妍编著，刘锐负责编写第三章、第五章、第七章、第八章；王雅赟负责编写第六章、第九章、第十章；李妍负责编写第一章、第二章、第四章、第十一章。本书将高校教师、职场导师的视角相结合，有助于高校教师设计课程，提升大学生的职业生涯规划认知水平，帮助大学生掌握职业生涯规划的方法与求职面试的经验和技巧。

懂规划的人生不迷路，我们希望帮助千万大学生找到梦想与使命，实现有意义的职场人生。

由于编著者水平有限，书中难免存在不妥之处，敬请广大读者批评指正。

编著者

2023年4月

第一章
职业生涯发展是一场人生之旅

1

关键词	工作　职业　志业　人职匹配　生涯发展　定位罗盘　生涯规划
	生涯成功　生涯决定社会学习理论　设定目标　代际差异　生涯幸福感
学习指南	1. 什么是职业生涯；
	2. 认识职业生涯规划；
	3. 通过定位罗盘思考如何定位生涯发展方向；
	4. 通过设立生涯目标、寻找生涯意义来定义生涯成功；
	5. 通过认识生涯决定社会学习理论来掌控自己的生涯发展；
	6. 了解代际差异对职业生涯发展的影响；
	7. 寻求生涯幸福感。

—— 案例导入 ——

　　未明即将升入大二，他突然感到很迷茫，不知道自己每天都在忙什么。他刚上大学的新鲜劲儿已经没有了，对大学的学习生活也已经适应，每天都忙着上课、参加社团……但是，问题开始不断地从他心里冒出来："大学毕业之后，我能干什么？考研还是找一份工作，抑或是出国留学？自己付出的这些努力对未来发展有什么帮助吗？"

　　不是每个人在选定自己的专业后，就很明确未来做什么，什么是自己真正热爱的职业，什么是自己的优势，可以怎样更好地发展自己的职业乃至志业。关于职业生涯，有的人一开始就知道目的地并一直在坚定前行，有的人需要拨开云雾不断跋涉才能找到方向，有的人忘记了自己手里有方向盘而停滞不前，你是哪一种呢？

第一节　认识职业生涯

　　想要找到自己的职业生涯发展方向、找到有意义的志业，可以从认识职业生涯规划开始。职业生涯规划是围绕个人的职业生涯发展进行的有方向性的探索与行动。

一、找工作与职业生涯

　　从职业生涯规划的含义来看，找工作与明确职业生涯规划是不同的。

（一）工作、职业与志业

一般来说，工作是指在一个岗位上完成的一系列任务和进行的一系列活动。这个概念将人们局限在了具体的任务和活动上。这些任务和活动实际上与职业有关，因为职业是由一系列的工作组成的。比如教师这一职业，它的价值不仅是备课、上课、开展教研活动、组织家校互动活动等，更是教书育人和立德树人。因此，职业除了一系列的工作外，还包括对待工作的态度、职业道德、价值取向，以及职业形象。所以，职业在某种程度上代表了一个人的身份识别和自我认知。

那么，志业与职业又有什么不同？令人高山仰止的梁漱溟先生曾描述了自己的生活状态："有志业而无职业，一生都从志愿和兴趣出发而工作着。"相对于职业，志业是个人的追求在职业上的体现，超越了职业本身的要求。一个找到自己志业的人，会感到付出是快乐的、是幸福的。

每个人都可以追求自己的志业。本书将通过讲解自我探索与评估相关知识，帮助大学生走出所谓的迷茫期，更好地认识自己，找到适合自己的职业乃至志业。

（二）生涯与职业生涯

工作到底意味着什么？有人认为它可以让自己实现经济独立，有人认为它是自己的兴趣所在，也有人认为它可以让自己发挥出自己的能力并获得成就感，还有人认为工作即一种生活方式……从这些回答中，我们可以发现人们要寻求的并不是一份工作，而是自身的职业生涯发展，找工作仅仅是大学生职业生涯发展规划过程中的一个步骤。

那么，什么是"生涯"呢？生涯原来指的是生命有边际、有限度，后来指生命、人生。《庄子·养生主》中的"吾生也有涯，而知也无涯"正是对生涯的写照。听到"艺术生涯""学术生涯""体操生涯"时，我们会联想到一生中与"艺术""学术""体操"相伴的时光。职业生涯发展是一场人生之旅，每个人都要不断地探索和突破自己，才能拥有真正的职业生涯发展。

我们进行职业生涯规划的时候，是在全面思考这一生要怎么度过，正如古希腊德尔斐城的阿波罗神庙镌刻的"认识你自己"，我们需要回答的是"我是谁？""我从哪里来？""我要到哪里去？"

二、找到职业生涯发展的方向

了解了什么是职业生涯，那么该如何找到职业生涯发展的方向呢？大学生不妨以找到与自身匹配的职业为起点，为职业生涯发展做好准备。

（一）明确人职匹配的"点"与职业生涯发展的"面"

20世纪初，"职业指导之父"帕森斯提出了职业指导"三步范式"：第一步是求职者评价自己的生理和心理特点等；第二步是分析不同职业对人的要求，以获得有关的职业信息；第三步是人职匹配，个人在了解自己的特点和职业要求的基础上，借助职业指导者的帮助，选择一项既适合自己又有可能获得的职业。帕森斯的这个理论对于职业生涯管理具有很强的现实意义，可以指导人们对自己所选择的职业进行理性分析，并确定适合自己的职业。在今天，人职匹配仍然是用人单位招聘人才的重要手段，只是评估的内容和方式有所变化。

当今的社会瞬息万变，职业的变化速度加快，人职匹配可以帮助我们在特定的时间找到一份工作，但不能帮助我们解决自身面临的发展与成长方面的问题。随着心智的成熟和生活方式的改变，人们会不断地对职业做出选择和调整；生涯发展贯穿一个人的一生，职业生涯的拓展是自我认知的拓展和实践；工作和生活的满足感来自我们的工作和生活在多大程度上实现了个人的能力、志趣、个性和价值。学者金树人用一句话来概括生涯发展：生涯之学，即应变之学。

美国学者萨维卡斯提出了生涯适应力的概念，它是指个体在应对不同工作任务及角色转变过程中自我调节的准备状态及社会资源，体现了个体在生涯发展过程中应对社会和职业挑战时的核心能力。至于具备生涯适应力是一种什么状态，萨维卡斯认为人们需要回答以下问题。

- 我是否关心自己的未来？（生涯关注）
- 我的未来掌握在谁的手中？（生涯控制）
- 我的未来能拥有什么？（生涯好奇）
- 我是否相信自己有能力拥有它？（生涯自信）

尝试回答这些问题的过程中，人们会找到自己对于职业生涯发展的信念、态度与能力，以及将会采取的具体行动与应对策略。

（二）多角度定位自己的职业生涯发展方向

很多人表示自己没有想象过未来的生活，也没有对未来有所期待和憧憬。实际上，他们不是没有自己的梦想或者期待，而是不知道如何实现自己的梦想，进而选择了不期待，甚至丢掉了自己的梦想。只有那些理性定位梦想并不断为之努力的人，才能最终达到自己的志业高峰。既然这样，让我们看看职业生涯发展方向的定位罗盘涉及哪些要素（见图1-1）。

从图1-1中可以看出，找到适合自己的职业生涯发展的方向并不是一蹴而就的。我们不能通过一个测评、一次探索甚至一个看似很好的工作机会，来确定自己的职业生涯发展方向。职业生涯发展方向的定位罗盘提供了系统的探索内容，我们可以简单地将这些内容分为"向内看"和"向外看"。"向内看"的内容包括认识自己的兴趣、能力、价值观、性格等；

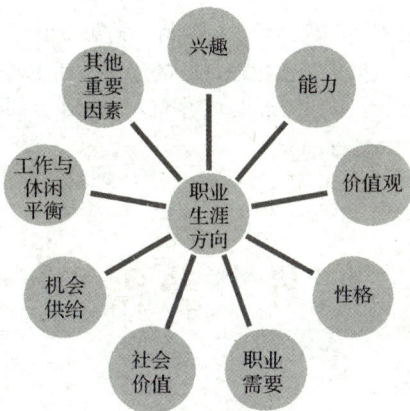

图1-1　职业生涯发展方向的定位罗盘

"向外看"的内容包括职业需要、社会价值、机会供给、工作与休闲平衡等。值得注意的是，我们定位职业生涯发展方向并不意味着要把自己的一生固定在某个职位上，而是先确定一个适合自己的职位，然后不断加强自身的定位能力，即不断探索定位罗盘中的内容，不断地明确与调整自己的定位。

三、职业生涯规划的基本步骤

有的人并没有做过所谓的规划，也找到了心仪的工作或者实现了自己的梦想；有的人寻寻觅觅，却总因种种原因找不到心仪的工作或者实现不了自己的梦想，感觉非常挫败；有的人目标坚定，在挫折和困境中，终于得到了自己的理想工作。

到底有没有必要开展职业生涯规划，又怎么开展职业生涯规划？其实，我们可以把职业生涯规划比作攀登山峰，确实有人在误打误撞中可以发现一条风景壮美又能到达山顶的路。不过，这只是少数人，大多数人还是要踏踏实实地做规划，才能发现那条路。图1-2所示为职业生涯规划的基本步骤。

职业生涯规划的基本步骤包括觉知与承诺、认识自己、认识职业世界、决策、行动、再评估与成长。完成一次循环后，人们又会面临新的生涯发展问题，比如如何升职、如何适应职业变化，以及如何平衡工作和生活等，人们将进入下一次循环，再次去认识自己、看清职场，做下一步的决策。所以，职业生涯规划伴随我们的一生。

人们的职业生涯发展往往是从"我的未来是什么样子"或者"我要成为什么样的人"，即"觉知与承诺"开始的。

（1）觉知与承诺。在这个阶段，我们了解到职业生涯规划的

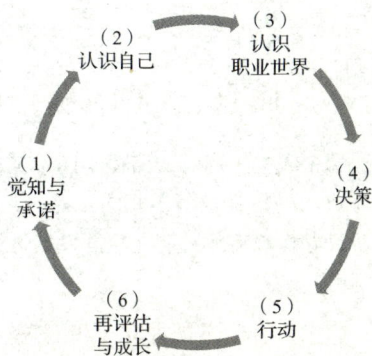

图1-2　职业生涯规划的基本步骤

重要性，具有探索的意愿，并且愿意花时间和精力规划自己的职业生涯。

（2）认识自己。这是一个向内看的过程，我们可以从自身的兴趣、能力、价值观和性格等方面入手，去认识自己，不断回答自己是什么样的人、想成为什么样的人、自己的优势是什么。

（3）认识职业世界。这是一个向外看的过程，我们可以去探索并且了解人才市场的需要、职业机会等。

（4）决策。一个好的决策可以帮助我们走上正确的职业生涯发展之路。在这个阶段，我们要考虑决策的关键原则和方法，从而做出合理决策。

（5）行动。职业生涯发展是一种体验性的发展，人们将根据目标开展具体的求职活动或者其他探索活动等。

（6）再评估与成长。职业生涯规划是伴随我们一生的。当我们完成一个目标的时候，也就意味着将进入下一次循环，再次从"觉知与承诺"开始探寻。

以上职业生涯规划的步骤是理想的步骤，在具体的实践中，每个人都可以有自己的节奏，比如有人从"认识职业世界"开始规划职业发展生涯。不过，无论我们从哪里开始规划，以上的每一个步骤都是不可或缺的。

第二节　获得自己的生涯成功

案例

晓莹是物理专业的大三学生。她找到职业咨询师，因为她对自己是否还要继续学习物理专业而困惑。职业咨询师请她谈谈当初选择物理专业的原因。晓莹谈到她在中学的时候，各科成绩都不错，所在学校很重视物理竞赛，她顺利通过了物理竞赛培训的选拔，于是开始学习物理竞赛知识。在学习过程中，她发现自己并不是很喜欢物理，而且物理成绩也不是很稳定，这让她很沮丧。不过，身边的人告诉她学习物理可以证明自己是聪明的。为了证明自己，在老师和同学的帮助下，她坚持了下来，并在物理竞赛中获得好成绩，最终凭着竞赛成绩进入心仪的大学。本来，她下定决心不再学习物理，无奈没被自己选择的经济学专业录取，而她认为自己比较擅长的只有物理，于是选择了物理专业。在大学里，她发现自己依然不那么喜欢物理，对未来也产生了困惑，不知道选择什么职业。

在和职业咨询师交流的过程中，晓莹发现自己一直坚持学习物理，是想证明自己是努力的、聪明的。她一直忽略自己内心的想法，没有把真正喜欢的经济学作为专业目标，更没有为学习经济学采取积极的行动。现在，她处于研究生专业的选择阶段，她还有机会再一次出发。

一、达成自己的生涯目标

每个人登上高峰的路径不同，登顶时所看到的风景也不尽相同；每个人的职业生涯成功之路不同，对于成功的定义也各不相同。有的人一路坦途，有的人一路艰险；有的人希望改变世界，有的人期待岁月静好。没有哪种职业生涯发展是最好的，因为人们的追求是不同的。那么，该如何达成自己的生涯目标呢？

（一）透过愿景设立生涯目标

正确设立目标是成功的一半。在职业生涯发展的道路上，目标有助于激发人们的潜力，有助于人们强化自我监控。当然，在现状的基础上设立及适当地调整目标，更利于人们有信心地前行。很多时候，人们并不是不能实现自己的目标，而是违背自己的想法，无视自己的优势和资源，设立了一个错误的目标。只有设立了正确的目标，才有可能实现目标。

目标从何而来？其实目标来源于对未来的愿景。愿景和目标是不同的，愿景是抽象的，而目标是相对具体的，可以指导一个人的行动。当我们突然获得某种启示时，或者当某个重要的人、某件重要的事给了我们一些指引的时候，我们就会产生愿景。我们可以通过生涯幻游等有趣的活动来探寻自己的生涯愿景，同时，也不妨与好朋友谈谈我们对未来的期待。

（二）从与外界的互动中寻找生涯意义

设立职业生涯目标后，人们需要对自己的生活、工作赋予意义和目的，这有助于个体关注自己所做的事情。当个体所做的事情和对社会的贡献影响到他人时，个体对于他人是重要的，这种影响形成了个体用来评价其经验的价值观。也就是说，当人们将自身和外界更加广阔的现实联系起来时，将愿意追求职业生涯发展中的终极价值观，如力量、知识、美、平等、服务、关系和公正等。

我们在寻找生涯意义的时候，可以这样做：说出目前正在做的事情，说出所做的事情对他人有什么意义或帮助。例如，"我为孩子们写书，让他们能酣然入睡，并做个好梦""我在做一个调研项目，帮助人们健康生活"。

（三）为达成目标而积极行动

为达成目标，人们会寻找某些信息来解决生涯探索中遇到的问题，并采取行动一步一步接近目标。这些有目标的探索行动有助于人们反思，及时改进行动。舒伯把探索目标的行动分为明确化、具体化和现实化几个阶段。

明确化是指生涯发展初期，人们通过广泛地探索信息明确个人的职业偏好。例如，确定个人的职业兴趣，了解这些职业兴趣对个人的意义及其在相应职业中如何体现。在明确化阶段，个人可以形成一份用以探索职业（或者学科专业）的清单。

具体化是指人们已经明确了职业偏好，并将选项限定在一定的范围内，在深入了解职业的基础上进行细化。人们需要进一步明确自己是谁、想成为什么样的人，并与可能的职业进行匹配。

现实化是指人们选定了某一职业，开始寻求某个具体的岗位，做出现实的选择。

当我们做出选择的时候，设立引发行动的小目标很重要。我们需要设立一些小目标，并付出行动。

当我们获得一小步成功的时候，就该激励自己继续行动，去克服探索过程中可能遇到的阻碍。人们往往希望一步就跨进自己的理想生活、获得理想的职业，不过在生涯探索中，成功不是一蹴而就的，需通过不断达成小目标才能实现。

二、职业生涯的影响因素

什么会影响人们的职业选择？是自身的喜好，还是天生具有的优势，抑或是外界提供的机会？美国心理学家约翰·克朗伯兹等人提出了职业决策社会学习理论。通过一系列研究，他们发现影响生涯决定的因素主要有以下4类。

遗传因素和特殊能力，包括一个人遗传的特质，如身高、性别、智力和音乐能力等。

环境状况和特殊事件，既包括人类的社会、文化、政治或者经济活动，也包括大自然的资源分布或者自然灾害等。

学习经验，这在决定人们生涯路径中扮演着重要角色。例如，有人在支教过程中，发现自己擅长教学、喜欢和学生互动，身边的人告诉他这份工作是值得尊敬的，这些会促使他选择教师这一职业。

工作取向的技能，指个人在前面三类因素的交互作用下锻炼出的独特技能。

基于这些因素的影响，我们可以发现个体并不能总是按照某种既定的计划前进，而是在诸多偶发事件和自我学习中前进的。

我们的生命中充满着意外和偶然，而这些事件无论是正向的还是负向的，都提供了意想不到的学习机会。每个人都经历过意外情况，当我们接纳意外情况的时候，可能会有意外的收获。所以，计划与意外对于职业生涯发展都很重要。我们生活在千变万化的世界，接纳意外情况，积极应对变化，可能使我们有更多的选择、更宽的视野，也可能让我们改变原有的想法，从而获得更多的发展机会。

> **成功小贴士**
>
> 培养有助于抓住机会的素质：保持好奇、坚持不懈、随机应变、积极乐观、勇于冒险。
> 保持好奇——发现新的学习机会。
> 坚持不懈——尽管困难重重，仍然百折不挠。
> 随机应变——以开放的胸襟随时应对变化。
> 积极乐观——在逆境之中也不气馁。
> 勇于冒险——尽管前路未知，仍然精心筹划、奋力探索。
> 以上五大素质，你具备哪几项，不具备哪几项？如果希望提升其中的一项，你会选择哪一项？你会向谁学习？

三、职业生涯发展中不可忽视的代际影响

> **案例**
>
> ### 我真的很纠结，不知道自己适合什么工作
>
> 李宇大学毕业时，不知道自己适合什么工作，对进入职场有些担忧。父母告诉他未来社会需要高学历人才，趁着年轻赶紧考上研究生提升自己的竞争力。于是他听从了父母的意见准备考研。由于对所学专业没有太大的兴趣，他感觉自己就是在死记硬背，不能全身心备考，最终考研没有成功。之后，他开始找工作，并获得一份市场营销的工作。通过培训和学习，他很快适应了这份工作，业绩也做得不错。但是，父母觉得他未来发展受限，担心他将来不稳定，希望他能找一份平台大、收入稳定的工作。经过努力，他顺利进入一家事业单位工作。在工作中，他虽然学到了一些东西，也比较努力，但是，他不喜欢单位的工作方式和工作氛围，最终他选择辞职。李宇告诉职业咨询师："我真的很纠结，不知道自己适合什么工作。"
>
> **✱ 点评**
>
> 父母在李宇的职业生涯发展中起到很重要的作用，李宇选择考研、换工作都由父母主导。李宇虽然听从了父母的意见，但是内心并不认同，同时，李宇对于自身职业生涯发展的规划也不明确，这些导致他的职业生涯发展并不顺利。

家庭在个人职业生涯发展中有很重要的作用，尤其是对处于职业生涯探索过程中的年轻人来说。

（一）家庭中的代际影响

有时人们会在对工作与家庭的取舍上为难，有时人们会陷入职业选择冲突之中。上一辈人倾向将自己的经验传给下一辈，但是，社会环境的变化和个体学习经验的不同会导致经验的不适用。同时，很多研究发现，近些年职业价值观呈现实用性和个人化倾向的特点，不同代际的家庭成员的职业价值观呈现出差异，而家庭成员价值观的差异使得个人选择职业的态度有所不同。

（二）职场中的代际差异

如今的职场中，经常有好几代人一起工作。每一代人的经历不同，故而人生观、价值观不同。代际差异使得人们在如何看待一份职业、怎么选择职业、怎么规划职业生涯上有不同的看法和价值取向，同时影响人们在职场中的思维模式和行为模式。

代际差异并不是一件不好的事情，它反映了社会的发展与变化，映射出不同时代的人们的特征。面对代际差异，我们首先要接受这一事实，同时，不能给别人贴标签，而要通过一些共同的特征去更好地理解自己和身边的人。

大学生若能理解家庭成员或职场同事的成长背景，就能与其友好对话，以良好的态度与其进行交流。

四、努力追求职业生涯幸福感

弗洛伊德说过，人生最重要的是工作和爱。人终其一生所获得的幸福感有相当一部分来自工作。职业生涯幸福感是人们整体幸福感的重要组成部分。在职业生涯中获得较强幸福感的个体对工作和生活将更加热情。

（一）职业生涯幸福感的来源

职业生涯幸福感并不仅仅来源于外部的认可，如薪资水平、职位职务、人际关系等。幸福感是一种内在的、主观的感受，而职业生涯幸福感是个人对职业生涯的总体感受，它涵盖了学习培训、初入职场、职业转换、工作与家庭平衡等过程中的体验。职业生涯幸福感贯穿人们的一生，既有对于当下工作的感受，又掺杂着对于过去的情感，也包含对未来的期待。所以，职业生涯幸福感是人们对自己职业生涯中情感体验的恰当认识与评价。北宋政治家、文学家范仲淹在《岳阳楼记》中的千古名句"先天下之忧而忧，后天下之乐而乐"，体现了他坚持为天下苍生谋福祉的情感，这是一种具有情怀的职业生涯幸福感。

（二）自我发展是获得职业生涯幸福感的关键

舒伯指出："职业生涯就是对自我的实践。"现代积极心理学领域中，美国心理学家德西和瑞恩提出了自我决定理论，指出人类有3种天生的内在需求：关系需求、能力需求和自主需求。这些需求的满足可以从工作中获得：与他人建立关系，获得归属感与尊重；发挥自己的优势和能力，提供独特的价值；自主自愿地做事。个人可以通过兴趣、能力与价值观等方面逐渐认识自己、发展自我。在职业生涯发展进程中，个人可以发挥独特的优势，给予自己恰当的评价，主动地认识职场和提升生涯适应力，获得职业生涯幸福感。

第三节　职业生涯发展的校园资源

大学时期对大学生来说是学习与成长的时期，价值观逐渐成熟，职业生涯探索进入高峰期。可以说，大学是大学生迈向职场的演练场。

一、在校大学生职业生涯发展平台

校园中有3个主要的帮助大学生职业发展的平台：校园活动、学校就业中心、国际交流。

（一）校园活动

在校园中有讲座、社团活动、创业大赛、职业规划大赛、校友交流活动和暑期实践团项目等，这些都可以帮助大学生锻炼自身的才干，探索自己的发展方向和了解职场。

1. 讲座是大学生了解职业生涯发展和外面世界的窗口

讲座可以分为三类。

● 经验分享类。例如，校友创业故事、前辈求职经历与留学申请经历等。

● 技能提升类。例如，大学生涯规划、公文写作、新媒体平台运营技巧等。

● 知识传播类。例如，与专业相关的专题讲座、针对时事的分析等。同时，随着互联网技术的发展，国内高校以及海外名校都会开办公开的直播讲座及课程。

2. 社团是大学生交流和实践的场所

社团既包含职业发展类社团，也包括兴趣类社团。职业发展类社团可以提供以下几个方面的资源。

● 交流平台：搭建校园和职场、在校学子和优秀职场人士的互动平台，让大学生和职业发展导师面对面交流，探索职业生涯规划的多种可能。

● 实地参访：让大学生有机会到各行各业的代表性企业交流和实地参观，近距离感知职场氛围和职场人士的工作情况。

● 求职训练：可对大学生进行简历撰写、面试等相关内容的辅导。

● 专业发展：帮助大学生拓展专业能力。例如，北京大学法律援助协会，积极开展的各项普法宣传活动、社会实践活动，不仅会使大学生提升法律素养，还使他们对我国基层法治现状有了更深入的了解。

3. 赛事和科研项目是大学生职业生涯发展的助推力

下面列举几个比较有代表性的项目。

● "挑战杯"中国大学生创业计划竞赛。该赛事是由共青团中央、中国科学技术协会、教育部和全国学联共同主办的全国性的大学生课外实践竞赛，始终坚持"崇尚科学、追求真知、勤奋学习、锐意创新、迎接挑战"的宗旨，在促进青年创新人才成长、深化高校素质教育、推动经济社会发展等方面发挥了积极作用，对广大高校乃至社会产生了广泛而良好的影响，被誉为当代大学生科技创新的"奥林匹克"盛会。

● 国际大学生程序设计竞赛（International Collegiate Programming Contest，ICPC）。该赛事是旨在展示大学生创新能力、团队精神和在压力下编写程序、分析和解决问题能力的年度竞赛。国际大学生程序设计竞赛已经发展为全球颇具影响力的大学生程序设计竞赛。

● 全国大学生职业生涯规划大赛。该赛事是由教育部指导，全国高等学校学生信息咨询与就业指导中心主办的面向全国大学生的大型赛事。大赛的目标是让大学生了解和掌握职业生涯规划的方法，认识自我，探索职场，树立理想的职业目标。

大学生还可留意并参加学校和组织举办的具有学校专业特色或者职业特色的赛事。另外，有些高校还设有本科生科研项目，鼓励学有余力的本科生参加科研活动，并通过设立各类基金对科研活动予以资助。

大学生参加这些比赛和科研项目，能够获得学校教师、科研专家、职场人士的指导和帮助，有机会得到资金和资源上的支持，还能助推自身的职业生涯发展。

（二）学校就业中心

学校就业中心是专门为大学生的生涯发展和求职就业提供帮助和服务的部门。学校就业中心可以提供以下4个方面的职业生涯发展服务。

● 职业测评，一般是某个专业机构开发的网络测评。测评内容通常有"了解自我"，旨在帮助大学生探索职业兴趣、性格、技能、价值观等；"职业探索"，旨在揭秘不同工作岗位的工作内容、工作条件、工作待遇、门槛、职业发展前景；"决策与行动"，旨在介绍决策工具，帮助大学生制订行动计划。

● 职业咨询，一般是以面对面或者远程方式进行的一对一咨询。咨询师是受过专业训练并获得咨询资质的专业人员。咨询师将和大学生一起探讨职业生涯发展中面临的困惑与挑战，协助大学生找寻未来的职业可能，发掘大学生的优势，助力大学生的职业发展。

● 职业规划课程，是专门开设的职业生涯探索课程。职业规划课程的基本内容一般包括职业生涯领域的理论，职业规划的方法，自我探索、职业探索、设立生涯目标与行动的方法，以及职业生涯决策和求职指导等。相比其他的职业生涯探索方式，课程学习是一种比较系统和全面的方式。

● 行业交流和实践类项目，是学校就业中心提供的资源系统。学校邀请重点行业领域的职场资深人士与大学生分享行业动态与职场经验。同时，为了促进大学生深入了解某个行业、领域和用人单位，学校与企业合作开展实习、调研参访、暑期实践等项目。

大学生还可留意并利用一些政府部门和社会机构提供的资源。一些政府机构，比如高校毕业生就业指导中心会为大学生提供政策上的支持与服务；一些职业测评的专业机构、专注于职业生涯培训的企业等会为大学生提供测评和咨询，一些公益性组织会为大学生提供免费的指导服务。

（三）国际交流

国际交流旨在全球化背景下共享教育资源，帮助大学生适应多元文化，培养世界眼光。学校的国际交流平台（一般是国际合作部门）与海外高校建立多种交流合作，让大学生有机会碰触到更丰富的世界、获得更宽广的视角。在国际交流项目中，大学生可以获得一定的资金资助，并且有机会与国外高校的老师和同学进行专业知识的深入学习与探讨。

国际交流项目有不同级别的组织设置，常设有国家级项目、学校级项目、院系级项目和个人级项目，涵盖的交流方式包括交换生、暑期学校、校际合作双学位、暑期科研等。国际交流项目的时间可长可短，有的短期交流项目是几天几周，有的长期交流项目是一个学期、一年甚至更长时间。对国际交流项目感兴趣的同学，可以在国家留学基金委、学校国际合作部门、学校教务部门等官方网站上获取国际交流项目的信息，还可以通过校园里的社团（如学生国际交流协会、学生模拟联合国社团、英语文化交流协会等）了解和参与国际交流项目。

二、国家倡导的主要就业项目

2005年以来，党中央、国务院提出要引导、鼓励毕业生到基层就业，国家各部委、各地方政府陆续推出了一系列就业项目。这些政策和项目有相应的保障措施及优惠条件，大学生可根据自身的专业特长、发展需求和政策支持等情况，有针对性地进行职业生涯规划。下面介绍3个国家倡导力度大、受到广大学子关注的项目，包括选调生工作、农村义务教育阶段学校教师特设岗位计划和大学生志愿服务西部计划。希望进一步了解国家倡导的就业项目的同学，可以通过学校就业中心以及政策出台的相应部门进行详细了解。

（一）选调生工作

选调生，是各省党委组织部门有计划地从高等院校选调品学兼优的应届大学本科及其以上毕业生到基层工作，作为党政领导干部后备人选和县级以上党政机关高素质的工作人员人选进行重点培养的群体的简称。

1. 政策支持

选调生工作是受中央高度重视、地方积极响应的就业项目。中央鼓励优秀大学生毕业后到人民最需要的地方去，把个人理想追求融入党和国家事业之中，为党、为祖国、为人民多作贡献。2018年，选调生招录全面展开，中共中央组织部发布《关于进一步加强和改进选调生工作的意见》，鼓励优秀大学生到基层艰苦岗位和复杂环境锻炼。各个地方政府积极响应，出台相关政策吸引和培养优秀大学毕业生。

2. 求职备考

各省市在求职季发布公告进行选调生招考工作。大学生报考后往往需要经历笔试、资格审查、面试、体检、考察、公示、工作安排等阶段。报考信息的获取渠道是学校就业中心等。

选调生面临基层工作的挑战，未来要担任重要工作，因此，对于这一工作感兴趣的同学不妨在校内参加相关的理论实践活动，利用暑期实践的机会，去基层、各地方政府机关开展学习调研、参观实习等活动。

案例

陈俊：从北大走出的扶贫第一书记

2018年，33岁的陈俊任南川团区委副书记。2015年7月至2017年4月，他曾在南川区河图镇长坪村担任驻村第一书记。任职期间，他帮助这个市级贫困村成功"摘帽"：泥泞小道变成柏油路；土墙危房改建成川东民居；推行"配股分红"防止村民返贫。

陈俊出生在一个农村家庭，在一位爱心企业家的资助下，2003年，他以南川理科高考第一名的成绩考上了北京大学，并于2010年完成了研究生学业。毕业后，他放弃了人人羡慕的"铁饭碗"，深入基层工作。秉承为人民奉献的精神，他先试先行、大胆革新，带领长坪村实现脱贫，从原本被怀疑是来镀金的机关干部转变为受村民爱戴的第一书记。

（二）农村义务教育阶段学校教师特设岗位计划

农村义务教育阶段学校教师特设岗位计划由教育部、财政部等部门联合启动，吸引优秀高校毕业生到农村学校任教，推动城乡义务教育一体化发展，以更好地服务乡村振兴战略和教育脱贫攻坚工作。

扫码阅读
农村义务教育
阶段学校教师
特设岗位计划
优惠政策

1. 招募情况

主要招募普通高校本科及以上毕业生和师范专业专科毕业生，重点为乡村学校补充特岗教师，进一步补充思想政治、体音美、外语、信息技术等紧缺、薄弱学科教师。

2. 报名信息

报名信息可以在各省市事业单位人事综合管理部门公开招聘服务平台、教育部门网站及教育部"24365校园招聘"平台上查看。

对参加此项目的大学生，国家提供了一些优惠政策。扫描二维码可获取相关信息。

（三）大学生志愿服务西部计划

大学生志愿服务西部计划是由共青团中央、教育部、财政部、人力资源社会保障部共同组织实施的一项重大人才工程。2022年至2023年，由中央财政支持，面向普通高等学校应届毕业生或在读研究生，按照公开招募、自愿报名、组织选拔、集中派遣的方式，招募选派2万名西部计划全国项目志愿者到西部地区基层工作。

扫码阅读
大学生志愿服务
西部计划优惠
政策

1. 招募情况

招募对象为普通高等学校应届毕业生或在读研究生，到岗之前获得毕业证书或学位证书，通过西部计划体检。有志愿服务经历的优先录用。服务期为1~3年，服务协议一年一签。岗位类别须从乡村教育、服务乡村建设、健康乡村、基层青年工作、乡村社会治理等专项中选择。全国项目办根据历年招募情况和国家对口帮扶、对口援疆、对口援藏机制等，建立相关省份对口招募机制，并明确各服务省省内招募指标、对口招募省招募指标。

2. 报名信息

西部计划项目每年会根据实际情况有所调整，报名时间一般在4~6月。对此项目感兴趣的大学生可在大学生志愿服务西部计划网查询，并到学校团委了解当年的项目情况。

对参加此项目的大学生，国家提供了一些优惠政策。扫描二维码即可获取相关信息。

回顾·练习

1. 职业生涯发展方向的定位罗盘练习

请写出你心中的3个理想职业。

_____

结合职业生涯发展方向的定位罗盘内容，分别列出你的兴趣、能力，以及理想职业的职业需要和社会价值等方面的情况。

_____

与信任的朋友分享你的职业生涯发展方向的定位罗盘，包括你比较了解的方面和需要继续探索的方面。

_____

2. 家庭代际影响练习

请列出父母、兄弟姐妹及其他重要亲友的职业，并思考他们对你职业发展的影响。

_____

发现·探索

活动主题1　我的生命线

请以"我的生涯我做主"为主题，画一条生命线，如图1-3所示。这条线包括过去、现在和未来。在这条线上标记一些令你印象深刻的时刻，可以标记出5～10个时刻，并在这些时刻上标明年龄。

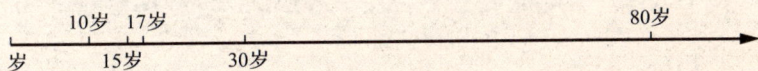

图1-3　生命线

思考

1. 仔细回顾这些时刻，与信任的朋友谈谈这些时刻。
2. 观察生命线，你有什么发现与感受？你对自己的生涯状态有了怎样的理解？
3. 这些时刻对于你的重要意义或价值是什么？
4. 如果请你继续画生命线，你还会添加什么内容？

活动主题2　10年后

材料准备：白纸、彩铅、橡皮、轻音乐等。

指导语：请深呼吸，放松你的大脑，坐到舒服的位置，呼气、吸气、呼气、吸气，感受你的身体，感受你的情绪（停顿2分钟）。请想象，你来到10年后，你多少岁？你会在哪里？你的生活是什么样子？你在做什么？你身边有什么人？下面有30分钟的时间，请画出你的"10年后"。

画好后，请和好朋友分享下面的内容。

1. 你画的内容。

2. 你作画时的心境。

3. 这幅画的主题及含义。

4. 你对未来10年的规划和打算。

5. 为达成目标，你制订的近期行动计划。

第二章
你需要了解的生涯理论

2

关键词	霍兰德的类型理论　生涯发展论　后现代生涯理论
学习指南	1. 了解生涯理论的分类和各理论的主要特征； 2. 理解每种生涯理论的价值和应用的领域； 3. 能够通过对生涯理论的理解引发对自我问题的思考。

案例导入

2019年7月26日，电影《哪吒之魔童降世》上映。上映两日，它就连续打破多项票房纪录。

"我命由我不由天"是电影里的金句，更是导演"饺子"的真实写照。

"饺子"，真名杨宇，1980年出生，毕业于华西医科大学药学院（现四川大学华西药学院）。从事动画行业之前，他的职业规划是做一名医生。

然而，在这个动画爱好者临近大学毕业的那年，热爱动画这团火越烧越旺，终于促使他做出了"弃医从文"的决定。

经历生活上的困难、旁人的冷嘲热讽、行业偏见以及在动画制作过程中的种种磨砺后，2008年《打，打个大西瓜》横空出世，斩获国内外30多个奖项。而《哪吒之魔童降世》让越来越多的人看到了国漫的崛起。

> 杨宇之所以能取得成功，是因为他做对了一件事：做自己喜欢的事。
>
> 在感兴趣的领域坚持的人，更容易体验到乐趣与满足，也更乐于接受挑战。长期坚持，有助于提升我们在这一领域的能力，进而得到更高的满意度与幸福感，进入良性循环。
>
> 下面介绍一些经典的生涯发展理论。这些理论有趣、易于理解，更重要的是，能够引领我们进入自我发现和探索的状态，为个人的生涯发展奠定坚实的思想基础。

第一节　职业生涯选择理论

帕森斯的特质因素论、霍兰德的类型理论和明尼苏达工作适应理论，可能会给一直困惑自己适合干什么的同学一些启发。

一、帕森斯的特质因素论

特质因素论的发展主要依靠美国波士顿大学教授帕森斯在职业辅导方面所建立的一些基本原则。

帕森斯提出，职业选择行为有3个主要步骤：①认识自己，包括自己的兴趣、性格、价值观念、能力及各方面的局限等；②认识职业世界，包括各职业所要求的工作条件；③对自己以及从工作世界方面所得到的资料做适当的推理，找出两者之间的关系，并将它们进行适当的配合。

通过这个理论，我们可以得到这样的启发。

● 个人有其特质，并可以通过有效的测验工具加以测试。
● 工作有其特殊要求，具备这些要求的人能够成功完成该工作的任务。
● 个人与职业之间的配合是必要且可能的。
● 个人特质与职业要求越匹配，成功的概率也越高。

帕森斯的特质因素论简而言之就是人职匹配。从图2-1中，我们能够清晰地看到人和职业之间到底有哪些方面需要匹配。

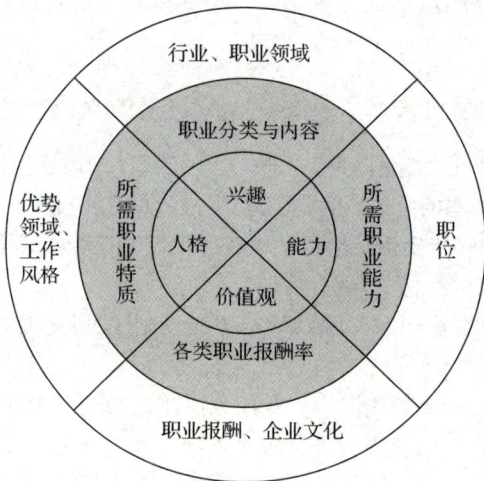

图2-1　帕森斯的特质因素论

在图2-1中，有内圈、中圈和外圈3个层次：内圈主要指人的内在特质；中圈主要指相对应的职业的重要因素；外圈是指为了促进个人和职业的匹配，我们需要了解的职业信息内容。

内圈中的兴趣对应职业分类与内容，当我们的职业内容恰好是我们喜欢做的事情时，那么工作大概率是让我们愉悦的，所以我们需要了解不同职业领域的主要工作以确定是不是我们感兴趣的。内圈中的能力对应的是所需职业能力，也就是说我们需要找到一份与我们的能力相匹配的职业，以更好地完成职业对应的任务，承担责任，不断精进，取得认可和成功，所以我们需要了解行业或行业中的具体职业需要从业者具备的能力。内圈中的人格，也可以理解成性格，对应的是职业对从业者的特质要求，比如要求性格外向，以确保能够完成要经常和陌生人打交道的工作，所以我们需要了解行业中的优秀人物，看看他们的工作风格是怎样的。内圈中的价值观非常值得关注，这往往能够成为职业生涯中重要的动力源泉，我们需要了解职业所能带给我们的物质和精神回报，也就是说我们需要了解职业的薪酬待遇和企业文化，看它们是不是和我们的理想相匹配。

帕森斯的特质因素论给我们提供了一些探讨个人和职业之间关系的思路。该理论一是强调了个别差异的现象，这促进了各类心理测量及评价工具的发展；二是强调认识职业世界的重要性，这推动了有关职业资料的分类与建立。当然，特质因素论也存在一些局限，该理论认为个人的职业生涯目标是单一的，一个人一辈子只有一个适合他的目标。而事实上，一个人可以有很多适合他的目标。此外，该理论主张职业选择是基于心理测量的结果，然而事实上影响个人职业选择的因素除了个人特质以外，还包括其他很多因素，如家庭背景、突发事件等，而这些因素都是特质因素论的研究者没有考虑到的。

二、霍兰德的职业选择类型理论

约翰·霍兰德是一名美国职业指导专家。1959年，他提出了一种被称为"类型学"的关于人格类型和与之相匹配的环境类型的理论，我们可以简称为"人境匹配论"。1969年，约翰·霍兰德进一步发现并明确了人与环境之间的关系，提出了具有广泛社会影响的职业选择类型论。

图2-2所示是霍兰德于1969年在长期的职业指导和咨询的基础上，根据"物以类聚"的原则所制成的六边形模型。一般来讲，实用型（Realistic）的人做事讲求动手操作和身体力行；研究型（Investigative）的人做事讲求科学思考和解决问题；艺术型（Artistic）的人做事讲求自由和创意；社会型（Social）的人做事讲求帮助他人和寻求合作；企业型（Enterprising）的人做事讲求影响他人和不断进取；事务型（Conventional）的人做事讲求规矩和精确。霍兰德认为，我们每个人都是这6个类型的不同比例的组合。职业环境中也有这6种不同的特性，每个职业也都是这6个类型的不同比例的组合。典型的个人风格和典型的职业环境之间若能匹配，即实现了最佳的职业选择。

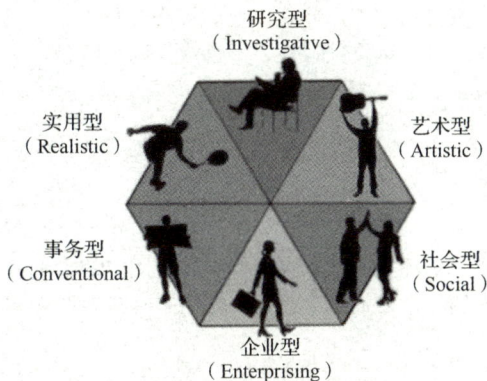

图2-2　霍兰德六边形模型

早期版本中，6种类型分别用同名的职业环境来表示。不同类型的人有其典型的特征，如表2-1所示。

表2-1　霍兰德职业兴趣的6种类型

实用型（Realistic）
总体特征 实用型的人喜欢具体明确、需要动手操作的工作。他们通常情绪稳定、忍耐力强、脚踏实地，喜欢用实际行动代替言语表达。他们对操作机械、修理仪器等需要技术、体力等活动感兴趣。实用型的人一般从事机械、交通、建筑和农业等方面的工作，较不喜欢需要与人打交道的活动
性格特点 谦逊、朴实、坦率、害羞、务实、坚韧、稳定、节俭、谨慎
追求的工作环境 人们较多运用到身体的实际操作；通常需要运用到某种特殊的技术和工具；很多时候在户外工作；在这类工作环境中，人们处理与物打交道的问题比处理人际问题更加重要
职业示例 制图员、机械装配工、木匠、厨师、技工、修理工、农民

研究型（Investigative）
总体特征
研究型的人乐于运用心智去观察、分析、推理，喜欢与符号、概念、文字、抽象思考有关的活动；愿意独立工作，对科学和未知问题充满兴趣；较不喜欢领导、竞争等需要企业能力的工作
性格特点
好奇、理性、严谨、独立、谦虚
追求的工作环境
人们通常运用复杂抽象的思考能力；通常采用信息、数据或科学知识等来解决问题
职业示例
科学研究人员、石油工程师、计算机程序设计人员、医生、精算师、心理学家、考古学家

艺术型（Artistic）
总体特征
艺术型的人喜欢富有创意、自由自在的工作环境。他们喜欢自我表达，通常借助文字、音乐、舞蹈和绘画等来实现。他们乐于独立思考，尊重独特性，不喜欢受到支配，对于美的事物有敏锐的觉察力，较不喜欢从事需要按照程序来进行的事务性工作
性格特点
有创意、理想化、冲动、感性、独立、善于表达
追求的工作环境
人们鼓励创意与个人的表现能力；环境通常较自由，不规定固定的上下班时间；人们鼓励情绪和情感的表达，不要求逻辑形式；人们经常借助某种载体，如语言、声音、文字、色彩和身体等传达内在的感受
职业示例
演员、导演、艺术设计师、雕刻家、建筑师、摄影师、广告制作人、歌唱家、作曲家、乐队指挥、小说家、诗人、剧作家

社会型（Social）
总体特征
社会型的人喜欢从事与人打交道的工作。他们喜欢倾听和关心他人，能敏锐觉察别人的感受。在团体中，他们乐于与人合作，具有责任感。他们更加关心人而不是实物，较不喜欢从事需要体力、技术等与机械操作相关的工作
性格特点
乐于助人、宽容、具有洞察力、善于合作、友善、理想化、善解人意、机智、有责任感
追求的工作环境
人们鼓励人与人和谐相处、互相帮助的环境；人们在其中进行较多交流和心灵沟通；工作氛围强调人们的核心价值、理想和信念等
职业示例
教师、教育行政人员、社会工作者、心理咨询师、公关人员、婚姻咨询师

企业型（Enterprising）
总体特征 企业型的人喜欢具有竞争性、挑战性的环境。他们喜欢社交，善用言语沟通，精力充沛，追求成就感。他们希望成为拥有权力、产生影响力和受到注意的团队领导者。他们做事有组织、有计划，乐于采取高效的行动，带领团队成员达成团队目标或者赚取利益
性格特点 有魄力、雄心勃勃、独断、敢于冒险、自信、热情、乐观
追求的工作环境 人们经常管理和鼓励其他人，达成组织或者个人目标；有时为了达成预期的目的，不惜冒险；工作氛围重视升迁、绩效、权力、说服力与推销能力
职业示例 销售人员、公关经理、投资项目经理、企业领导、法官、律师

事务型（Conventional）
总体特征 事务型的人喜欢有秩序、有原则的工作，注重工作的标准和要求，强调责任感。他们在工作中做事仔细、有效率、尽职尽责、值得信赖；愿意在一个大的机构中处于从属地位，能对文字、数据和事物进行细致有序的系统处理以达到工作标准；较不喜欢从事艺术性与创意性的工作
性格特点 内敛、传统、有自制力、有条理、务实、认真踏实、细致耐心
追求的工作环境 事务型的工作场合注重组织规范与规划；经常需要使用行政办公的能力，例如进度控制、文书撰写、数据记录统计、安排与组织等
职业示例 行政助理、秘书、银行柜员、会计、图书馆管理员、投资分析专员

我们从表2-1能够看出，霍兰德对职业世界也进行了分类。依据不同职业类型之间的相似性，个人和职业世界也能紧密相接。了解这个理论对我们有3个方面的帮助。

● 帮助我们在了解自身倾向的过程中，对职业世界的认识也更加具有结构性。

● 帮助我们通过分析自己过往不同职业或者活动之间共同的地方来发现自己的偏好或特性。

● 为我们确定职业发展方向提供参考，以便我们结合自己的兴趣及所学专业选择具体的职业进行探索。

霍兰德的理论直到今天还被广泛应用于职业生涯探索的自我认知过程。本书在后面将介绍具体应用方法。

案例

丽萍是某大学计算机专业的大三学生。高考填报志愿时，家里人都觉得计算机专业很热门，就业机会多，分数也合适，就劝她选择了这个专业，可是通过将近3年的学习，丽萍发现，自己对代码、编程没什么兴趣，反而是在学生社团里为大家组织活动，和不同的人接触沟通，让她感到很愉快，大家也都夸她热情有活力。一想到自己以后要成为一名程序员，丽萍就觉得很头疼。

为了解决职业选择的问题，丽萍到学校的就业中心预约了生涯咨询。老师让她做了职业兴趣方面的测试，发现她是社会型、创新型和管理型特质倾向比较多的人，适合和人打交道。老师建议她选择一些和本专业相关的交流服务类岗位实习。正好某科技出版社来学校招编辑岗位的实习生。丽萍在实习过程中发现，自己的专业知识能够帮助自己更好地理解各类专业选题，和作者沟通的时候也很顺畅；自己的沟通能力也派上了用场，和作者、同事都能保持良好的沟通合作。丽萍又选择了几个企业的类似岗位实习，最终在毕业的时候成功地找到了一份心仪的工作。

✳ 点评

霍兰德的职业选择类型理论可以为我们指明职业方向，帮助我们更好地探索职业兴趣。我们选择符合自己职业兴趣类型的职业后，就会提升对工作的满意度，也能够实现个人价值的最大化。

三、明尼苏达工作适应理论

明尼苏达工作适应理论强调从特质取向的角度来看待工作适应的问题。就业固然重要，但就业后的适应问题更值得关注。

工作适应问题是生涯发展中的一个非常重要的问题，因为无论你的个人特质和工作有多少共同点，你仍然需要一个适应过程，这是一个动态的平衡。明尼苏达工作适应理论让我们更加透彻地了解人和工作间关系的一些规律。例如，个人的需求可能会随着时间或空间等因素的变化而发生变化，而工作对个人的要求也会随着事情的变化而调整。如果个人需求和工作要求能够在这些变化过程中互相调整，保持较高的适配度，那么个人和工作间的关系才能长期维持。也就是说，人和工作之间一直存在互动，工作对人的工作能力有要求，人对工作提供的回报有要求，当两者匹配时，这份工作才能继续。

我们根据图2-3可以总结出我们不适应职场的5种可能性[1]。

- 我们的能力超过所从事工作要求的能力。
- 我们的能力无法达到所从事工作要求的能力。
- 我们的能力与所从事工作要求的能力一致，但是无法表现得很好。
- 我们的需求不够明晰。
- 我们的需求没有被工作环境所满足。

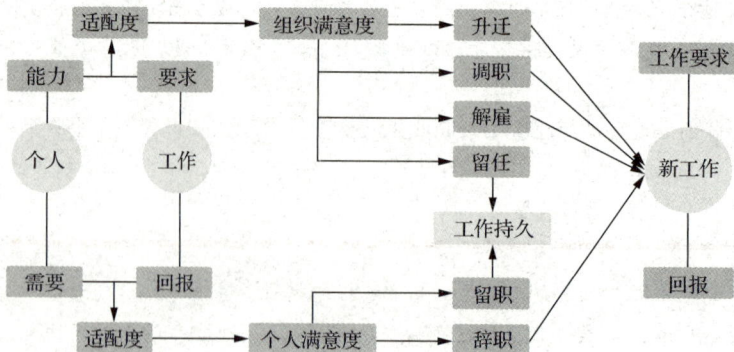

图2-3 明尼苏达工作适应理论

---

1 吴沙. 遇见生涯大师[M]. 北京：北京大学出版社，2017.

明尼苏达重要性问卷主要涉及6个方面的需求，具体如表2-2所示。

表2-2 明尼苏达重要工作价值观、需求和有关说明

重要工作价值观	需求	有关说明
成就感	能力运用	我可以尽我所能地做某件事
	成就感	这份工作带给我一种成就感
舒适	活动力	我可能会终日忙碌
	独立性	我可以独立完成工作
	多样性	我每天都可以做不同的事情
	报酬	我的薪水和其他工作者比起来还算不错
	保障性	这份工作稳定
	工作条件	这份工作的条件还不错
地位	进步	这份工作可提供一个自我进步的机会
	肯定	我可以从这份工作中得到肯定
	权威	我可以指挥别人做事
	社会地位	在这个团体中，我将会成为一个重要人物
利他主义	工作伙伴	我的工作伙伴很好相处
	道德价值观	我做这份工作，不会在道德上感到良心不安
	社会服务	我可以为其他人做点事情
安全保障	公司政策和执行	这家公司的政策执行得非常公平
	人性管理	我的领导很支持员工（包括最高管理者）
	技术管理	我的领导把员工训练得很好
自主性	创造力	我可以尝试一些自己的点子
	责任感	我可以自己做决定

（资料来源：理查德·沙夫，1998）

我们都期待一份工作既能带来成就感又能带来安全感和满意感。成就感是外在的力量，是让我们学习与成长的原动力；满意感是内在的力量，是让我们工作持久的原动力。要获得工作的成就感和满意感，我们不仅要考虑我们想得到什么，还要考虑我们所从事工作的要求是什么。

大学生在日常的实习实践或者专业学习中，可以参照这种思维方式做一些评估，以便发现问题所在，提出思考和解决问题的方案并且积极行动，逐渐接近理想职业的要求，从而在未来入职后能够更快适应，获得成就感和满意感。

案例

某一矿业公司每年都会招聘一定量的大学应届毕业生。但近几年公司员工的流失率比较高，招聘人员来到咨询室求助。以下是招聘人员和咨询师的对话。

招聘人员："每年招聘的大学应届毕业生，工作一两年以后就会选择离开公司。"

咨询师："请问你的员工都到哪里去了？"

招聘人员："他们不是出国就是考研去了。"

咨询师："你们的招聘要求是不是都比较高，比如英语要过六级等？"

招聘人员："确实如此。"

咨询师："你们在工作当中能用到英语的地方是不是很多？"

招聘人员："好像不多，基本上用不着。"

咨询师："问题可能就在这里。当员工的技能远超公司对他的技能要求，而他的需要又没有得到满足时，员工会觉得自己与职业不那么匹配，就会想离开。"

招聘人员："解决这个问题，我们还得研究一下公司的招聘系统？"

咨询师："除此之外，还有绩效考核系统。你们可以通过员工满意度问卷调查等形式了解员工的内在需求，以调整公司的绩效考核系统，最终达到人职匹配。"

✳ 点评

明尼苏达工作适应理论还可以应用于公司管理。人职匹配问题不仅需要求职者注意，也需要公司管理人员重视。

第二节 职业生涯发展理论

子曰："吾十有五而志于学，三十而立，四十而不惑，五十而知天命，六十而耳顺，七十而从心所欲，不逾矩。"这段话精辟地描述了人生不同阶段的发展重心，也表明了发展是一个动态的过程。发展取向的生涯辅导理论，主要以人生不同阶段的发展特征及发展任务来描述生涯发展的情形，比较有代表性的是金斯伯格的生涯发展阶段论和舒伯的生涯发展论。

一、金斯伯格的生涯发展阶段论

作为美国职业生涯发展理论的先驱和典型代表人物、职业指导专家，金斯伯格对职业生涯的发展进行了长期研究，并首先从发展的观点来研究职业生涯问题。

金斯伯格及其研究团队认为职业选择是一种发展过程，而职业选择过程包含一连串的决定，每个决定都和人们从童年时期到青年时期的经验和身心发展有关。基于此，金斯伯格及其团队提出了生涯发展阶段论，如表2-3所示。

表2-3 金斯伯格的生涯发展阶段论

阶段	年龄	时期	特征	职业需求特点
幻想阶段	11岁之前（或阶段）	儿童时期	对于他们所看到或接触到的各类职业工作者充满了新奇、好玩的感觉	只考虑自己的兴趣爱好，不考虑自身的条件、能力和社会需要与机遇
尝试阶段	11～17岁	过渡时期	心理和生理在迅速成长、发育和变化，有独立的意识，价值观念开始形成，知识和能力显著增长和增强，初步懂得社会生产和生活的经验	有职业兴趣，但不仅限于此，会客观地审视自身各方面的条件和能力；开始注意职业角色的社会地位、社会意义，以及社会对该职业的需要
		尝试阶段分为兴趣阶段、能力阶段、价值观阶段和综合阶段4个子阶段		
		兴趣子阶段	开始注意并培养对某些职业的兴趣，期盼将来从事某些职业	
		能力子阶段	不仅考虑个人的兴趣，也注意到个人能力与职业的关系，注重衡量自己的能力，并积极参加各种相关的职业活动，以检验自己的能力	
		价值观子阶段	个人的职业价值观逐步形成，能兼顾个人与社会的需要，通过评价职业的价值性来选择职业	
		综合子阶段	综合考虑上述3个子阶段的职业相关资料，以正确判定未来的职业生涯发展方向	

阶段	年龄	时期	特征	职业需求特点
现实阶段	17岁以后	青年时期	能够客观地把自己的职业愿望或要求同自己的主观条件、能力以及社会现实的职业需要紧密联系起来，寻找适合自己的职业角色	对职业不再模糊不清，已有具体的、现实的职业目标，表现出客观性、现实性的特点
		现实阶段分为试探阶段、具体化阶段和专业化阶段3个子阶段		
		试探子阶段	根据尝试阶段的结果，进行各种试探活动，试探各种职业机会和做出的选择	
		具体化子阶段	根据试探阶段的经历，做进一步的选择，具体化职业目标	
		专业化子阶段	依据自我选择的目标，做具体的就业准备	

金斯伯格的生涯发展阶段论，揭示了初次就业前人们的职业意识或职业追求的发展变化过程，对于我们了解从高中到大学阶段的生涯发展过程有较强的参考价值。例如，个体可以观察自己在进入大学前，是否已经具备幻想阶段和尝试阶段所应具备的特征，是否在能力等方面已经达到应有的水平。

当然，由于个体在未成年时期，家庭环境、教育条件等个体发展的影响因素不能完全由自身决定，金斯伯格将生涯发展阶段的重点放在个体的未成年时期，并未详细说明个体成年后的生涯阶段，这也是该理论的缺陷。

二、舒伯的生涯发展论

舒伯整合了发展心理学、差异心理学、现象心理学及职业社会学的长期研究结果，从时间（年龄）、空间（角色）和投入3个视角观察人生各种事件及其进展，系统地提出了有关生涯发展的观点。

舒伯认为，生涯是生活中各种事件的演进方向与历程，整合了个人一生中各种职业与生活的角色，由此表现出个人独特的自我发展形态。除了职业之外，生涯还包括任何与工作有关的角色，如学生、退休者，甚至包含家庭和公民的角色[1]。

（一）生涯的阶段

舒伯的生涯发展论将生涯的过程视为从出生到死亡，包括成长期（0~14岁）、探索期（15~25岁）、建立期（26~45岁）、维持期（46~65岁）和衰退期（65岁以上），这5个阶段依次循环往复。舒伯的生涯发展论的5个阶段如图2-4所示。

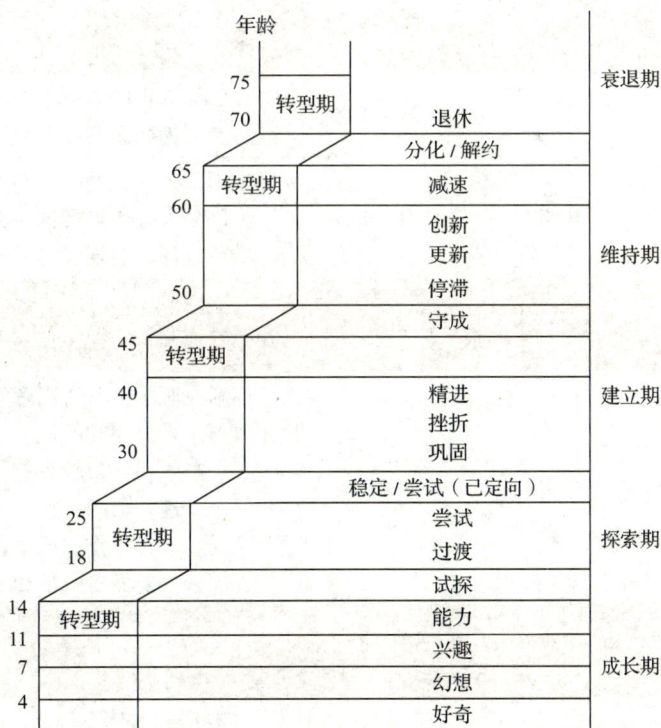

图2-4 舒伯的生涯发展论的5个阶段

---

1 钟谷兰，杨开. 大学生职业生涯发展与规划[M]. 上海：华东师范大学出版社，2008.

每个阶段都有对应的年龄及特点，具体内容如表2-4所示。

表2-4　舒伯的生涯发展论的不同阶段的年龄及特点

成长期		
阶段	年龄	特点
幻想期	0～10岁	以幻想游戏中的角色扮演为主
兴趣期	11～12岁	喜好是其活动的主要决定因素
能力期	13～14岁	能力逐渐具有重要性，并能考虑工作所需的条件
探索期		
阶段细分	年龄	特点
试探期	15～17岁	考虑需要、兴趣、能力与机会； 做出暂时性的决定； 在想象、讨论、课业、工作中尝试； 思考可能的职业领域和工作层级
转换期	18～21岁	进入就业市场或进行专业训练； 更重视现实的考虑，并试图实现自我概念； 将一般性选择转为特定的选择
试验并稍作承诺期	22～25岁	初步确定职业选择，并探索确定其为长期职业的可能性； 对投入该职业的承诺仍是暂时性的
建立期		
阶段细分	年龄	特点
试验—投入和建立期	26～30岁	在已经选定的职业中寻求稳固与安定； 可能因尚未感到满意而做若干调整或变动
晋升期	31～45岁	致力于工作上的稳定与安定； 大部分人处于最具创造力的状态； 身负重任，表现优异
维持期		
阶段细分	年龄	特点
维持期	46～65岁	逐渐在职场上取得满意的地位； 致力于维持现有的地位； 心态趋于保守，较少有创意的表现； 面对新进人员的挑战； 享受数十年工作的成果； 少部分人要面对失败和不如意的困境
衰退期		
阶段细分	年龄	特点
衰退期	66～70岁	工作效率减缓，性质改变； 找到兼职工作
退休期	71岁以后	停止原有的工作，转移至兼职、义务或志愿服务工作； 从事休闲活动

按照舒伯的生涯发展论，在上述5个生涯发展阶段中，每个阶段都有特定的发展任务需要完成，而且任务完成与否或完成的情况，会对下一个阶段的任务产生重要的影响。在人一生的生涯发展中，各个阶段都要面对成长、探索、建立、维持和衰退的问题，因而在每个阶段会形成"成长—探索—建立—维持—衰退"的循环。

（二）生涯的角色

舒伯根据生涯发展阶段与角色之间交互影响的状况，描绘出一个多重角色生涯发展的综合图形。舒伯将它命名为"生涯彩虹图"，如图2-5所示。它形象地展现了生涯发展的时空关系，很好地诠释了生涯的定义。

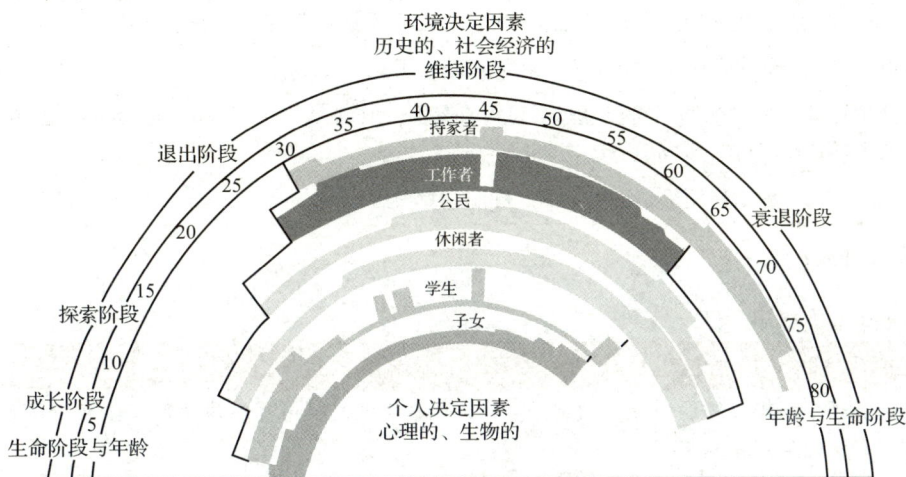

图2-5　舒伯的生涯彩虹图

1. 生命的长度

横向层面（弧度方向）代表的是一个人生命的长度。虽然图中对每个时期的年龄进行了标注，但实际上舒伯特别强调各个时期的年龄划分没有严格的界定，有很大的弹性，应根据每个人的实际情况而定；每个阶段的生涯任务完成情况不同导致生涯成熟度不同，不同的生涯成熟度将影响下一个生涯阶段生涯任务的完成；在人生的不同阶段，每个人都会经历由这5个阶段构成的循环。职业生涯发展是一个循环往复、阶梯式上升的过程。

2. 生命的宽度

纵向层面代表的是纵贯上下的生活空间，由一组职位和角色组成。图2-5代表某一类角色的组合：子女、学生、休闲者、公民、工作者、持家者6个不同的角色，他们相互影响交织出个人独特的生涯。

3. 生命的高度

人在同一年龄阶段可能同时扮演数种角色，因此角色彼此会有所重叠，但其所占比例有所不同。一个人在一个角色上投入精力过多，有可能导致其他角色的失败。比如，热爱工作的人可能忽视家人的感受，无法和家人共同处理家庭琐事，所以舒伯提出"平衡人生"的概念。在生涯彩虹图中，内圈阴影部分的面积、长度不一，表示在该年龄阶段各种角色的所占比例不同。比如，在青少年时期，我们更需要父母的养育和陪伴，子女角色所占比例相对较大；随着个体的逐渐成熟，我们逐渐脱离原始家庭，工作者角色所占比例加大，子女角色所占比例相对减小；人到中年，随着父母年纪的增长，我们需要更多地照料和陪伴父母，为人子女的角色所占比例会加大。彩虹图中的阴影部分表示角色的相互替换、盛衰消长。阴影部分的面积除了受到年龄和社会对个人发展、任务期待的影响外，往往跟个人在各个角色上所花的时间和感情投入的程度有关。实际上，每个人都拥有自己独特的生涯彩虹图和人生。

扫码阅读
生涯彩虹图
彩色示意

4. 生命的温度

每个角色所采用的颜色不同，颜色代表了这个角色在个人心目中的感受。工作者是沉稳的蓝色，担负着很多责任；学生是明媚的橘色，带着热情和希望；休闲者是舒服的绿色，让人感觉放松……

舒伯认为男性和女性的生涯发展情形不同，并指出男性有4个主要的生涯发展类型，女性有7个主要的生涯发展类型。

男性生涯发展类型如表2-5所示[1]。

表2-5　男性生涯发展类型

名称	特征
稳定生涯型	不经过生涯尝试便直接进入某个工作领域，并在该领域工作很长一段时间
传统生涯型	经过一段时间的生涯尝试才在某个工作领域稳定下来
不稳定的生涯发展型	生涯情形并无固定顺序，可能经过尝试后在某个工作领域稳定下来，但因为某些因素尝试新的工作领域，形成不稳定的情况
多重尝试型	因不断尝试多种工作而很难进入生涯发展的建立阶段

女性生涯发展类型如表2-6所示。

表2-6　女性生涯发展类型

名称	特征
稳定家庭主妇型	毕业后很快结婚，婚后以家庭为生活重心，在其生涯发展过程中并没有重要的工作经验，甚至完全没有工作经验
传统女性生涯发展型	毕业后从事某些行业，但结婚之后放弃工作而以家庭为重心
稳定性职业妇女型	结婚前后均以事业发展为重心，家庭角色在其次
双轨生涯型	在其一生发展过程中不断地结合工作及家庭角色
间断生涯型	婚前有工作，结婚后以家庭为重心，子女长成后，再次进入职业世界并以工作为生活重心
不稳定生涯型	工作和家庭在不同的时期有不同的分量。在其生涯发展过程中，有时对工作投入较多，有时又对家庭投入较多
多轨生涯型	拥有不同类型的工作，且这些工作彼此并不相关，有些工作是理想的工作，有些只是谋生方式

结合本节知识，我们可以清楚地了解自己在生涯发展的哪个阶段，该阶段的主要任务是什么。大学生正处在人生发展的探索期，需要在考虑自身特点的同时，探索外界各种可能从事的职业，积极地通过实践进行体验并积累经验，完成这个阶段的生涯任务，为下一个生涯阶段奠定良好的基础。

案例

以共和国勋章获得者为原型的电视剧《功勋》，分8个单元讲述了8位功勋人物的故事。其中

---

1 林幸台，田秀兰，张小凤，等. 生涯辅导[M]. 台北：心理出版社，2010.（略有修改）

《无名英雄于敏》讲述的是核物理学家于敏毅然服从国家需要，隐姓埋名28载，从零开始探索氢弹理论研究，与时间赛跑，守护国防安全的故事。

1951年，25岁的于敏从北京大学毕业，便在物理学家钱三强任所长的近代物理所开始了科研生涯。他与合作者提出了原子核相干结构模型，填补了中国原子核理论的空白。在原子核理论研究的重要时期，于敏又接到了一个重要的任务——探索氢弹理论。

于敏生性喜欢做基础研究，当时已经很有成绩，而这个转变研究方向的工作任务不仅任务重，而且意味着他必须隐姓埋名，长年奔波。

于敏没有出过国，在研制核武器的物理学家中，他是唯一一个未曾留过学的人。于敏几乎从一张白纸开始，依靠自己的勤奋，举一反三进行理论探索。当时，我国想要研究氢弹，却没有任何经验可以借鉴，于敏虽然基础理论雄厚，知识面宽，但对系统复杂的氢弹仍然陌生，而且氢弹计算极其繁复。当时我国的设备较落后，仅有一台每秒万次的电子管计算机，并且95%的时间分配给有关原子弹的计算，只剩下5%的时间留给于敏负责的氢弹设计。于敏记忆力惊人，他领导的工作组人手一把计算尺，废寝忘食地计算。1967年，我国完成了氢弹核爆实验。从第一颗原子弹爆炸到第一颗氢弹试验成功，美国用了7年多，而我国只用了2年8个月。

✳ **点评**

考验，是每个人都要经历的过程。普通人面对的考验来自世俗的偏见，追求卓越的人面对的考验是对自己的精益求精。

第三节 认知信息加工理论和社会学习理论

职业选择是为自己负责的过程。很多人在做职业选择的时候容易失去判断所需的理智，犹豫不决，总想选择性价比更高的道路，但是如何去衡量性价比呢？任何一条路都有利有弊，也都伴随着风险。做职业选择时，我们应以对生活经历的思考和感受为基础。

一、生涯决策中涉及的因素

安妮·罗伊一生主要致力于阐明与生涯决策有关的复杂事实，解释人们选择某种特定职业的原因。20世纪40年代，她研究科学家和艺术家的生涯行为。她认为，可用12个因素来解释一个人的职业选择，这12个因素又可归为4个不同的类别。她将这些因素整合为一个代数公式，如表2-7所示。这一公式看起来比较复杂，但实际上它可以帮助我们更充分地理解错综复杂的生涯决策。[1]

表2-7 罗伊的公式

职业选择=S［（eE+bB+cC）+（fF, mM）+（lL+aA）+（pP×gG×tT×iI）］	
E=总体经济状况	A=后天习得的特定技能
B=家庭背景	P=生理特点

---

1 里尔登，伦兹，彼得森，等. 职业生涯发展与规划[M]. 侯志瑾，等，译. 北京：中国人民大学出版社，2016.

职业选择=S〔（eE+bB+cC）+（fF，mM）+（lL+aA）+（pP×gG×tT×iI）〕	
C=机遇	G=认知能力或特殊天赋
F=朋友，同伴群体	T=气质与个性
M=婚姻状况	I=兴趣和价值观
L=一般的学习和教育	S=性别

小写字母代表调节系数，用来表明12个用大写字母表示的一般因素如何在特定的时间点及个人所处的独特环境中，受到个人独特品质的影响。每个人的公式都是独特的。当然，S（性别）因素前面没有调节系数，S是影响其他11个因素的总调节系数。显然，罗伊认为性别在影响决策的时候相当重要。

除性别以外的因素，罗伊将其分成了4组，公式中第一组的E（总体经济状况）、B（家庭背景）和C（机遇）属于人们几乎无法控制的因素，后三组主要包含基于遗传和后天经验的因素。

通过这个复杂的公式，我们能够感受到生涯发展和职业选择为何如此艰难（因为影响因素非常多），生涯问题的解决和生涯决策的制定是复杂的任务。所以，我们需要有动机并付出努力，发展出所需要的技能，让生涯之中可掌控的因素越来越多。

二、认知信息加工理论

美国佛罗里达州立大学的加里·彼得森在1991年和他的团队发现，许多人对自我以及各种信息都有很好的了解，但是做出的决策却非常糟糕。基于此，他们结合认知心理学，建立了一个应用于生涯辅导的认知加工模式，并认为不要在探索之前就匆匆决定。人们要学习如何做出个人决策，而不仅仅是得到结果。

（一）认知信息加工的金字塔结构

图2-6所示为认知信息加工的金字塔结构。

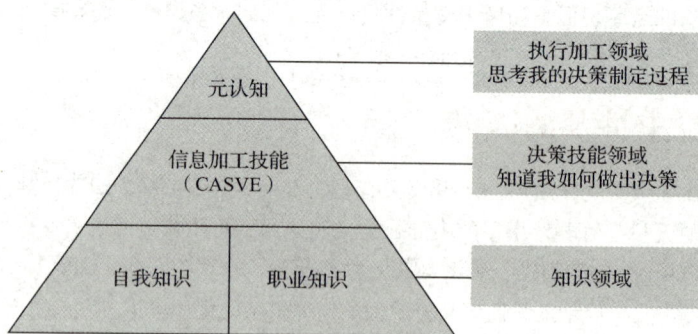

图2-6　认知信息加工的金字塔结构

金字塔底部的两个部分称为知识领域，包括了解自我（自我知识）和了解自己的选择（职业知识）。自我知识一般包括个人的兴趣、能力、价值观、性格等。职业知识包括了解特定的职业、大学专业和（或）工作及其组织方式。当我们了解自我知识和职业知识后，它们就被存储起来。在遇到生涯问题时，我们会对这些知识进行加工。

金字塔的中间部分是针对收集的信息进行加工的过程，即知道自己如何能够做出决策。它包括5个可以循环进行的步骤，即沟通（Communication）、分析（Analysis）、综合（Synthesis）、评估（Value）和执行（Execution）。这5个步骤的循环称为CASVE循环。

金字塔的顶端部分要求我们对决策过程进行思考。例如，我们分析出了一些职业选择的可能性，但是希望自己能够有一段志愿服务或者基层服务的经验，就需要先去志愿服务，再选择找一份稳定职业。所以，顶端的想法在很大程度上影响着我们为实现目标而奋斗的时间和方式，以及解决问题的途径。

（二）CASVE循环的5个步骤

CASVE循环包含5个步骤，如图2-7所示。

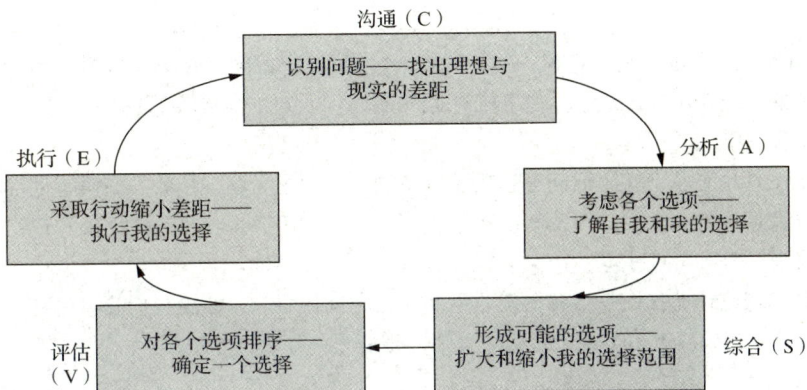

图2-7　CASVE循环

每个步骤都有其任务和具体内容，如表2-8所示。

表2-8　CASVE循环的5个步骤

步骤	任务	具体内容
沟通（C）	确认需求	个体开始意识到问题的存在，同时意识到自己需要做出一定的选择； 存在的问题可能通过自身的情绪信号（如焦虑、厌烦、倦怠、失望和不满等）、身体信号（如头疼、职业病痛、提不起精神等）和外部反馈信号（如父母、朋友、同学等对自己职业的评价和询问）等途径传递给自己，使自己意识到问题的存在； 个体通过各种感官和思考充分接触问题，发觉存在的不容忽视的差距，从而意识到自己需要做出一定的选择
分析（A）	将问题的各个组成部分联系起来	个体开始花费一定的时间来观察、思考、分析和研究问题，了解自己的能力，做自我认知分析，分析自己的各种选择，丰富自我知识，不断了解职业世界和家庭的需要，最终尽可能了解产生差距的原因； 个体把各种影响因素和相关职业知识联系起来，如把自我知识和职业选择联系起来，把家庭的需要融入职业选择
综合（S）	形成可能的选项	综合上一阶段提供的信息，个体通过"扩大和缩小我的选择范围"的过程，制定缩小差距的行动方案，确定自己可以做什么来解决问题； "扩大和缩小我的选择范围"是指个体首先通过发散思维（如头脑风暴）尽可能多地找到缩小差距的方法，然后缩减有效方法的数量（通常保留3～5个选项），从而适配大脑的有效容量

步骤	任务	具体内容
评估（V）	评估选项	个体评估每一个选项对自己和他人的影响，并综合考虑物质上和精神上的因素； 个体对在综合步骤中得出的选项进行排序。把最能缩小差距的选项排在第一位，把较能缩小差距的选项排在第二位，依次类推，选出一个最佳选项，并且做出承诺去实施这一选项
执行（E）	采取行动	依照选择的方案做出行动，把思考转换为行动

CASVE循环是一个不断重复的过程，执行完一个循环，我们需要回到沟通步骤，以确定已经做出的选择是不是最好的、能否最有效地缩小理想与现实间的差距。我们用系统的方法执行这5个步骤，能够大大提高学习和工作效率。

认知信息加工理论是基于在生涯问题解决和决策制定过程中大脑会接收、编码、储存、利用信息和知识这样的理念而形成的。它关注涉及解决职业生涯问题和做职业生涯决策的思维和记忆过程，强调职业生涯问题解决是一个认知的过程。

认知信息加工理论帮助我们学会解决职业生涯问题和进行职业生涯决策的简单而有效的方法。在后续的章节中，你会发现，决策不是某个时刻的事件，而是一个行动的过程。

三、社会学习理论

社会学习理论为美国心理学家班杜拉所创，约翰·克朗伯兹将其引入生涯发展领域。根据社会学习理论，一般所谓的兴趣、价值等实际上都是学习的结果。一个人的社会成熟度在很大程度上依赖于对他人行为的学习和模仿，由此决定了他的职业导向。

（一）影响生涯决策的4个因素

1. 遗传因素和特殊能力

遗传因素和特殊能力包括外貌、智力、性别、特殊才能等。这些因素对职业选择既有正面的影响，也可能限制个人的职业选择或学校教育选择的自由，并在某种程度上影响个人的职业表现。

2. 环境因素和事件

非个人所能控制的环境因素和事件可能来源于自然力量（如自然资源的分布或自然灾难等），也可能来源于人类的活动（如成长背景、就业环境等）。这些因素虽不可控，但有可能对个人的学习、决策造成重大影响。

3. 学习经验

每个人独特的学习经验在个人做生涯决策时起到非常重要的作用。社会学习理论提出了两种学习经验：工具式学习经验和联结式学习经验。凡是成功的生涯计划、生涯发展和职业或教育的表现所需的技能，均能够通过连续的工具式学习经验获得。

4. 工作取向的技能

工作取向的技能包括个人解决问题的能力、工作习惯、心理状态、对工作表现的标准与价值的设定、情绪反应和认知的历程等。

上述4种因素会不断地发挥交互作用，影响个人对自己及工作的看法，进而影响一个人的学习经验、期望和行动。

（二）生涯决策咨询的7个步骤

约翰·克朗伯兹根据社会学习理论在中学和大学的实践，提出了生涯决策咨询的7个步骤，如图2-8所示。

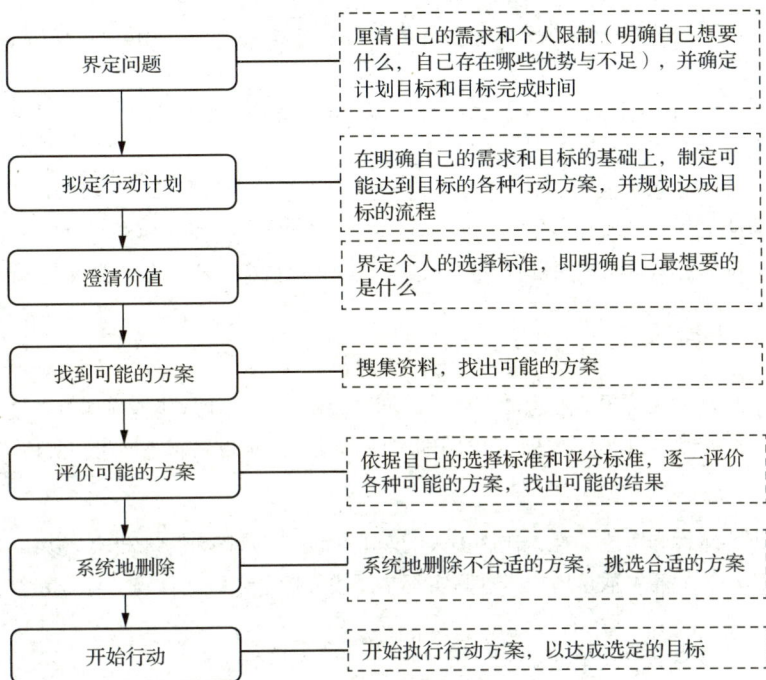

```
界定问题 ────────→ 厘清自己的需求和个人限制（明确自己想要
                   什么，自己存在哪些优势与不足），并确定
                   计划目标和目标完成时间
   │
   ↓
拟定行动计划 ──────→ 在明确自己的需求和目标的基础上，制定可
                   能达到目标的各种行动方案，并规划达成目
                   标的流程
   │
   ↓
澄清价值 ────────→ 界定个人的选择标准，即明确自己最想要的
                   是什么
   │
   ↓
找到可能的方案 ────→ 搜集资料，找出可能的方案
   │
   ↓
评价可能的方案 ────→ 依据自己的选择标准和评分标准，逐一评价
                   各种可能的方案，找出可能的结果
   │
   ↓
系统地删除 ──────→ 系统地删除不合适的方案，挑选合适的方案
   │
   ↓
开始行动 ────────→ 开始执行行动方案，以达成选定的目标
```

图2-8　生涯决策咨询的7个步骤

第四节　后现代生涯理论

当代职业世界已发生巨大变化，全球化和信息化的发展带来职业的多变性和组织的流动性。职业的变化导致生涯形式的改变，当代个体生涯发展路径的不确定性增加。后现代主义接纳不确定性，尊重多元的事实，强调多样性和差异性，尊重主体的主观解释，重视语言反映的和创造的事实。在这些观点影响下的生涯理论有生涯混沌理论、无边界职业生涯和生涯建构理论等。

一、生涯混沌理论

混沌理论起源于19世纪80年代，法国数学家庞加莱指出，存在一种非周期的轨道，其不会永远增加，但也不会接近一个不动的点。这一重大发现奠定了混沌理论的根基。生涯混沌理论是指事物的发展是一个非线性的、不可预测的过程。混沌理论从学术领域走向公众领域，从物理学、化学等领域扩展到社会科学领域，并成为一门具有交叉学科特点的理论，被人们所熟知。[1]

2003年，普赖尔和布赖特将混沌理论引入生涯领域，认为生涯发展符合混沌现象的基本特征。

● 生涯是一个复杂开放的动态系统。个体生涯心理在静态结构上，是一个相空间的"分形"结构，

1　朱士蓉. 生涯混沌理论综述[J]. 商丘师范学院学报，2019.

是复杂、不规则的。

● 生涯是一个非线性动态变化的过程。个体生涯起始状态的微小差异可能导致巨大的变化，看似无足轻重的事件往往会对当事人的生涯发展产生难以预估的影响。

● 生涯是稳定与不稳定的统一。生涯没有终极稳态，变化随时可能产生。

● 生涯具有自主与自驱动性。生涯发展具有主动适应的特征，每个人在一定程度上都可以按自己的想法塑造自身的生涯历程。

● 提升生涯灵性才能以不变应万变。生涯灵性指个体在适应复杂的生涯历程时需要具备的积极的心理特质，是一种更通用和更强大的适应力。

可见，生涯混沌理论承认人类的局限性，对生涯不再有强烈的控制欲，认可阶段变化，认为不可预测性和不确定性是生涯发展的本质特征。生涯混沌理论作为重要的生涯理论，启发我们要提高对生活和工作中不确定性的反应意识，注重探索和开发的过程，更要保持积极心态和培养快速适应的能力。

二、无边界职业生涯

阿瑟在1994年提出"无边界职业生涯"概念，即"超越单个就业环境或雇佣范围设定的一系列的工作机会"，强调以就业能力的提升替代长期的雇佣关系，使员工能够跨越不同组织实现持续就业。

（一）无边界职业生涯的内涵

组织边界的可穿越性和可流动性，让许多人的职业生涯不再固定或者受组织约束，从而使得新型雇佣关系产生，个体经历的雇主数量增加。这其实都是无边界职业生涯的体现，综合来看，无边界职业生涯有以下6种内涵。

● 员工跨越不同雇主边界实现就业。

● 员工能得到雇主以外的市场认可。

● 员工靠外部的社会网络或信息来发展。

● 员工打破直线晋升即成功的机制，追求心理上的成功。

● 员工可能因个人或家庭原因而拒绝当前的工作机会。

● 员工选择职业时尊重自身意愿，不认为无边界会限制职业发展。

随着社会的快速发展，物质的极大丰富，越来越多的人不再单纯为了谋生而劳动，而是以能力和个性的全面发展为目的，通过职业生涯的发展来实现自己真正的价值。个人和组织之间原本固有的契约关系变得丰富和多元。如果一个人的知识水平和能力结构合理，就拥有了更多的择业自主权和选择权，并拥有更多的机会按自己的兴趣、能力、气质选择真正热爱的、真正适合的和真正能获得快乐和成就感的工作，得益于此，将会最大限度地发挥自己的才能和热爱，为身处的团队和社会做出力所能及的贡献。而个体对社会的贡献越大，他的价值就越能得到最大限度的实现，这些也正是个体存在的真正价值。

（二）无边界职业生涯的启发

无边界职业生涯的内部要求是过硬的能力。注重职业能力的培养，保持持续的就业力是前提。除了尽可能发展各职业相通的基本能力外，也要注重在一两个领域的专业性发展。找到职业兴趣对个体的职业生涯发展非常重要，但更重要的是，培养兴趣职业的核心能力。在无边界职业生涯时代，想要一直具备核心竞争力则必须保持深度思考、持续学习。

无边界职业生涯的长期要求是树立终身学习的理念。终身学习是人全面发展的根本保障。职业对跨专业的要求让我们看到了教育的持续性要求，持续学习、终身学习就显得愈发必要。边工作、边学习、边内化、边应用，在实践中对理论进行总结和升华。这种学习和实践的过程将伴随很多人的一生。今天，职业的推陈出新十分快速。在无边界职业生涯时代，产业结构的调整促进了职业变革，这就更加凸显终身学习的重要性。

三、生涯建构理论

乔治·凯利的个人建构理论认为"自己就是科学家"。每一个人在成长的过程中观察到发生在自己周围的种种现象，渐渐地用自己的方式形成自己的理论，预测自我的行为，然后根据预测行事。这种行为方式类似于科学家的行为方式，即建构。2002年，马克·萨维科斯创建了生涯建构理论。2012年，他提出了生活设计的概念，指出个体是生涯的所有者和创作者，主张自我生命设计。他认为，生涯不是自我展现出来的，而是被建构出来的。同时，他也认为，每个人的生命意义都属于他自己，生涯之路没有固定的路线，但却都有一个大致的主题、有一个肩负的使命和任务要去完成。建构是一种行动，不同的生涯阶段有不同的生涯任务，这些任务促使个体主动去完成它们，从而建构个人生涯。

马克·萨维科斯的生涯建构理论包含3个组成部分：人格特质、生涯适应力和生涯主题。

（一）人格特质

马克·萨维科斯批判性地继承了霍兰德职业选择类型理论来理解个体职业人格类型。但马克·萨维科斯关注的点有所不同：更侧重来访者的主观看法，而非测评分数；更关注来访者意图中呈现的可能的我，而非过去的我。马克·萨维科斯认为从过往经历中可以发现一个相对稳定的职业人格，并且该职业人格会与职业呈现出一定的匹配性。

（二）生涯适应力

生涯适应力是"个体对于可预测的生涯任务、所参与的生涯角色，与面对生涯改变或生涯情境中不可预测之生涯问题的准备程度"。生涯适应力是个体与环境交互作用的结果，是一种可以培养并能帮助个体前进的能力，其中包括生涯关注、生涯控制、生涯好奇和生涯自信。个体生涯适应力的发展贯穿这4个维度，最终形成其与生涯规划、决策和调整有关的独特态度、信念和能力。生涯适应力模型如表2-9所示。只有行动起来，才能创造新的自我和生涯；也只有在行动中，才能提升适应力。所以，对于个体而言，重点不在于是否做出了决定，而是在于是否付出了行动。

表2-9　生涯适应力模型

维度	生涯问题	态度与信念	能力	生涯问题	因应行为	生涯干预
生涯关注	我有未来吗？	计划的	计划	不关心	觉察、投入、准备	生涯导向练习
生涯控制	谁拥有我的未来？	确定的	做决定	不确定	自信、有条理、执着	决策训练
生涯好奇	未来我想要做什么？	好奇的	探索	不真实	尝试、冒险、询问	收集信息
生涯自信	我能做到吗？	有效的	解决问题	不自信	坚持、努力、勤奋	建立自尊

（三）生涯主题

马克·萨维科斯认为，个体自我概念和愿景目标可以通过一个生涯主题来展现（如同一个故事的主题）。生涯主题由一个或一系列个体急切希望解决的问题和个体解决问题的方法构成。个体生涯发展的目标和行动都围绕生涯主题的宏观指引展开。那些看起来碎片化的、相互矛盾的以及意义含混不清的经历会变得清晰而连贯，并提供了对未来生涯选择的指引，以及面对各种职业变动（尤其是因外界被迫做出的变动）的方案。

生涯建构理论比较多地应用于生涯咨询的过程中。在咨询中，马克·萨维科斯很喜欢请来访者讲故事，他认为，生涯即故事，人们透过故事理解并创造人生，讲述个人故事有助于人们觉察那些本就存在但模糊不清的意识。这种咨询的思路其实适用于每个人对自我的觉察，例如，你可以根据这些问题讲述自己的故事。

● 关注过去和当下的经验。

我的过往回忆（我是一个什么样的人）。

我的当前感受（我要如何度过这一生）。

我未来的期望（这一生有何意义）。

● 解释其重要性和赋予意义。

将故事引向即将面临的未来，以设计出更加有活力的生涯计划。

生涯建构理论在后现代生涯理论中影响最大，研究者最多，体系较为清晰，实践运用最广，并衍生出不同取向的后现代生涯咨询辅导流派，在生涯干预方面为生涯教育、辅导咨询提供了理论基础和具体方法，不断引起关注。

回顾·练习

1. 观看电影《当幸福来敲门》，写出你的心得感悟。

要求：运用所学的生涯理论，写出你当前所承担的生涯角色和你计划10年后担当的生涯角色，以及你准备在每个生涯角色上实现的目标。

你当前的生涯角色：_____ 目标：_____

你10年后的生涯角色：_____ 目标：_____

2. 运用所学到的生涯理论，分析当前大学生的就业环境与就业形势，以及你准备如何应对这些挑战？

发现·探索

活动主题　角色饼图

请参照舒伯的生涯发展论，在图2-9中画出属于自己的不同阶段的角色饼图，让每个角色都为自己的人生增光添彩。

  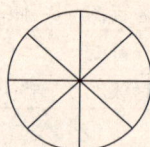 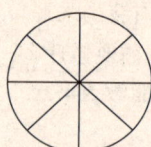

我的初中　　　　　　我的大学　　　　　　我的30岁　　　　　　我的60岁

图2-9　角色饼图

思考

1. 现阶段你要把主要时间和精力放在哪些角色上？

2. 你在这些角色上投入的时间和精力是否符合你的期望？

第三章

陪你更加认识你自己

3

关键词	霍兰德的职业选择类型理论　心流理论　兴趣与职业选择　能力探索 能力的概念　能力与求职　价值观澄清　价值观与职业选择　MBTI性格 与职业　性格发展
学习指南	1. 了解什么是职业兴趣、能力、价值观和性格； 2. 探索自己的职业兴趣、能力、价值观和性格； 3. 学习培养和发展自己的职业兴趣、能力、价值观和性格； 4. 认识职业兴趣、能力、价值观和性格与职业选择、职业发展的关系。

——— 案例导入 ———

　　2016年，郝景芳凭借作品《北京折叠》获第74届雨果奖最佳中短篇小说奖。她是科幻作家、童行书院创始人、清华大学物理系和经管学院毕业生。很多人惊讶一位物理专业的学生、曾经梦想成为科学家的人，怎么会走上写作之路，又为什么创办童行书院呢？郝景芳很喜欢写作，初中时就一直坚持写作，大学时她敏感的个性和敏锐的洞察力既让她感到孤独，也让她不断的探索，去旅行、去支教、去走街串巷体验人间冷暖。源于对自己的认知及不断的写作与实践，她抓住了一次又一次的机会。中学期间她获得了全国中学生第四届新概念作文大赛一等奖，大学期间她写成的《星旅人》获得"清华大学学生原创作品支持计划"支持并出版。在大学支教期间，她以一位社会观察家的眼光认识到儿童教育的重要性。之后，她创办童行书院来帮助一些偏远地区的孩子获得多方面的教育资源。

　　郝景芳一直走在自己热爱的职业生涯发展的路上，她了解自己，也不断探索世界，尤其在选择和行动面前，她能够保持初心和清醒。正在探索职业生涯发展方向的你，是不是在疑惑如何找到自己的路、不断地明确自己的目标，不忘初心，一直往前呢？本章将从职业生涯探索中非常重要的一步——认识自己出发，引领你发现自己的职业兴趣、职业价值观，探索自己的能力与性格。

第一节　发现你的职业兴趣

　　一个人越了解自己的人格特质和兴趣所在，就越有机会发挥自己的天赋。一些人在寻找自己未来的职业方向时，可能会忽略这一点。一项针对某大学计算机学院5届毕业生（每届300多人）的数据调查显示，大学生择业时会首先考虑职业前景、薪酬待遇、专业对口程度等因素，而很少考虑兴趣。矛盾的是，当憧憬自己的未来职业时，人们总是希望能找到自己喜欢的职业，能够有活力和投入地工作。导致人们偏离自己的初心的，有时是缺少去找到自己的兴趣所在的信心。本书推荐3种探索兴趣的方法：第一种是霍兰德的职业选择类型理论，该理论认为职业兴趣可以划分为实用型、研究型、艺术型、社会型、企业型和事务型6类；第二种是心流理论，该理论可以帮助我们认识到兴趣产生的条件和发现兴趣的方法；第三种是美国大学入学考试中心（American College Test，ACT）提供的职业群体系，可以帮助我们定位感兴趣的职业群和职业领域。

一、发现自己的职业兴趣

兴趣是人认识某种事物或从事某种活动的心理倾向。它表现为人们对某种事物、某种活动的选择性态度和积极的情绪反应。兴趣在人的实践活动中具有重要的意义，可以使人集中注意力，进入愉快、专注的状态。职业兴趣是个体对从事不同类型工作、活动的心理偏好。可见，兴趣与职业兴趣有一定的区别与联系，人们日常的兴趣可以和职业产生关联。思考以下的情况：你在小时候，是否幻想自己成为一名教师教导学生，或成为一名科学家探索真理，或成为一名工程师设计精巧的产品，或成为一名律师维护法律正义，或成为一名艺术工作者创作作品……每个人在寻找自己的职业方向的时候，往往会体现出某种心理倾向，对某些职业产生兴趣。

本章将使用第二章介绍的霍兰德的职业选择类型理论来探索职业兴趣。先简单回顾一下该理论：一个人找到符合自己人格特质、兴趣的职业，将会获得更多的满足感、成就感和职业稳定性。选择一种职业，是一个人人格特质和兴趣的表现；从事相同职业的人，有着相似的人格特点。人分为6种不同的类型，相应的职业也归纳为6种类型。这6种类型分别是实用型、研究型、艺术型、社会型、企业型和事务型。人追求某类工作环境，在特定的工作环境里施展自己的技能，发展自己的人格，体现个人的态度和兴趣。

案例

魏明是一位计算机专业的学生，正处于求职阶段，原本打算毕业后到专业对口的企业工作。在找工作过程中，他开始深入思考自己喜欢什么样的工作，发现虽然自己的专业能力不错，但程序员的工作似乎不能让他产生很大的热情。于是他陷入迷茫：自己不适合做程序员，还有其他的工作适合自己吗？

霍兰德的职业选择类型理论可以帮助你把兴趣和职业类型、人格特质、工作环境等结合起来，在了解自己和职业特性的基础上，进行一定的匹配和探索。

在探索职业兴趣之前，请你思考以下问题。

- 你喜欢做什么？
- 你偏好的环境是怎样的？
- 你的性格特点是怎样的？
- 你在做什么事情的时候非常专注？
- 你的职业梦想是什么？

思考清楚这些问题有助于你探索职业兴趣。下面邀请你做一个自己职业兴趣的初步评估，请参见第二章表2-1中的霍兰德职业兴趣的6种类型，查看这6种类型，包括每一种类型人群的总体特征、性格特点和追求的工作环境，以及举出职业的例子，尝试选出1~3种类型。

请注意，这6种类型的特征是典型的、理想的形式，不可能恰好完全符合某个人的情况。个体符合某种类型的大部分情况或者相对其他类型来说比较符合这种类型，可以认为属于这种类型。

除了通过表中的描述进行个人的初步评估，找到自己的职业兴趣之外，你还可以使用测评的方法，如寻找有资质的职业测评网站来测评。

> **成功小贴士**
>
> 在一定程度上，职业选择可以根据一个人的人格特质和兴趣偏好而定。喜欢运用复杂抽象的思考能力，个性独立又有逻辑的人，很可能选择与科学研究相关的工作；乐于助人、善于倾听，喜欢和大家一起完成工作的人，往往选择与社会服务相关的工作。不过，不同的工作领域存在各种人格类型的人。从事和自身人格特质不一致的工作，需要付出额外的努力。比如，个性独立的人要从事服务行业，需要培养和大家一起工作的能力，这需要投入更多的时间和精力。所以，了解自己的职业兴趣，不是限制你在某个领域工作，而是帮助你更了解自己为什么更喜欢、更擅长处理某些任务和工作，从而使你不断地明确自己的优势所在，确定努力的方向。

二、职业兴趣分析与兴趣发展

一个人的职业兴趣是丰富而复杂的，个体可能同时具备多方面的兴趣特征。

（一）通过霍兰德代码分析职业兴趣

人们可能具备6种类型的某些特征，只是偏好的强弱有所不同。因此，为了比较全面地描绘个人的职业兴趣，一般可以用其中兴趣最强的3个类型的霍兰德代码（Holland Code）来表示。这3个字母的顺序表示了兴趣的强弱程度排序，排在前面的表明兴趣较强，排在后面的表明兴趣较弱。例如，生涯规划师的霍兰德代码为SAE，即生涯规划师的心理特征主要包括社会型、艺术型和企业型3种特征，可以看出这个职业较重要的心理特征是社会型，艺术型次之，最后是企业型。

本节案例中提到的魏明通过以上探索，发现自己对计算机程序开发（I型）感兴趣，同时，他对E型（企业型）和A型（艺术型）有更加浓厚的兴趣。他喜欢音乐，业余时间学习过声乐，做过主持人，参加过辩论队。在做这些事情的时候，他发现自己很有热情。经过与咨询师的细致探讨，魏明初步发现自己的兴趣主要集中在E型、I型和A型3个领域。

霍兰德职业兴趣的6种类型的英文第一个字母按照固定的顺序（RIASEC）排成一个六边形（见第二章），6种类型之间的相对位置表现了类型与类型之间的心理相似的程度。相邻位置的类型，心理相似度最高，相隔位置的次之，相对位置的类型，心理相似度最低。

> **成功小贴士**
>
> 根据霍兰德的六边形模型，每个人都可以找到自己的优势领域，也就是显性的、强势的、乐于或较常使用的类型；相对的其他领域则是隐性的、弱势的、较少使用或者较不喜欢使用的类型。这样的认识，可以帮助我们意识到非自己的霍兰德代码的领域并不是不重要，而是自己较少使用或者不喜欢使用它们。同时，我们知道处于相对位置的霍兰德职业兴趣类型，两者的心理相似度最低，但这不代表一个人不能同时具备相对位置的兴趣类型。一个人可以对有关"事务型"的事很投入，也可以对"艺术型"的活动很感兴趣。总之，类型与类型之间并无冲突可言。当我们明晰了自己的霍兰德代码，我们就能够更加有意识地去寻找自己感兴趣的工作环境。

在兴趣探索过程中，有些人对这6个职业领域都比较感兴趣或者都不太感兴趣。这里需要说明的是，人们的兴趣分化程度是不同的。一般而言，处于探索中的青少年兴趣分化程度较低；而兴趣发展较为稳定的成年人，其兴趣分化程度通常会比较高[1]。如前所述，兴趣是一种重要的心理倾向，是个体在社会实践过程中通过不断地复盘、反馈发展起来的。

（二）通过心流理论探索兴趣发展

美国心理学教授米哈里·契克森米哈赖于20世纪60年代通过观察艺术家、棋手、攀岩者及作曲家等，发现这些人在从事工作时几乎是全神贯注地投入工作，经常忘记时间以及对周围环境的感知，并且在这种状态下他们感到最为愉快和满足。这种由全神贯注所产生的状态体验，米哈里称之为"flow"（原意是"流动"，被译为"心流"），因为这时人们的体验好像是被一股潮流往前推动，一切都顺其自然地发生了。

这一发现，和人们通常想象的不同，人们不是在什么都不做、完全放松的时候感到幸福快乐，而是在专注忘我、意识处在有序状态时才会有这样的体验。意识处于有序状态的活动，通常对人们的体力或智力有一定的挑战，人们也在最大限度地发挥着自己的技能。有趣的是，处于心流中时，你并不会总是感到快乐，因为需投入精力克服挑战，但是任务完成后，当你回味刚刚发生的事情，你的内心会产生快乐和满足感。

心流的出现需要满足以下条件。

● **目标清晰**。当一个人的目标清晰时，他就会采取一些手段来达到这个目标。

● **反馈及时**。这和清晰的目标是相辅相成的，人们在目标的指引下才能清楚自己在做什么、做得怎么样。

● **挑战难度与能力相匹配**。当挑战难度高于个人能力5%～10%的时候，人们容易进入心流状态。

在目标清晰、反馈及时，以及挑战难度和能力相匹配的情况下，即满足心流出现的3个条件时，人们的注意力会开始聚集，逐渐进入心流状态。

心流理论告诉人们，发现自己兴趣的一个方式是在日常生活中进行主动式休闲，也就是找到一些需要动脑筋、花心思才能享受到乐趣的活动。

> **成功小贴士**
>
> 兴趣是最好的老师。因为兴趣引导我们投入其中，从而不断地实践而获得满足感。这里提到的"兴趣"是一种人格倾向的反应，在做感兴趣的事情时，人并不一定是快乐的，而是一种投入的、能量满满的状态，这需要付出相当的努力。因此，首先需要将兴趣和个人的"快乐刺激"区分开。职业兴趣不是单纯的快乐享受，也不是短暂的情绪反应。所以，寻找职业生涯方向的时候，要看这个兴趣是不是能让自己愿意付出努力并长期坚持实践的。只有能让你愿意付出努力并长期坚持实践的兴趣才能真正指引你追寻内心。

三、兴趣与职业选择

人们了解自己的职业兴趣后，还需要发现职业世界中有哪些职业是符合自己的兴趣的。其中一个方式是通过霍兰德代码进行匹配，下面通过案例一起探索。

> **案例**
>
> 小敏是社会学专业的毕业生，在找工作的过程中，对是否要找与兴趣相关的工作产生了困惑。她喜欢绘画，但不是很专业。她认为自己对绘画很着迷，喜欢看画展，也会跟一些画画的朋友交流。但是，

---

[1] 金树人. 生涯咨询与辅导[M]. 北京：高等教育出版社，2007.

她并不能通过绘画来获得工作。她学习社会学专业，因此在社会现象和心理学方面具有扎实的专业知识。绘画兴趣似乎不能帮助她找到职业方向，反而让她很纠结。

※ **点评**

霍兰德认为，根据6种类型的特征，个人可以找出以3种类型为主的霍兰德代码，环境亦然。也就是说，人是组成环境的一部分，相似特征的人会在相似的环境里，环境因为相似的人而形成环境的特性。所以，环境也有霍兰德代码。大学生可以通过霍兰德代码整合个人特质与职业信息。

小敏通过职业兴趣测评和与职业咨询师的沟通，最终确认自己的霍兰德代码是SAE。下一步，小敏可以根据人和职业相互适应的原则来寻找代码为SAE的职业，也可以灵活地用S、A、E代码的其他组合来扩展可能的职业，如代码为SEA、AES、ASE等的职业。小敏在众多的职业里逐渐认识到自己的兴趣是"喜欢有创造性的工作，对于审美有较高的要求，并且具有很强的人文关怀精神，喜欢与人打交道"。有了这些自我认识和职业探索方向，她有信心找到适合的工作。最终，小敏成为某文化公司的编剧。

普里蒂奇在美国大学入学考试中心的一连串职业研究计划中，以霍兰德的理论为蓝本，发现在霍兰德的六边形模型下隐藏着两个双极维度："与物接触—与人接触"和"事务处理—心智思考"。"与物接触—与人接触"维度分别表示与具体物体接触的工作，如机械操作、程序设计、安装维修等，以及与人接触的工作，包括为人们提供服务、帮助他人等；"事务处理—心智思考"维度分别表示使用具体事实、数字、程序的事务处理工作与运用理论、文字、音乐等方式的心智思考工作。美国大学入学考试中心在这两个维度的基础上，将26个职业领域划分为12个区域（见图3-1）。

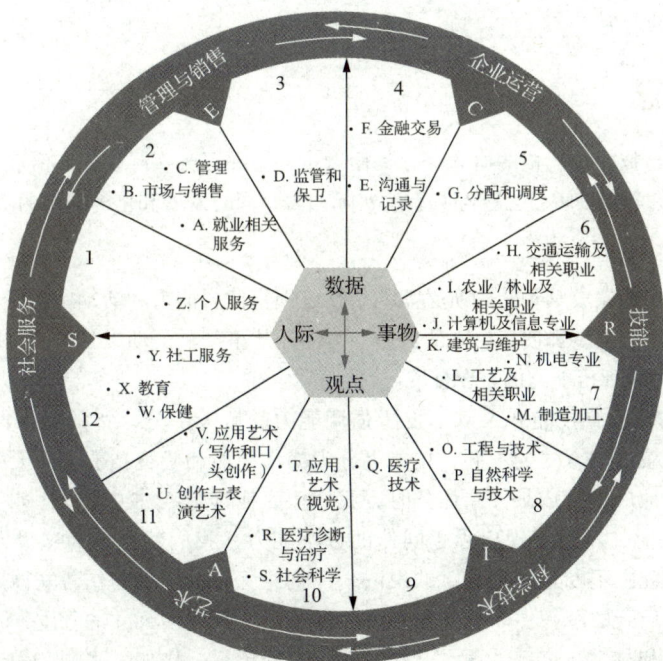

图3-1　职业世界地图

通过分析自己倾向于"与物接触—与人接触"和"事务处理—心智思考"中的哪一极，人们可以更加深入地思考职业兴趣所在的区域，并且通过图3-1进一步定位至具体的职业。

一个人在参与和兴趣有关的活动时，就会活力满满，不怕困难，获得满足。理想的状态是，工作和兴趣匹配，或者在工作里拓展与自己兴趣相关的领域。有些时候，工作并不一定能很好地满足兴趣，这时不要让兴趣沉睡，可以每周在业余时间做些感兴趣的事情。例如，你喜欢写作，可以加入一个写作微信群，或者开设自己的微信公众号等。

一些人似乎很容易确定自己的职业，他们往往知道兴趣和自身优势所在。而有些人不甚清楚自己的喜好和技能，往往无法做出职业选择。无论一个人处于怎样的状态中，认知自己、探索生涯，是需要用一生来实践的。同时，每个人要结合多方面的特点，如职业兴趣、价值观、能力和个性等，去寻找自己理想的职业，通过一系列的自我探索和环境探索后，就会逐步明确自己的生涯发展方向。

第二节　探索你的能力

一个人在寻找职业的时候，首先需要向潜在的用人方展现出自己所具有的能力，毕竟在职场中，人们是通过自身的能力来获得报酬的。刚刚毕业的大学生除了了解自己已具备的能力，还需要去探索自己的潜能。

本节将介绍能力的概念，帮助大学生了解能力类型，认识能力和技能。本书后面将提供一些探索能力的方法，帮助大学生初步认识自己的能力和技能，并且在简历中展示自身的能力，在职业选择和生涯规划中不断发展自己的能力。

一、能力的概念

本书并不对能力与技能做严格的概念区分，而着重强调和区分实际能力和潜在能力。区分实际能力和潜在能力，有助于大学生发现自己已经具有的实际能力，同时发展和培养自己的潜在能力。

（一）什么是能力

能力是指人们成功地完成某种活动所必需的个性心理特征。能力和活动紧密联系：一方面，人的能力是在活动中逐步形成、发展和展现出来的；另一方面，从事某种活动以具备一定的能力为前提。完成某种活动的效率和质量是评价能力的重要标准。

与能力相关的概念还有技能和天赋。技能强调能力的后天部分，指的是人们通过练习获得的动作方式和动作系统。按活动方式的不同，技能可分为操作技能和心智技能。而天赋更强调能力的先天部分，当一个人轻松地成功完成某件新任务时，我们认为他具有某种天赋。比如，一个人刚刚接触数学未受到更多的训练时，就能展现出强于同伴的数学能力，我们就会认为这个人具有数学天赋。不过，现代的调查和研究在不断地质疑天赋的说法，《刻意练习》一书的作者安德斯·艾利克森和罗伯特·普尔发现，通过后天的练习，人们在很多方面都可以达到所谓天才的程度，不但包括运动、音乐等方面，还包括记忆和科学研究等方面。这样的例子不胜枚举，比如，牛顿、爱迪生等科学家，邓亚萍、郎平等优秀的运动员，在一开始都不被看好，但是经过学习和努力，最终都取得了卓越的成就。如果你细心观察，身边也有不少这样的例子。对于大学生来说，重要的是不要以"我不具有这方面的能力"为理由而不去培养和发展自己的能力。很多能力如沟通能力、解决问题能力等，可以通过后天的学习得到很好的发展。

（二）能力与胜任力

"胜任力"这个概念最早由哈佛大学教授麦克利兰于1973年提出，是指能将某一工作中有卓越成就者与普通者区分开来的个人的深层次特征，它可以是知识、技能、自我概念、特质和动机等任何可以被可靠测量或计数的并且能显著区分优秀与一般绩效的个体特征。他把这种直接影响工作业绩的个人条件和行为特征称为胜任力。胜任力能在一定的工作情景中体现出来。研究发现，在不同职位、不同行业、不同文化环境中的胜任力模型是不同的，这就要求我们将胜任力概念置于"人—职位—组织"三者相匹配的框架中去理解。用人单位往往基于某一岗位的胜任力模型进行人才培养、选拔和激励。

从胜任力的定义来看，它包含了能力的内容，同时受到社会和文化的影响。即将进入职场的大学生加强对胜任力的认识，有助于在具体的企业和岗位中有的放矢地培养和发挥自身的能力。同时，胜任力的概念是有局限的，未来社会需要适应能力强的人才，自身能力的多元发展有助于拓展职业领域和创造职业生涯新高度。

> **成功小贴士**
>
> **自我效能感**
>
> 自我效能感是指个人在某一活动领域中对自己的能力所持有的信心和主观评价。自我效能感不是能力，是对自己具备的能力的主观认识。人们在完成某件事情或者任务时，并不是完全依赖自己的能力来判断是否可行，而是通过自我效能感来判断。当一个人有较强的自我效能感的时候，他会具有更强的信心和行动力，更加勇于尝试。当一个人自我效能感较弱的时候，他可能会由于低估自己的能力而放弃尝试的机会。在职场中，我们常常发现，有较强的自我效能感的人会更好地去接受工作中的新任务和新挑战，并在行动中培养能力。一些自我效能感较弱的人，不但不能很好地展现自己的能力，还缺少在行动中培养自身能力的意识。所以，大学生要保持不断尝试、不断练习的意识，以及在活动中培养自身能力的心态。

二、能力的探索

在准备进入职场时，人们希望知道自己的能力是否能胜任某个职业的要求。能力有不同的分类和衡量标准，下面重点从能力的组成来进行介绍。例如，写作能力，可以描述为"我有公文写作能力""我有快速地写出网络热点推文的能力"，前一个描述强调了写作能力所在的领域或者内容，后者除了强调能力的领域，还给出了"快速地"完成某事的风格。辛迪·梵和理查德·鲍尔斯将技能分为3种类型：知识技能、自我管理技能和可迁移技能。知识技能是指那些需要通过教育或者培训才能获得的特殊的知识或能力，如中国古代史、生物学、计算机编程等；自我管理技能是一种个性品质，因此，它们被用来描述和说明人具有的某些特征，如负责、果断和勤奋等；可迁移技能就是个人做事时的行动，可以从工作生活的方方面面得到发展和体现，并可从不同的场景中迁移和运用，如口头表达、分析数据和照顾他人等。

> **案例**
>
> 小强读的是中文专业，即将毕业，对自己能胜任哪些工作有些困惑。他看到一些同学选择考研究生，一些同学在备考公务员，一些同学选择去互联网公司工作，但他在职业上还是没有一个明确的方向。他想到一位读法律专业的同学，毕业后顺利进入律师事务所工作，专业对口，很是羡慕。于是，小强决定问问职业咨询师，该如何找到职业方向。
>
> **❋ 点评**
>
> 小强的困惑是很多同学的困惑。在找工作的时候，大学生首先想到的是专业对口，即通过知识

技能找工作。他们无形中忽略了另外两个技能，自我管理技能和可迁移技能。其实，人们在职业发展中发现，除了知识技能在职业成功中占有重要的作用，还有很多其他的人格特质起到重要的作用。麦克利兰的胜任力研究以及后续很多人的研究也证实了这一点。

可迁移技能是选择各种职业的根本，人们可以基于自己过去的表现去发现自己某方面的能力水平。下面你可以通过表3-1来初步评估自己的可迁移技能。

（一）可迁移技能评估

表3-1中有8个方面共40种常见的可迁移技能，请你根据对各项技能水平的自我评估，在对应的"高""中""低"栏目下打√。

表3-1　可迁移技能水平自我评估表

技能		高	中	低
基本技能	阅读理解			
	书面表达			
	数学思维			
	积极倾听			
	口头表达			
	科学思维			
思维能力	创造性思维			
	决策能力			
	解决问题能力			
	观察能力			
	学习策略			
	推理能力			
运用资源能力	时间			
	资金			
	材料和设备			
	人力资源			
人际能力	团队合作			
	传授他人			
	服务客户			
	领导能力			
	协商能力			
	与不同文化背景的人合作			
运用信息能力	获取和评估信息			
	整理和保管文件			
	阐释和传达信息			
	运用计算机处理信息			

技能		高	中	低
掌控系统能力	理解系统			
	系统评估			
	应变力			
	监控并调整系统性能			
	设计并优化系统			
运用科技及操作能力	选择科技			
	应用科技			
	维护设备并排除技术故障			
	操作和控制			
	灵活运用身体			
创造能力	想象力			
	视觉化			
	娱乐			
	艺术欣赏与创作力			

在进行自我评估时，人们常常陷入和其他人比较的误区。诚然，我们从小到大多通过比较来认识能力的不足，并一步一步练习来提升能力。不过，重要的是评估自己可迁移技能的水平，自己和自己做比较。比如，发现自己的人际能力水平较高，而操作能力水平不高，那么在找工作时就多找和人打交道的工作，这样更加容易找到工作和发挥特长。

（二）优势信号的启发

对于能力的另外一种认识来源于对职业优势的研究。优势被认为由知识、技能、天赋3个部分组成，知识和技能可以通过后天习得，而天赋是自然而然反复出现，可被高效利用的思维、感受或行为模式，更加具备先天的成分。天赋很难改变，是需要深度探索和挖掘的。事实上，形成优势的过程，就是知识、技能和天赋相融合的过程。因此，优势的研究者马库斯·白金汉提出：你的优势并非"你所擅长的事"，你的弱势亦并非"你不拿手的事"。他提到优势的四大标志是SIGN，S代表成功（Success），I代表直觉（Instinct），G代表成长（Growth），N代表需求（Needs）。基于此，他认为：优势是指那些让你感到自己很强大的事。反过来说，弱势是让你感到自己很弱小的事。优势理论的一个中心观点是在做某件事时，你的感受可以带动你走向成功。按照SIGN来分析，你需要非常留意自己的I（直觉）、G（成长）和N（需求），因为它们会推动你迈向S（成功）。进一步来说，"直觉"吸引着你，"成长"让你专注，"需求"让你感觉很棒，反过来又刺激着"直觉"，把你吸引回来。如此良性循环，不断地推动着你提升自己的能力。下面介绍一种优势事件分析法，来帮助你进一步确认自己的优势。

✳ 课堂活动

请写下生活中令你有成就感的具体事件，然后对其进行分析。这些事件不一定是工作或学习上的，可以是在课外活动或家庭生活中发生的，如社团活动、业余爱好等。它们不必是大事件，只要符合其中某些特征：你根据直觉地去做这件事；你喜欢做这件事时的感受；你完成这件事时感到自己很强大；你做这件事时，获得了他人的认可和赞扬。

在撰写优势事件时，你应当考虑以下4个问题。

"为什么做这件事"重要吗？

"我和谁、对谁、为谁做这件事"重要吗？

"何时做这件事"重要吗？

"这件事与什么有关"重要吗？

请尽量多用以上4个问题去阐明你的优势事件，以便你将自己的优势写得更具体和清晰。你可以通过以上的优势信号再次确认，即通过优势信号来"发现"优势事件，然后"阐明"你的优势事件，最后再次使用优势信号来"确认"。通过"发现—阐明—确认"，你会越来越清楚自己的优势。

当然，感兴趣的同学也可以通过上网查看盖洛普的优势识别器测评，通过正式的评估方法加深对自己优势的认识。

（三）在比较中看到能力

能力有基本能力和高阶能力的区分。《你的降落伞是什么颜色？》一书指出，可迁移能力可以按照"被支配程度"来区分高低，一个人具有的技能越简单，通常越容易被他人支配。比如，人际能力中，接受指令是比较基础的能力，而指导是比较复杂的能力，往往具有指导能力的人可以领导具有接受指令能力的人去完成任务。所以，当一个人具有能力模块中较复杂的能力，也就是可迁移能力水平越高，就越可以按照自己的方式做事。

在学习和工作中，我们并不是仅仅通过分数和绩效认识到自己的能力的，还可以通过各种具体的行为认识到自己的能力。在这里我们稍微转换一下视角，从有成就感的事件中重点发现以下情况。

- 我做这件事时，面临着某些障碍、限制或者困难。
- 我做这件事时，表现出了我的某些突出能力。
- 我曾经做不了这件事。
- 我的同学或者朋友没有或者较少能做成这件事。
- 身边的人以为我做不成这件事。
- 我曾认为只有权威或者专家能够做成这件事。
- 我需要冒些险才能做成这件事。
- 我需要付出一定的代价才能做成这件事。

我们可以在这些做出突破或付出代价、冒险才能成功的事件中发现我们的能力。

✳ 课堂活动

请尽量列出3~7个让你有成就感的事件，并且写下这些事件。然后邀请几个朋友写出各自的成就感事件，找空闲时间来讲述各自的经历，并反馈自己听到的他人的能力和特质。

在你的朋友的反馈中，哪些是你知道的，哪些是你没有想过的？他们的哪些评价符合你对自己的认识，哪些评价不符合？你在哪些方面更自信了，在哪些方面需要改进？

听完别人的成就感事件后，你对他人的了解是否有加深，对能力的特点是否有更多的看法，是否学习到关于能力发展的一些规律？

三、能力的发展与发挥

到底是什么让人们在某些方面表现卓越？有些人较早在某些领域里展现出高于同伴的能力，比如刚开始接触数学运算时就算得又快又准；有些人在某些方面毫不费力就能上手，比如做出好吃的饭菜；有些人在某些方面愿意投入和坚持，从而达到他人无法企及的高度，比如世界级的运动员。要达到能力的高峰需要天赋吗，需要付出不懈的努力吗？

（一）从刻意练习的角度看能力发展

《刻意练习》一书的作者安德斯·艾利克森和罗伯特·普尔从如何练习入手，探索各个领域的卓越者是如何发展自己的技能的。他们提出刻意练习对技能发展起到关键作用，指出刻意练习和一般练习存在区别的黄金标准：首先，需要一个已经得到合理发展的行业或领域，这使得该行业或领域有一定的绩效标准，存在人才竞争，保持人才的成长动机，并且积累了大量的人才发展方面的训练提升方法等；其次，需要一位能够布置训练作业的导师，他可以为你提供宝贵的反馈，这是你无法从其他地方得到的。对于天赋的作用，他们指出刻意练习是影响某人在某个特定领域或行业中最终成就的重要的因素，如果基因在其中发挥作用，那么，它们的作用会慢慢消失。总之，人可以通过练习在一定程度上提升自己的能力，使自己的生涯发展充满各种可能。

（二）从优势思维的视角看能力发挥

调查显示，对于"找出弱势然后弥补弱势是取得最佳表现的最好方式吗"这一问题，87%的人的回答不是"赞成"就是"非常赞成"。可以看出，人们对自己弱势的关注远远超过了对自己优势的发挥。马库斯·白金汉认为工作就是人们用来发挥自身优势的。一个人的优势并不是某些性格特征的标签，而是那些能让其保持"持久且接近完美工作表现"的各项事物。一个人在自己的优势领域，具有求知欲、创造力，也乐于学习新事物。在职场中，并不需要每位团队成员都是多面手，而需要整个团队成为一个多面手——每个人只精于某些方面，能够最大限度地发挥自身的优势。

四、从能力到求职

在求职过程中，用人单位主要围绕能力来考察、选拔合适的人才。具体来说，在简历筛选和面试环节主要考察的是能力。但需要注意的是，这里所说的能力既是你所擅长的，也是这一职位所需要的。一个人具有的能力是多方面的，你需要做的不是把自己具备的所有能力都写在简历上，这样会导致用人单位看不到重点。正确的做法是，让用人单位看到你所具有的能力和岗位要求的能力之间具有较高的匹配度。

> **案例**
>
> 韩涵是一名计算机专业毕业生。为了增强自己的求职竞争力，她在大学期间做过好几份跟互联网有关的实习，其中有不少计算机软件的开发内容。在实习过程中，她发现自己在软件开发过程中，善于了解用户的需要，并且自己的沟通能力得到了部门主管的赞赏，自己也很喜欢与用户打交道的过程。而对于具体的软件开发工作，她感到乏味，她发现相对于对着计算机工作，她更加喜欢和人打交道。在请教部门主管后，她准备应聘互联网产品策划的岗位。不过，求职的过程并不顺利，她一直没有收到任何单位的回复。韩涵的热情受到打击，心想：自己难道只能找专业对口的工作吗？职场的残酷竞争现实摆在了她的面前：没有相关经历，也没有过硬的技能和证书，怎么才能敲开产品策划岗位的大门呢？

有案例中的困惑的人不是少数。职场经验不足、没有专业背景的大学生，如何找到自己心仪的工作呢？

（一）了解应聘岗位的要求

我们已经知道仅仅认识到自己有哪些能力是不够的，还需知道自己的能力可在什么职业中得到应用。了解应聘岗位的要求的方法和途径不少，包括直接的方式和间接的方式：直接的方式有实习、兼职、影子体验等；间接的方式包括汲取学长学姐分享的经验、观看生涯人物访谈和分析职业网站的介绍等。

下面以韩涵为例介绍在校园招聘网站上查询和分析招聘信息的方法和思维。对于韩涵来说，她可以先初步选择几家感兴趣的互联网公司，找到产品策划的招聘页面，如图3-2所示。

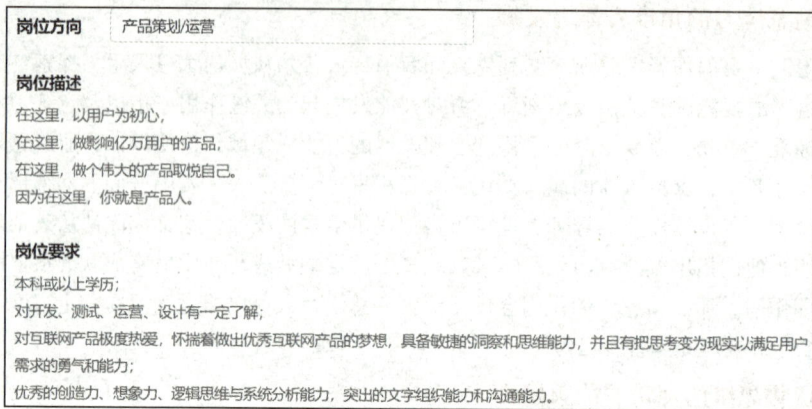

岗位方向　产品策划/运营

岗位描述

在这里，以用户为初心，
在这里，做影响亿万用户的产品，
在这里，做个伟大的产品取悦自己。
因为在这里，你就是产品人。

岗位要求

本科或以上学历；
对开发、测试、运营、设计有一定了解；
对互联网产品极度热爱，怀揣着做出优秀互联网产品的梦想，具备敏锐的洞察和思维能力，并且有把思考变为现实以满足用户需求的勇气和能力；
优秀的创造力、想象力、逻辑思维与系统分析能力，突出的文字组织能力和沟通能力。

图3-2　某企业产品策划/运营招聘信息

下一步就是分析岗位描述和岗位要求。在读到岗位描述的时候，韩涵进一步确认这就是自己想做的事情。那么，自己符合能力要求吗？这就需要具体分析岗位要求了。

● 第一条岗位要求是对基本知识技能的要求。

● 第二条岗位要求是对经验的基本要求。

● 第三条岗位要求是要求应聘者具备可迁移技能，如洞察和思维能力、创造力、想象力、沟通能力等。

● 第四条岗位要求是看重应聘者的自我管理能力。自我管理能力是和个性品质相关的能力，在这个案例中是指应聘者对互联网产品的极度热爱、满足用户需求的勇气等。

经过分析，韩涵认为自己的基本知识技能是符合要求的。在实习期间由于善于观察和学习，她有了一定的开发、运营经验，这也是符合要求的。同时，她对自身的洞察和思维能力，尤其是满足客户需求的能力和沟通能力有很强的信心。不过，她发现自己的创造力、系统分析能力还没有得到相关的锻炼，还需要培养。

（二）了解用人单位重视的能力

虽然不同的职业有不同的能力要求，但是，职业发展有很多共性，况且大部分职业并不要求特殊的知识技能，而是要求一些普遍的能力，也就是前文提到的可迁移技能和自我管理技能。你可以通过一些权威的调查报告来了解用人单位重视的能力，然后在求职时突出自己这方面的能力。

北森公司2018年的一份报告指出，在用人单位对毕业生胜任力的要求方面，金融/保险/银行行业最看重认真负责、团队合作、抗压能力、学习能力等（见图3-3）。领英公司在2020年的一份报告里指出职场最看重的五大能力包括沟通能力、问题解决能力、分析能力、客户服务能力和领导力。从不同的行业角度和全行业来看，很多的能力要求是类似的、相通的。

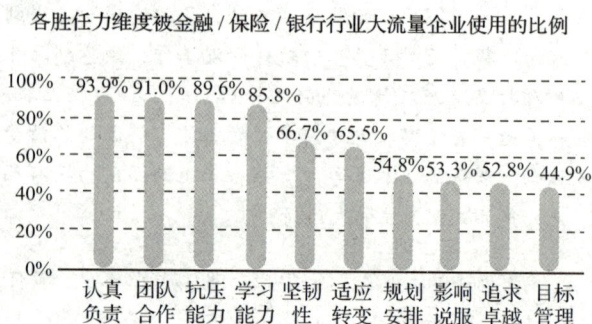

各胜任力维度被金融/保险/银行行业大流量企业使用的比例

93.9% 91.0% 89.6% 85.8% 66.7% 65.5% 54.8% 53.3% 52.8% 44.9%

认真负责　团队合作　抗压能力　学习能力　坚韧性　适应转变　规划安排　影响说服　追求卓越　目标管理

图3-3　北森公司发布的用人单位对毕业生胜任力的要求

（三）能力表达

求职是自我推荐、自我推销的过程。大学生想要在岗位竞争中脱颖而出，就需要将自己的独特能力展示出来，让用人单位了解自己。

1. 描述自身的独特性

展示自己的能力，仅仅提到自己有问题解决能力或者沟通能力是远远不够的。请你思考以下3句话的不同之处。

- 我有策划能力。
- 我独立地策划过学院的演讲比赛。
- 我高效地策划过学院的演讲比赛。

可以发现，在可迁移技能"策划"前面加上自我管理技能"独立地""高效地"，可让他人看到你的能力特点。如果在"策划"前面加上"有创意地""细致地"，我们可以想象出完全不同的工作风格和技能特点。表3-2列出了一些自我管理技能的词语。

表3-2 自我管理技能词语

自信	耐心	勇敢	主动
沉着	清晰	乐观	果断
好奇	务实	合作	敏捷
谨慎	勤奋	高效	专业
敬业	诚实	专注	公正
有魅力	有洞察力	有创造力	有想象力
有经验	适应性强	有领导力	自我驱动
多才多艺	乐于助人	坚韧不拔	宽容大度

相关的词语还有很多，这里就不一一列举了，感兴趣的同学可以通过网络进行搜集。

2. 描述时使用具体实例

在面试过程中，很多用人单位采取的是行为面试法，即通过让应聘者举出具体的行为实例来说明自己具有的某些能力。行为面试法有一个基本假设：可由一个人过去的表现预测其未来的表现。行为面试法往往结合STAR原则使用。所谓STAR原则，即Situation（情景）、Task（任务）、Action（行动）和Result（结果）4个英文单词的首字母组合。S（情景）是指应聘者描述事件所发生的背景环境。T（任务）即应聘者在其背景环境中所执行的任务与角色，从而表明其具备该岗位要求的相应能力。A（行动）即应聘者在其所描述的任务当中所担任的角色是如何操作与执行任务的。R（结果）即该项任务在行动后所达到的效果。这一过程可以让面试官全面了解应聘者的知识、经验、技能掌握程度以及工作风格、性格特点等与工作有关的方面。下面是韩涵在应聘时举出的组织民族歌舞晚会的例子的表达重点。

- 作为项目发起人，我独立策划了某地区首届民族歌舞晚会。
- 克服天气恶劣、交通不便等困难，该晚会招募、组织50名大学生志愿者参演，邀请15位非物质文化遗产传承人做指导顾问。
- 该晚会最终以5000元的低成本成功地完成，共计500余人观看，得到当地政府和群众一致好评。

成功小贴士

应变能力或者适应能力是职场中不可或缺的。美国学者萨维卡斯倡导生涯适应力，所谓生涯适应力是指个体面对生涯变化或不可预测的生涯问题时的准备程度与应对能力。生涯适应力包括对自身的生涯发展的关注与好奇，也包括对自己的未来的自信心和主动性。学习生涯规划、探索自身的特点，重要的不是找到一份合适的工作，而是学习如何探索和改变，以迎接每一个崭新的明天。

五、能力与兴趣

前文我们已经探索了自身的能力和兴趣，那么，职业方向的确定是主要根据能力还是主要根据兴趣？如果有能力但没有兴趣，或者有兴趣但没有能力，该怎么办？首先，能力和兴趣都有助于我们做出职业选择；其次，能力和兴趣不能同时很好地满足某种职业的要求时，我们需要用发展的视角来规划行动，以达到能力和兴趣相互促进；最后，能力和兴趣往往相辅相成，有助于我们获得和发展职业。图3-4所示的能力—兴趣四象限示意图能够帮助我们更清晰地了解职业能力和兴趣对职业发展的影响。

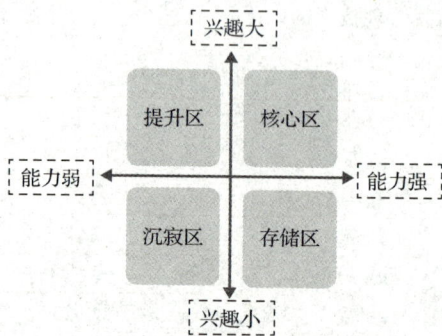

图3-4　能力—兴趣四象限示意图

如果你发现对一份职业既擅长又感兴趣，即处于核心区，此时你会充满动力，在工作发展中也较顺利。不过，在每个人漫长的职业生涯里，能力和兴趣并不总是匹配的，在未来多变的职业生涯里，两者错位可能是常见的状态。我们该怎么对待？其实，图3-4中的不同区域是可以相互转化的。如果你对一份职业很有兴趣，但由于能力不足，那么也许你正处于提升区，可以先提升自己的能力；如果你正处于存储区，工作做得很好，但就是没有兴趣，不妨多观察和行动，进一步了解是什么让你提不起兴趣和怎么发展兴趣；如果你正处在沉寂区，既不感兴趣也觉得自己做不好，那么你可能会回避这份职业。

能力和兴趣都是可以改变的，能力和兴趣不匹配是暂时的。大学生要弄清楚自己处于哪个象限，有可能往哪个象限转变。

第三节　发现你的职业价值观

近年来，人们看待生活和工作的态度发生了不小的变化。例如，人们对环境保护、环境卫生、健康等越来越关注。人们对于食品安全更加重视，垃圾分类在很多城市得到推广。人们对于一份工作有自己的标准，这个标准就涉及职业价值观。

本节将提供一些价值观探索方法，帮助大学生初步找到自己的职业价值观，以及指导大学生在职业选择和生涯发展中如何以价值观为标准和动力等。

一、职业价值观的定义与意义

价值观是人们在做选择时所看重的原则和标准。不管你是否意识到，价值观就像一根无形的线一直在影响着你的行为和选择。

（一）什么是职业价值观

价值观是人们在生活和工作中所看重的原则、标准或品质。它指向人一生中最重要的东西，因此它也是一套自我激励机制。职业价值观是个人价值观在职业问题上的表现。

舒伯认为价值观起源于需要，比兴趣的影响更加广泛和深远。因此，他把职业价值观定义为个人在从事满足自己内在需要的活动时，所追求的工作特性或属性。舒伯总结了15种普遍的职业价值观，这些价值观代表不同群体在工作中所重视和追求的15个方面。职业价值观可以分为3个维度，即内在价值（与职业本身性质有关的因素）、外在价值（与职业本身性质无关的因素）和外在报酬（在职业活动中能获得的因素），具体内容如表3-3所示。

表3-3 舒伯的15种职业价值观

维度	职业价值观
内在价值	智力激发、利他主义、创造性、独立性、美感、成就和管理权力
外在价值	工作环境、同事关系、领导关系和多样变化
外在报酬	安全性、声望地位、经济报酬和生活方式

（二）为什么在职业选择中要考虑价值观

去电影院看《夺冠》的观众，也许是看重女排的拼搏精神，也许是好奇女排如何夺冠，也许是被电影的高评分吸引来的，也许只是为了陪伴家人……这些选择的因素背后就隐藏着不同的价值观。人们的职业选择同样要受价值观的影响。同时，企业在选拔人才时，也会考察应聘者的价值观。例如，在面试中，大学生经常会被问到以下问题："为什么想要进入我们企业""你在5年内的职业发展规划是什么""你的薪酬要求是多少"。这些问题考察了应聘者的期待和愿景、进取心和规划意识等，并考察了应聘者在找工作时看重的是什么。企业希望通过这些面试问题了解应聘者的价值观和企业的价值观是否相符。

二、价值观的探索方法

在思考未来职业的发展方向时，人们会考虑找一份喜欢而擅长的工作。不过，你也许会产生和下面案例中的主人公一涵相同的烦恼。

案例

一涵是大三的一位学生骨干，成绩优秀，学生工作做得有声有色。作为班级团支书，她精心设计和组织的读书会、观影活动和团队素质拓展项目，因内容有趣、有特色，受到同学的热烈欢迎。她开始思考，未来是读研究生以提升专业能力，还是考取公务员。前者可以让她发挥专业优势，后者可以让她发挥领导能力。

在这种情况下，我们不妨从职业价值观的角度来考量，也就是回答以下问题。

● 你做职业选择时有哪些标准？
● 你认为的好工作是怎样的？
● 什么样的工作使你觉得有激情、有意义？

我们可以尝试通过明确自己的职业价值观来回答以上问题。

✳ **课堂活动**

图3-5中有38个常见的价值观。请你准备一张A4纸，跟随本章最后部分"活动主题2"中的指导语，一步步探索出你的核心价值观。

● 友谊：有亲近的好朋友	● 健康：身体与心理健康	● 发展兴趣：拥有自己的兴趣，并不断获得乐趣	● 独立自主：比较独立，有很大的自主性，较少受他人和规则的限制，不会因为他人的干涉、评价而影响工作	● 亲密的家庭：有亲密的家人、美满的家庭生活
● 自信：和他人打交道时和在工作中拥有自信	● 社交活动：能和不同的人交往，建立比较广泛的社会关系，还能结识知名人物	● 内在的平静：追求内心的平和与安静	● 做自己：按照自己的方式和内心渴望去生活	● 接近大自然：接近大自然，或者做有益于自然生态环境的事情
● 勇于改变：不甘安稳，勇敢地面对变化和采取行动	● 自我成长：持续地探索自我，追求自我的完善与成长	● 让身边的人幸福：自己的努力可以带给身边的人幸福	● 孝顺父母：照顾和关爱父母，让他们幸福	● 爱情：拥有爱情，与相爱的人在一起
● 专业上出类拔萃/独当一面：能够不断磨炼自己的技能，熟悉自己掌握的知识，并在自己的领域拥有优异的表现	● 享受独处：把独处当成一种享受	● 成就感：能够持续地取得成就，获得自己满意的成绩	● 冒险：尝试一些有风险的事情	● 挑战：不断接受新的任务，不断克服困难并成功解决问题
● 精神满足：有自己的精神追求和信仰	● 利他助人：可以直接或间接地帮助他人，做有益于社会的事情	● 创业：成为企业家，开创自己的事业	● 创造力：能够发挥创造力	● 影响力：拥有影响他人的能力
● 人际和谐：有自在舒坦的人际关系	● 工作有意义感：追求工作中的价值和意义	● 学识丰富：持续学习和探索，不断追求真理	● 社会认同/拥有声望：所从事的工作在人们心目中有较高的社会地位，从而使自己得到他人的重视与尊重	● 美感：能不断地学习、欣赏和追求美的东西，得到美的享受
● 财富：收入能够满足自己的期望，维持比较高的生活标准	● 趣味：拥有追寻乐趣的心态和有趣的人生	● 追求新意和多元化：能经常接触新的工作环境、新的事情以及不同的人群	● 社会贡献：能够为社会、国家做贡献，或促进世界和平	● 竞争：和他人进行竞争，并获得进步
● 正直：敢作敢为，成为正直的人	● 被认可：自己的努力和付出能够得到他人的认可	● 多面手：拥有多方面优秀的技能或者能力		

图3-5　38个常见的价值观

✳ **课堂活动**

> 人在选择和行动时，往往少数的核心价值观能起到重要作用，而非核心价值观的影响是有限的，甚至没有影响。现在请你选出10个重要的价值观和3个最重要的价值观。记得在纸上标明书写日期，并将其保存起来，以后当面临艰难选择时，不妨拿出这张纸看看它会给你什么指引。

价值观还有一些探索和澄清的方法。在日常生活里，最常见的是去思考在重大的选择面前，你是怎么选择的，你的选择标准是什么，这一标准体现了你什么样的价值观。这里介绍3种方法供参考。

第一种是通过回忆重要的生活体验来抽取出自己的价值观。例如，你认为自己最有成就感的事情是什么，你的信念是什么，你经常学习的主题内容是什么。

第二种是通过回顾与别人经常互动的方式探索出自己的价值观。例如，回顾你印象最深刻的帮助他人的事是什么，你喜欢他人的特质是哪些，你的榜样人物是谁。然后思考你做这些事或者关注这些人，是出于什么样的信念和价值观，他人身上的什么信念和价值观吸引了你，从而发现自己的人生信念和价值观。

第三种是通过想象的方式思考出自己的价值观。例如，请想象中生命结束时，你的墓志铭会写些什么，你希望人们怎么评价你，你希望自己怎样度过一生。想象的场景还可以包括未来愿景、创业想法等。

通过探索，我们了解到每个人都有少数的核心价值观在影响着自己。核心价值观并不是人们先天具有的，而是人们在和外界环境不断互动中而形成的。当我们做出重要的选择时，它与我们的经验相关。只有有了一定的阅历和经验，我们才能逐步形成自己的价值观。当我们不能做出选择、对自己的行为表现不够自信、缺乏行动力的时候，不妨反观自己的价值观是否明确。

三、价值观的发展

"我的价值观一旦形成会改变吗？"人们常常会问这样的问题。从价值观的特征来看，价值观伴随一个人的成长历程而逐步形成，一旦形成不易发生变化。那么，价值观在什么情况下可能发生变化？

（一）从需要理论理解价值观的改变

马斯洛提出的人本主义学说需求理论，认为人的五种需要分别是生理、安全、归属和爱、尊重和自我实现。一般来说，这5种需求像阶梯一样，从低到高（见图3-6）。低层次的需求获得一定的满足后，就会向高层次的需求发展。不是每个人都能从这5种需求中获得满足，越是靠近顶部的需求，获得满足的人的占比越少。同一时期，个体可能同时存在多种需求，因为人的行为往往是受多种需求支配的。某一个时期总有一种需求占支配地位。满足需求时不一定先从最低层次开始，有时可以从中层或高层开始；有时个体为了满足高层次的需求而牺牲低层次的需求。比如，大学生刚开始寻找工作机会的时候，往往先了解其提

图3-6 人本主义学说需求理论

供的薪资待遇、工作的条件，以及人际氛围；当他们不必担心这些情况的时候，往往展现出对工作成就的追求、对社会进步的贡献意愿等。不过，人们对经济保障等的需求是有很大差异性的。例如，一些大学生放弃高薪和优厚待遇，到乡村基层做一名选调生，去实现奉献社会的理想。

所以，一个人在不同的生涯发展阶段，如果对人生最重要的东西的想法发生改变，其价值观也就随之改变。我们在关注价值观对于选择行为的动机作用时，也要看到自身的需求，从而在一定程度上去调

整自身的价值观。这里还需要注意，一个人的核心价值观并不是单一的，而是多个价值观的融合。虽然个别价值观会发生改变，但是核心价值观是不会轻易改变的。

（二）不同维度的价值观对生涯发展的影响

前文提到舒伯将价值观分为3个维度，分别是内在价值、外在价值和外在报酬。那么，不同维度的价值观对生涯发展有什么影响？

1. 目的性价值观与手段性价值观

米尔顿·罗克奇对价值观进行了终极性和工具性的二分法划分，并认为人的行为方式（工具性价值）会指向生活目标（终极性价值）的达成。国内学者金盛华和李雪的研究发现，大学生的职业价值观分为目的性职业价值观和手段性职业价值观，目的性职业价值观影响手段性职业价值观。那么，目的性职业价值观和手段性职业价值观分别是什么？下面来看一个案例。

案例

晓旭是即将毕业的大学生，她在求职选择上和父亲有分歧，于是前来咨询。她在择业时希望找一份薪酬水平比较高的工作，而父亲希望她考公务员。晓旭感到很为难，她说自己很在乎父亲的意愿，但是自己的选择也是为了父亲。原来，在晓旭两岁的时候，父母离异，父亲独自把她带大。她非常爱自己的父亲。在找工作的时候，她暗暗决定找一份高薪的工作，哪怕自己辛苦一些，也要让父亲过上好日子。但是，父亲却坚持让她考公务员，晓旭不想让父亲伤心，于是回避和父亲谈这个话题。

❋ 点评

高薪并不是晓旭求职时的最终目标，她只是希望通过找一份高薪的工作让父亲过上好日子。显然，薪酬水平是晓旭的手段性职业价值观，而家庭和亲情是她的目的性职业价值观。经过和职业咨询师的探讨，晓旭不但明确了自己的职业价值观，也开始思考父亲的想法。她发现父亲其实和自己一样也是为对方着想。认识到这些，晓旭心里有了底，觉得可以和父亲好好地谈一谈了。

一般来说，目的是先于手段的，人们有了目的，才可以通过不同的手段和方式去达成它。这里需要说明的是，目的与手段在某些情况下是可以相互转化的。

2. 内在价值与外在价值

国内外的研究学者在较早时就提到了价值观的内外价值的区分。内在价值和外在价值有什么区别，我们不妨从价值观的动机作用来思考。丹尼尔·平克在《驱动力》一书中指出外在驱动的工作的目标是获得奖励与外部认可；这种工作效果短期见效快，长期不可持续，工作者在工作中获得的满足会越来越少，这样的工作情境往往容易使人感到焦虑和压力。而内在驱动的工作本身就是目标，就是奖励，外部认可是锦上添花；这种工作效果短期见效慢，长期可持续，工作者的自我造血功能强，这样的工作情境往往会促进心理及生理健康。当然，两者在不同的任务和工作上各有优势，对于常规、基于既定规则的任务，外在的驱动力更有助于快速产生结果，而内在的驱动力更加适用于概念性、创造性的任务。

当今，很多工作不再是传统和既定性的任务，我们未来将面临更多创新性的、非常规性的工作。因此，我们在考量自己的价值观时，不仅需要考虑外在价值的影响，更要深入探索内在价值。许多优秀的人都有自己清晰的内在价值观，例如，苹果公司创始人史蒂夫·乔布斯有一句名言：活着就要改变世界。不断地创新和变革，对世界产生积极的影响力，是一份内在的坚持和愿景，可以说是一种核心价值观。

价值观的形成往往是缓慢的，且不易被觉察。因此，个人需要不断地探索自己的价值观。一个人越清楚自己的价值观，也就越清楚自己在生活和工作中追求的是什么、看重的是什么，就越能活出自己想要的样子，越能合理地做出选择和行动。同时，价值观有不同的维度。从不同维度去思考，我们能更加清晰地看待价值观，进而更好地培养自身的价值观。

四、价值观与职业选择

一个人认识到自己想要的生活是什么、追求的职业理想是什么，是不是就可以按照标准去找寻和选择自己的职业了？其实，很多人会发现自身的价值观可能是充满矛盾的，比如，人们认为身体健康很重要，但是在面临工作挑战时，经常违背健康的生活原则，超负荷工作。我们该怎么看待这样的价值观冲突？

（一）价值观的排序与妥协

每个人的核心价值观是多方面的，一个人可能很重视身体健康，但也可能会重视工作成就。在"面临工作挑战时，经常违背健康的生活原则，超负荷工作"的情景里，很显然，个人的价值观是有主次、先后之分的，工作成就被排在了身体健康的前面。所以，对于个人选择背后的核心价值观，人们并不是平等看待的，往往有些价值观占据支配地位而决定了我们的行为。基于此，个人需要对自己的选择背后的价值观做进一步的排序与澄清，当发现自己对身体健康更加看重时，需要进行一定的行为调整，比如，科学安排作息时间、减少工作量等，让自己按照内心真正的想法去生活，而不至于陷入冲突中。

个人的核心价值观内部可能产生冲突，同时，个人的价值观与外界的要求、他人的价值观也会发生冲突。比如，前文案例中的晓旭，关于找一份辛苦而高薪的工作还是考公务员，她与父亲的看法是冲突的。价值观是主观的、个人的，也是多元的、丰富的。所以，当我们的价值观和他人的价值观不一致的时候，或者和外界的环境要求存在差异的时候，我们需要取舍甚至妥协。劳尔德·贝兰克梵是投资银行高盛集团的CEO（首席执行官），他因带领高盛集团成功走出2008年金融危机而为人所熟知。他在一次大学演讲中讲述了他曾经因为家庭经济压力做过律师，后面才找到自己的职业方向。他认为在职业发展的路上会做很多次妥协，但是不要让一时的必要选择成为一生惯性的借口，要不断让自己走到正确的地方。

（二）价值观的澄清

价值观探索是一件长期的事情。它既与我们从小到大的人生经历有关，也和我们当下的境遇紧密相连，还连接着我们对未来的职业理想。一个人越成熟、越自信，就越具有明确的价值观。大学生还处于职业生涯的探索期，价值观也在形成和发展阶段，有些价值观尚未成形。因此，对个人价值观的不断澄清是非常重要的。路易斯等学者提出价值观形成的7条标准。

● 能够自由地选择。

● 从各种可能的选项中进行选择。

● 对每种选择的后果进行深思熟虑后做出选择。

● 珍爱自己的选择，并对此选择感到满意。

● 愿意公开并确认自己的选择。

● 按照自己的选择来行动。

● 以某种生活方式，不断重复坚持自己的价值观。

选择—珍爱—行动是个人价值观形成的标准。你达到这些标准了吗？如果回答"是"，那么恭喜你，你有着明确的价值观；如果你不确定或者答案是"否"，你还需要按照前文的方法进一步澄清自己的价值观。但是，更加重要的是，你要在学习生活中不断地觉察和践行自己的价值观。以下4个建议可供你参考。

- 制定与个人核心价值观一致的职业发展目标。
- 发现并筛选和自己的核心价值观一致的职业机会。
- 以核心价值观的排序来分配时间、财务资源。
- 与外界互动，了解企业的价值观和他人的价值观。

五、兴趣、能力、价值观与职业成功的关系

现在，我们已经初步了解了自己的兴趣、能力和价值观，从这3个角度中的任何一个入手都可以帮助我们选择职业方向，而一份理想的职业能同时很好地满足我们的兴趣、能力和价值观。当一份职业是我们擅长的，但是其不能满足我们的兴趣和价值观，我们还要选择这份职业吗？其实，兴趣、能力和价值观是相互促进的，三者动态配合才能让我们达到一种幸福的状态。图3-7所示是我国职业规划师古典提出的三叶草模型的简化图，其很好地体现出兴趣、能力和价值观三者与完美职业的关系。当一个人对某件事产生兴趣，就愿意投入时间和精力学习，他的能力随之提高，从而可能获得精神上或物质上的价值，产生意义

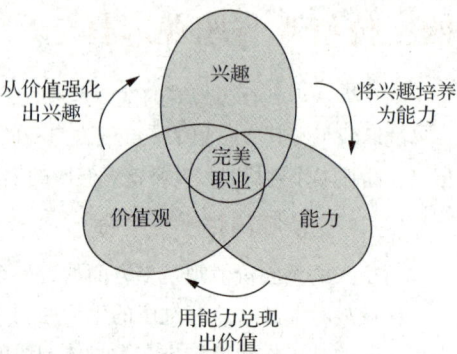

图3-7　职业生涯三叶草模型

感。这种意义感又会促使他乐于投入，享受做这件事的乐趣。兴趣、能力和价值观三者就如同我们职业生涯航船上的螺旋桨，通过相互促进推动航船行进。

举例来说，一个人对教师职业很感兴趣，喜欢教书育人，不过还不太具备教学能力和管理能力。他在兴趣的驱动下不断地学习相关的技能，向优秀的老师请教并时常练习，一段时间后，他的教学能力和管理能力有所增强，即"将兴趣培养为能力"。后来，学生认可了他的能力，也取得了很好的成绩，他从中获得了价值感，即"用能力兑现出价值"。这一价值进一步强化出兴趣，使得他在工作中更加投入，感受到作为一名教师的幸福。

我们了解了这三者之间的关系，就可以从动态的角度出发去认识自己、探索职业，为职业发展注入更大的动力。

第四节　探索你的性格

性格探索是职业探索中的重要部分。性格和职业的有效结合可以让我们成为更为高效的职场人。例如，性格敏感的人在工作中能够意识到自身的特点，并且能够理解他人，这份理解得到别人的积极反馈，就会带来对自身性格优势的发挥；反之，如果敏感带来的是人与人之间的猜疑，理解他人的结果是个人单方面的情感付出，这时敏感的性格就会成为职业发展的阻碍。认识性格可以帮助我们做出职业选择，在生涯发展中通过发挥自己的性格优势来取得良好的职业发展。

案例

泽凯是大学二年级的学生，学习成绩一直不错，每年都拿奖学金。他和其他几位同学组队参加了创业大赛，他作为队长，负责组织和安排，最终他们获得了校级一等奖。这次经历，让他有了未来创

业的想法。不过，他对自己的性格有一些疑虑：性格比较内向，在和人打交道的时候很难提出与他人不一致的、有挑战性的想法。他不确定自己能否成为别人心目中有胆识、有魄力的创业者。他也在思考怎样在大学时期改变自己的性格呢？

✳ **点评**

我们可以发现，泽凯的疑问主要有两点：职业和性格的关系，职业是否对性格有要求；性格的稳定性如何，性格是否可以改变。

一、性格的概念

如果用3个形容词来描述自己，你会用什么形容词？内向或外向、活泼或沉稳、温柔或刚强？这些形容词描述的就是性格特点，而人们的性格特点又存在着不小的差异。

（一）什么是性格

性格是人从对现实的稳定态度和习惯化的行为方式中所体现出来的个性心理特征。性格一词来源于希腊文，原为雕刻的意思，后来转意为印刻、标记、特性，可以形象地理解为把人相互区别出来的特征。这一特征包括两个方面——对现实的稳定态度和习惯化的行为方式，这两个方面是统一的。

（二）性格差异

性格差异将人区别开来，就形成了每个人的独特性。人因共同点而聚在一起，同时因为独特性而获得成长。有些人认为自己的性格不好需要改变，有些人认为自己的性格可以让自己获得成功。人的性格具有社会历史的制约性，并且与人的社会道德评价有关。例如，某个社会对一个人的评价是谨慎，而另一个社会认为这个人固执。本书更加关注性格的差异。比如，谨慎这个性格特点，危险来临时，如果这个人早早做好防护，告诫身边的人多注意，这一谨慎的性格就成为一种保护的方式；如果这个人每天担惊受怕，什么都不敢做，这一谨慎的性格就变成生活的阻碍。所以，任何一种性格都有利弊，我们应正确认识自己的性格，并且看到自身性格的优点和弱点，以便在职场和生活中扬长避短。

下文从性格的两种分类方式——类型论和特质论——来探讨性格的差异，进一步认识形成独特的有魅力的个体的多种性格特征元素。

二、认识你的性格与职业倾向

目前有多种评估工具可以帮你了解自己，其中迈尔斯—布里格斯人格类型测验（Myers-Briggs Type Indicator，MBTI）在人才选拔和培养中运用较多，并且MBTI不同于其他的人格测试，它的测评结果中包含职业推荐。MBTI是建立在瑞士知名心理学家卡尔·荣格的研究基础之上的，由凯瑟琳·布里格斯和伊莎贝尔·布里格斯·迈尔斯共同研制开发的一套性格评估工具，用以衡量和描述人们在获取信息、做出决策、对待生活等方面的心理活动规律和人格类型。

（一）MBTI的4个维度

下面的练习可以帮助你了解你在MBTI的4个维度（见图3-8）上的性格倾向，不过，请注意，做这个练习的目的不是得到关于你的性格的准确描述，也不是得到你的性格适合哪种职业的建议。实际上，关于性格在多大程度上与职业选择或职业幸福感相关这一问题，一直存在不同的看法。比如，一位销售应该具有外向的性格还是内向的性格，有些人可能认为与人打交道，还要推销产品，一定需要外向的性格，但是很多调查发现，一些非常优秀的销售具有内向的性格。因此，以下的练习旨在帮助你了解自己的性格特点，并让你深入了解在接收外界信息和人际交流中，你更加倾向的方式以及理解他人的方式。当然，本书也会推荐一些职业，让你的决策有所参考。

E 外向	或者	I 内向
S 感觉	或者	N 直觉
T 思考	或者	F 情感
J 判断	或者	P 感知

图3-8　MBTI的4个维度

✱ **课堂活动**

扫描查看MBTI性格偏好的自我评估，初步了解自己的性格倾向，并且和其他同学、朋友一起讨论，认识不同性格的差异。

扫码阅读
MBTI 性格偏好
自我评估

在MBTI的测试结果中，每个人在每个维度上只有一个性格倾向，比如你是J型（判断型），就不是P型（感知型）。重要强调的是，你的测试结果为J型并不意味着你不具有P型特征，只是你的自然反应在大多数情况下具有J型的特征。在特殊情况下，你也许会主要呈现P型的特征。例如，一位同学是善于规划的J型，但他在假期不会提前计划与安排旅游行程，而是说走就走，呈现出P型特征。

☆
**成功
小贴士**

性格是没有好坏之分的，人们了解自己的性格，可以活出更加真实的自己。不过，性格带有一定的倾向性，有些性格倾向会带给我们消极的影响，所以，我们有必要认识自己的性格倾向，并扬长避短，尤其是在压力情景中，争取通过学习与合作的方式来消除性格倾向可能带来的负面影响。

（二）性格类型与职业的适应关系

性格类型和职业之间的关系已经得到证实。罗万·贝恩总结了一些研究，发现相当多的管理人员是MBTI中的SF类型，而很多咨询师是NF类型等现象。为此，他进行了一系列调查，其中部分数据如表3-4所示。

表3-4　4个性格类型和职业分布人数

职业	ST 类型	SF 类型	NF 类型	NT 类型
管理人员	36	41	14	10
学校管理者	34	25	20	17
美术家	4	5	65	26
咨询师	13	20	57	11
人力资源工作者	25	13	26	36
商业心理学家	8	7	38	47

从表3-4中我们看到了性格和职业的相关性，不过，同时也发现任何一份职业都存在4种类型的从业员，只是占比不同。所以，并不能用性格类型来说明职业选择与发展。当人们感到在职业发展中受阻时，除了从兴趣、能力等角度考察，还可以通过MBTI提供的线索来审视自己的性格，从而找到改进的方向。当然，转换职业也是一种选择。

迈尔斯同样认为ST、SF、NT、NF这4个类型的性格与职业选择的相关性最大，因为它们与工作中的核心兴趣和动机有关。

● ST类型的人关注实际和时效，善于应用全面而详细的资料。很多ST类型的人在行政管理、商业分析、技术制造等领域都有优秀的表现。

● SF类型的人倾向于在实践中帮助他人。多数SF类型的人喜欢从事健康护理、教育、儿童保育等领域的工作。

● NT类型的人关注理论框架，喜欢挑战。大多数NT类型的人喜欢物理、计算机、法律、金融、工程等理论性和技术性强的领域和工作。

● NF类型的人喜欢哲思，具有较强的感染力。很多NF类型的人在教育、文学、咨询以及艺术等行业展示着他们的非凡成就。

MBTI共有16种性格类型的职业倾向，图3-9仅供参考。感兴趣的话，你可以通过专业的测评机构进行测评，其会给出你的性格类型和相关描述，并且推荐可能的职业。如果希望进一步了解自己的性格和职业倾向，可以预约测评师帮助解读，也可以跟学校职业发展中心的老师谈谈。

ISTJ	ISFJ	INFJ	INFP
管理	教育	咨询	咨询
行政	健康	社工	写作
会计	服务	教学	艺术
ESTJ	ESFJ	ENFJ	ENFP
管理	教育	艺术	咨询
行政	健康护理	辅导	辅导
执法			艺术
ISTP	ISFP	INTJ	INTP
技术	健康	科技	科技
农业	商业	计算机	
执法	执法	法律	
ESTP	ESFP	ENTJ	ENTP
市场	健康	管理	科学
商业	教学	领导	管理
技术	教练		

图3-9　MBTI的16种性格类型的职业倾向

（三）特质论与职业

美国心理学家卡特尔及其同事经过长期的研究，确定人具有16种根源特质（见图3-10）。根源特质各自独立，相关性极弱，并且普遍存在于不同年龄的人和不同社会环境的人身上，是构成人格的基本因素。但是，各个根源特质在每个人身上的强度是不同的，这就决定了人与人之间的性格差异。卡特尔据此编制了"16种个性因素问卷"，该问卷成为国际上通用的个性问卷。

A乐群性	B聪慧性	C稳定性	E好强性
F兴奋性	G有恒性	H冒险性	I敏感性
L怀疑性	M幻想性	N世故性	O忧虑性
Q_1实践性	Q_2独立性	Q_3自律性	Q_4紧张性

图3-10　卡特尔的16种根源特质

除了以上介绍的MBTI和卡特尔的特质论，还有其他性格理论，比如九型人格和大五人格理论。这些性格理论可以帮助我们打开一扇了解自我性格特点的门，不同性格理论的侧重点不同，带给我们的启发也不同。

三、性格的形成与发展

性格的形成与发展，既是先天遗传因素的结果，也受后天环境因素的影响。

（一）性格形成与发展的影响因素

许多心理学家认为，人从出生到6岁是性格形成的主要阶段，家庭教育起到重要的作用。随后，学校的教育、同伴的影响、重要师长的榜样力量等都对个体性格产生影响。

性格是在人和环境相互作用的实践活动中形成和发展起来的，但是，任何环境都不能直接决定一个人应该具有什么性格，环境必须在人已有的心理发展水平基础上，通过人的心理活动才能发生作用。成熟的职场人实际上是可以按照职场的要求来不断调整自身的性格，从而实现自己的职业理想的。

其实，职业在不断塑造着人们的性格。比如，艺术工作者性格中突出的特点是感性、富于想象、独立、直觉和创造性，在艺术创作过程中，这些性格特征会被不断地激发。

（二）从反馈中得到性格发展

心理学家鲁夫特和英格汉提出周哈里窗（见图3-11），"窗"是认识自我的心灵之窗，通过这扇窗户我们可以更加全面地认识自己。"开放自我"是面对公众的自我塑造的部分；"盲目自我"是被公众获知但自我无意识的部分；"隐藏自我"是自我有意识在公众面前保留的部分；"未知自我"是自我跟公众都未意识到的部分。举个例子，有位同学说她很感谢一位老师给予她的反馈：她在一次小组汇报中作为组长展示了小组的成果，那位老师不但点评了小组的汇报内容，还反馈她在讲述过程中非常投入，讲得津津有味，让人很容易被她感染。她惊喜之余开始回忆和审视自己，发现自己确实很喜欢给别人讲一些东西，而且享受这个过程。认识到这一点后，她对自己的职业选择——成为一名中学老师——更加坚定了。

	自己知道	自己不知道
他人知道	开放自我	盲目自我
他人不知道	隐藏自我	未知自我

图3-11　周哈里窗

周哈里窗为我们提供了探索自我的思路，除了自我探索，他人的反馈能够帮助我们触及盲区，让"盲目自我"的部分变小，帮助我们看到全面完整的自己。

（三）从成长型思维看性格培养

我们经常可以发现有些人在经受挫折之后越挫越勇，从而成为一位性格成熟且具有魅力的人，而有些人经历失败后一蹶不振，整日抱怨生活的不公和哀叹自己的不幸。是什么让境遇相同的人产生了不同的心态？2017年，全球奖金最高的教育奖项"一丹奖"公布首届获奖名单，斯坦福大学教授卡罗尔·德韦克摘获一丹教育研究奖。她介绍了两种思维模式：成长型思维模式与固定型思维模式。它们体现了应对成功与失败、障碍与挑战时的两种基本心态（见图3-12）。

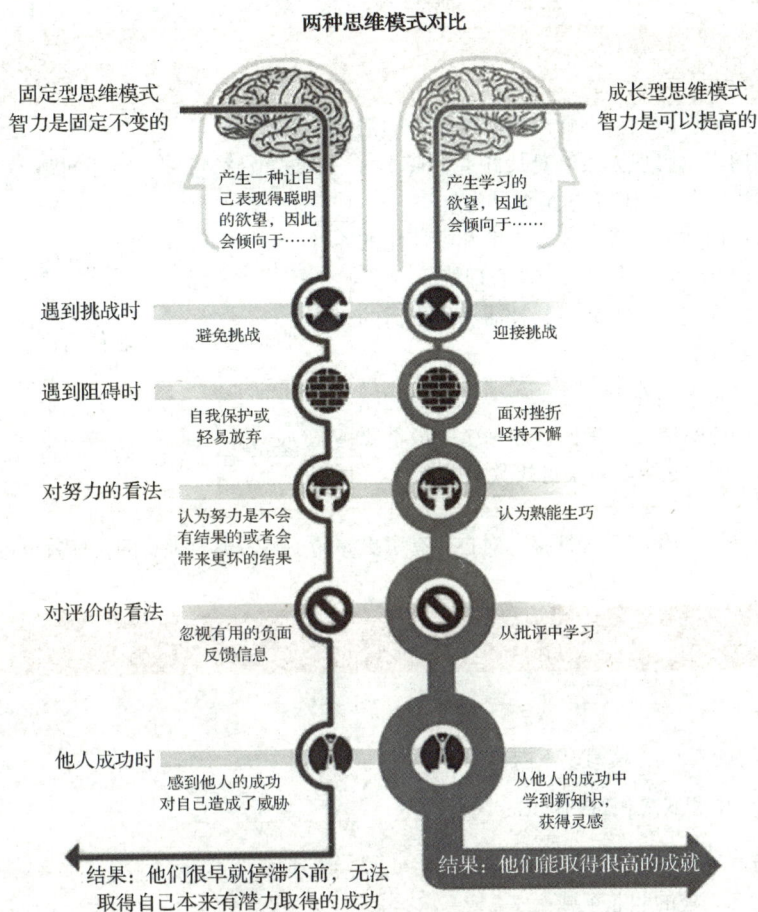

两种思维模式对比

固定型思维模式 智力是固定不变的		成长型思维模式 智力是可以提高的
	产生一种让自己表现得聪明的欲望，因此会倾向于……	产生学习的欲望，因此会倾向于……
遇到挑战时	避免挑战	迎接挑战
遇到阻碍时	自我保护或轻易放弃	面对挫折坚持不懈
对努力的看法	认为努力是不会有结果的或者会带来更坏的结果	认为熟能生巧
对评价的看法	忽视有用的负面反馈信息	从批评中学习
他人成功时	感到他人的成功对自己造成了威胁	从他人的成功中学到新知识，获得灵感
结果：他们很早就停滞不前，无法取得自己本来有潜力取得的成功		结果：他们能取得很高的成就

图 3-12　固定型思维模式与成长型思维模式

研究发现，成功与能力、天赋无直接、必然的联系，却深受思维模式的影响。成长型思维模式让我们少给自己贴标签，给自己更多的未来成长的机会。感兴趣的同学可以查看卡罗尔·德韦克所写的《终身成长：重新定义成功的思维模式》一书进一步学习。

> ☆
> **成功
> 小贴士**
>
> 关于性格的认知有4个方面，需要你了解。
> 性格不易改变。
> 性格各有优缺点，但没有好坏之分。
> 同种性格类型的人有很多共同点，也各自拥有一些属于自己的其他特质。
> 性格分类不能成为个人行为的借口。在一些情况下，人都可以进行一定的性格调整来适应环境和服务自己与他人。

四、兴趣、能力、价值观、性格与职业的关系

本章我们学习了兴趣、能力、价值观和性格，表3-5列出了这4个方面与职业的关系，可以让我们清晰地了解当自己在职业发展中表现出某些状态或者出现问题时，需要调整哪个方面。一份理想的职业，往往让我们能够感觉到它是自己想做的、能做的、值得做的，并且做起来顺手的。

表3-5 兴趣、能力、价值观、性格与职业的关系

类别	概念	与职业匹配时表现的状态	与职业不匹配时出现的问题	与理想职业的关系
兴趣	兴趣是人们认识某种事物或从事某种心理活动的倾向。它表现为人们对某件事、某项活动的选择性态度和积极的情绪反应	心流感	专注问题	想做的
性格	性格是人们在从现实的稳定态度和习惯化的行为方式中所体现出来的个性心理特征	高效率	人际问题	做得顺手
能力	能力是指人们成功地完成某种活动所必需的个性心理特征	自信感	胜任问题	能做的
价值观	价值观就是人们在生活和工作中所重视的原则、标准或品质。它指向人们一生中最重要的东西，因此它也是一套自我激励机制	坚定性	转型问题	值得做的

探索了兴趣、能力、价值观和性格，对自己有了更深的了解，你离理想的目标就更近了一步。

回顾·练习

【兴趣部分】

1. 请仔细阅读表2-1，填写以下内容。

"性格特点"中和我最相符的词语：＿＿＿＿＿＿＿＿＿＿＿＿

我感兴趣的职业：＿＿＿＿＿＿＿＿＿＿＿＿＿＿＿＿＿＿

我发现自己感兴趣的职业领域：＿＿＿＿＿＿＿＿＿＿＿＿

2. 请与2～3位同学相互分享霍兰德职业兴趣的测试结果，并填写以下内容。

我的霍兰德代码：＿＿＿＿＿＿＿＿＿＿＿＿＿＿＿＿＿

我对职业兴趣的最初看法和测试结果的异同之处：＿＿＿＿

我准备进一步了解的职业：＿＿＿＿＿＿＿＿＿＿＿＿＿＿

3. 请与2～3位同学一起讨论以下内容。

我的霍兰德代码的特点（如六边形模型中的相对位置、兴趣的强弱情况等）：＿＿＿＿

＿＿＿＿＿＿＿＿＿＿＿＿＿＿＿＿＿＿＿＿＿＿＿＿＿＿＿

分享美好日记的兴趣信号"SIGN"的故事：＿＿＿＿＿＿＿＿

我的职业兴趣发展计划：＿＿＿＿＿＿＿＿＿＿＿＿＿＿＿

【能力部分】

1. 请通过网络搜索一份你心仪的职业的招聘广告，在其中找到关于技能的描述。（心仪职业的技能描述）

（1）我心仪的职业要求的知识技能：＿＿＿＿＿＿＿＿＿＿

（2）我心仪的职业要求的可迁移技能：＿＿＿＿＿＿＿＿＿

（3）我心仪的职业要求的自我管理技能：_____

2. 关于以上技能，简要说明你希望在日常学习和生活中进一步培养的3项内容及其原因。（所选内容的践行）

（1）_____

（2）_____

（3）_____

你在实习、志愿者工作、学校社团等活动中设立的行动计划：_____

_____

3. 请列出至少3个理想的工作岗位，然后将你的相关经历一一对应至不同的工作岗位。例如，中学教师——我曾经在暑假期间到山区某小学支教一个月；媒体运营——我曾经在校报写过5篇新闻稿。请按照STAR原则写成一段文字。（技能回顾）

_____

_____

在一些技能不足的领域，你可以通过学习和实践来使自己胜任理想的工作。

【价值观部分】

1. 请在一张纸上尽可能多地写下你想到的答案，并与2～3位你信任的同学进行分享。

（1）我理想职业的样子：_____

（2）我认为好工作的标准：_____

2. 探索职业价值观后，记录以下内容。

（1）我的10个重要价值观和3个最重要价值观：_____

（2）在我的这些重要价值观中，对我的理想职业有帮助的重要价值观：_____

（3）我的重要价值观在我生活中的体现：_____

_____

（4）我现在的生活重心、我的选择与我的重要价值观的关联：_____

_____

【性格部分】

1. 请通过网络搜索3份你心仪的职业的招聘广告，在其中找到关于性格的描述。

（1）_____

（2）_____

（3）_____

2. 关于"在你看来，我是什么样的人？"，询问至少3位朋友或同学，并将他们的反馈记录在下面。看看他们对你的认识和你对自己的认识是否一致，并和他们探讨其中一致和不一致的部分。

（1）_____

（2）_____

（3）_____

关于以上内容，他们对你的认识和你对自己的认识一致的有_____；

不一致的有_____；给你的启发：_____

_____

3. 本章帮助你从兴趣、价值观、能力和性格这4个方面探索了倾向的职业。在下面将倾向的职业分类，第一类是同时符合这4个方面的职业，第二类是符合其中2～3个方面的职业，第三类是只符合其中1个方面的职业。

第一类职业：_____

第二类职业：_____

第三类职业：_____

能够从事第一类职业是非常幸运的，大多数人从事的是第二类或第三类职业。更清晰地了解这些职业的哪些方面是自己不满意或达不到的，有助于我们进一步对职业进行探索，不断地调整和提升自己。

🔍 发现·探索

活动主题1　兴趣主题探索

分组完成生涯活动"兴趣主题探索"。

每个人都有自己的故事，请你通过下面几个问题思考自己的兴趣故事，并明确兴趣故事的主题。

在你成长的过程中，谁是你最仰慕的人？为什么？

_____

_____

请列出你最喜欢的书或电影，并说明里面的哪个角色或者情节特别吸引你。

_____

_____

你最喜欢的杂志或者关注的微信公众号有哪些，它们分别属于什么领域？

_____

_____

在业余时间，你最想做什么事情？

_____

_____

在学校里，你喜欢的课程有哪些，不喜欢的课程有哪些？

_____

_____

你的人生座右铭是什么？

_____

_____

以上故事的主题是（　　　）。如果让你续写，你希望的主题是（　　　）。你打算怎么续写？
请记录下来，与小组同学分享。

活动主题2　价值观探索

根据前文讲到的38个常见的价值观，跟随下方的指导语在准备好的A4纸上一步步探索出自己的核心价值观。

第一步：请将38个常见的价值观分为两类，一类是你认为重要的，不愿舍弃的；一类是你认为不那么重要的，可以舍弃的。（请按照你内心的想法来分类，尽量在5分钟内完成）

第二步：请在你认为重要的价值观中选择更加重要的10个价值观，并把它们记录在A4纸上。

第三步：请在选择出的10个价值观中再选择出最重要的3个价值观（这3个价值观是你无论如何都不愿舍弃的）。

恭喜你选择出了10个你认为重要的价值观、3个最重要的价值观。这些价值观是你认为选择工作时的衡量标准，是一份理想工作应具有的属性，是你工作的意义所在。

下面开始自我对话之旅，进一步探索自我。

自我对话

你是怎么挑出这些重要价值观的？你在取舍时让你犹豫的价值观或者突然冒出来的价值观是哪个？

你在选择3个最重要的价值观的时候，是怎么舍弃的？让你最难割舍的是哪个？

这10个价值观里，哪个价值观对你来说比较特别？说说其中的故事。

你一步步筛选出来的价值观与你现在的生活有什么关联？你现在的生活重心、选择和它们有什么关联？

活动建议

你可以邀请你信任的2~3位同学一起参加这一活动，相互分享交流，也可以通过自我对话的方式完成。完成自我对话后，你可以找时间和老师或朋友交流。与他人交流，可以帮助你加深对自己的价值观的认识，也可以让你从不同的视角来理解不同的价值观对职业生涯发展的意义。

第四章
生涯决策

4

关键词	决策过程　有效决策　决策风格　决策方法　SOS模型　规划型决策与直觉型决策　非理性信念　最优化决策与满意型决策　生涯平衡单

| 学习指南 | 1. 了解职业决策的重要意义与大学生面临的决策议题；
2. 学习决策的过程理论，认识决策的特点；
3. 认识有效决策的8个关键因素；
4. 了解自己的决策风格；
5. 学习决策的方法，并且排除决策中的非理性信念；
6. 掌握生涯平衡单的使用方法。 |

案例导入

　　王虹是生物医学工程专业的硕士毕业生。她一直后悔自己的职业选择，认为自己的选择是错的。王虹在刚刚过去的求职季参加选调生选拔，也考上了某市的选调生。但是当时的王虹觉得自己还能找到更理想的机会，就放弃了。结果在之后的其他省份的选调生选拔中，王虹都没有通过，于是她开始后悔自己放弃了之前的机会。同时，王虹也后悔没有备战考博，班上大多数同学都陆续拿到了博士录取通知书并准备毕业后去高校工作，而她选择直接找工作，结果发现很难找到与本专业对口的工作。另外，她看到有同学考取了教师资格证，自己也跟着去考，考取后投简历给一些重点高中，但迟迟没有收到回复。后来她听说重点高中教职的竞争很激烈，便又后悔自己没有早些去应聘普通高中或者初中的教职。现在，王虹没有收到任何面试机会，心里很是焦急和懊悔。

　　王虹的问题一方面在于她对自己的兴趣、能力、价值观等探索不足，导致决策时没有主见，总是在跟风和从众；另一方面在于她对职场了解不够、求职准备不足，大部分决策是在冲动之下做出的，导致失去了一些机会。本章将帮助大学生认识大学期间将面临哪些生涯决策议题，通过介绍决策的过程理论和有效决策的8个关键因素等帮助大学生认识决策的特点并做出合理决策。

第一节　认识决策

　　决策在我们的生活中每时每刻都在发生，小到早上几点起床、准备吃什么，大到想成为什么样的人、选择过什么样的生活。有些决策是在日常生活中不知不觉进行的，可能对我们的人生没有什么影响，但有些决策对我们的人生影响却很大，如专业选择、职业选择、婚姻选择等。不同的选择使人们有了不同的生活方式和行为习惯，过上不同的人生。那么，我们该如何合理地做出决策？

一、大学生面临的生涯决策议题

在小学、中学的学习生活中，学业占据着主要部分，学生面临的生涯决策机会是有限的。在大学和未来的职场，随着面临的选择的增加，做出决策的环境更加复杂，大学生的决策自主权不断增强，做决策越来越需要有所准备。这样，当面临选择时才不至于因手忙脚乱而做出冲动的决策。

大学生面临的生涯决策议题主要有以下几个。

专业选择。进入大学后，大学生若对本专业不感兴趣，可以通过学校的转专业制度转到自己喜欢的专业，也可以通过辅修另一专业，从而获得双学位。也有不少的学科是先按大类招生，经过一至两年的基础培养，再按照学生的意愿、专业兴趣、就业去向等因素，以及社会需求和自主择业的实际情况，进行专业分流。

学业深造。大学生毕业后，可以直接工作，也可以读研。除了这些选择外，大学生还可以考虑工作几年后再考研。对于很多大学生来说，考研是重要的专业选择机会。

职业选择。大学生最终要走向职场，每个人都有机会选择不同的职业，以及不同的行业、企业和岗位。

创业选择。大学生除了选择求职，也可以选择成为一名自由职业者，还可以创办自己的企业。

兴趣培养。生涯发展并不是单一的职业发展，我们要经历对职业的认知、探索、确立、维持、衰退等多个阶段，才能完成自己的职业生涯发展。大学生在进行职业探索的同时，还可以进行生活探索，主要是发展兴趣，如选择参加与兴趣有关的社团、参与社会实践、开展公益活动、投入各种比赛活动和项目研究等。

技能发展。未来的职场需要技能复合型的人才。除了学校教育，大学生还可以选择其他教育模式和培训方案来拓展自我，获得良好的职业发展机会。

二、从决策的过程理论来认识决策

决策是一个过程，而非做出决定的一瞬间。决策的过程存在着种种不确定性，大学生该怎样看待决策？

（一）生涯决策过程理论

生涯决策过程理论将生涯决策的过程按照活动发生的顺序分为不同阶段，其中选择前期，即预期阶段，包括探索期、具体期、选择期和沉淀期。

● 探索期。人们开始面临一些生涯发展的选项：选择什么专业、选择什么学校、选择什么职业、要不要进行职业转型等。在这个时期，人们的情绪波动往往最大，因为原本稳定的生涯状态被打破，人们开始对自己的内心进行拷问：自己到底喜欢什么、能力够不够、外界怎么看、自己想要的是什么……

● 具体期。在这个阶段，各种选择不断明确，各种选择的优缺点也逐渐明朗。相比探索期，人们的情绪波动减少，暂时性的决策开始出现。不过，变化还可能发生，最后的决定还未形成。

● 选择期。在这个阶段，重要的选择已经做出，人们下定了决心。

● 沉淀期。做出选择后，人们并不是马上采取行动，而是会经历心理上的沉淀期。人们会经历患得患失的情绪阶段，甚至回到原点重新审视自己的决定。不过，经历这个时期后，人们就进入调试阶段。

选择后期，即调试阶段，包括入门期、重整期和统整期。做完了决定并不代表完成生涯决策的历程，还要经过实践阶段，也就是调试阶段。

● **入门期**。在这个阶段，人们正式跨入一个新的生涯环境，旧有的思维习惯和行为习惯等仍然主导着人们的行事风格，因此人们可能与新的环境格格不入。旧经验与新经验常常起冲突，人们要时时做调整。一个人的生涯决定能否贯彻下去，入门期往往是关键期。

● **重整期**。在这个阶段，人们发生了蜕变，产生了新的思维习惯和行为习惯，融入了新的环境。

● **统整期**。到了统整期，人们逐渐适应环境，在环境里游刃有余。

现实生活中的这几个阶段并不会完全按照以上顺序发生，其发生也没有时间限制。以上生涯决策过程强调人的独特性与主动性。人们在决策的过程中，对自己越了解，就越会相信自己、容忍焦虑，也会进行反思，分辨旧经验中哪些需要剔除、哪些需要调整、哪些需要升级，最终能够提高认知，变得成熟自信。

成功
小贴士

如何看待后悔

研究发现，当经历了一系列的探索和选择，到了最后下定决心的阶段时，人们在情绪上可能出现患得患失情绪。已经选择的目标的缺点开始被放大，优点被忽视，而与之竞争的目标的优点开始明显起来，缺点分量减轻，这种情绪被称为"二度挣扎"。如果这种情绪持续出现，决策就会回到原点。这是一种正常的认知过程，决策的反复是可以被接纳与允许的。

（二）决策的本质是改变

决策的本质是改变。下定决心走上新的道路并不容易，这种改变的发生需要3个条件：对当下的生活不满意，并达到一种不改变不可的状态；对如何改变现状有清晰的概念；坚信一定有办法达成目标。

下面的问题可能干扰你做决策。

● 你有多大的决心去追求自己心仪的工作？

● 你是否很清楚自己不喜欢现在的专业或者职业，但是并不清楚自己喜欢什么？

● 你是否担心自己实现目标会影响既得利益？例如，休闲时光、和家人朋友相聚的时间、收入水平等。

● 你是否怀疑自己不能实现梦想？

● 你是否对自己的时间、精力和情感的付出感到不值？

仔细思考这些问题，我们会发现这些是改变发生前你需要重点思考的问题。如果改变发生后的好处没有大于你的付出，如果你并没有信心去迎接改变，你就不可能做出决策，原有的生活还会继续。反之，如果你对改变持欢迎的态度，并且相信改变是可行的，你就会采取行动。

（三）从SOS模型看决策的影响因素

案例

宜然是法学院的一名毕业生。她对自己的未来有很多规划，希望寻找一份有助于发挥自身创造性的待遇良好的工作。一开始，她在互联网领域寻找，她很喜欢产品经理的职位，认为这个工作能够让自己的想法最终变成现实。同时，她凭借自己的专业背景和较高的综合素质，很快拿到在律所的实习转正机会。律所的领导找她谈话："你的专业对口、综合素质高，如果能在这个领域多加积累，会发展得越来越好。"父母则认为工作稳定更重要，建议她考公务员。于是，她听从了父母的建议，考上了公务员。在一系列的求职过程中，宜然有时很困惑：哪份工作更加符合自己的想法？哪份工作更利于自己的长期发展？

SOS是Self（自己）、Others（他人）和Situation（情境）3个英文单词的首字母组合。其中，自己包括自我意识、自我认知、自身感受和内心诉求等；他人包括团队、组织、同学、家庭成员、朋友等；情境包括政治、经济、社会、行业与技术发展等环境因素，也包括不同的职场环境、不同的任务、不同的企业和部门等。如果将决策的关注范围想象成一个圆，并且将自己、他人和情境分别放进这个圆中制成饼图，就可以通过自己、他人和情境所占的比例来发现存在的问题。有的人过于关注自己，对他人和情境认识不足，在求职过程中，可能会因不断碰壁而感到挫败；有的人对他人和情境考虑得过多，而忽略了个人的部分，做出选择后会产生一些不良情绪，如后悔和自责；有的人过多关注外界环境的负面信息，看不到自身的优势和他人的支持，导致情绪低落和难以行动。因此，大学生在决策时可以通过自己在这3个方面的关注度发现自己的非理性信念或者盲点，进而调整态度和采取行动。

三、什么是好的决策

人们往往希望通过做出好的决策来获得好的结果，但好的决策和好的结果并不是一回事。我们只能通过把握决策的关键因素来使决策更加有效。

（一）区分好的决策与好的结果

好的决策往往带来好的结果，不过，由于现实条件的复杂性和情境的变化性，决策和结果并不是因果关系。塞翁失马的故事生动地展现了环境的复杂性导致的结果难以预料；有时事件的发生看似是好的，却产生坏的结果；有时事件的发生看起来是坏的，结果却很好。人们在职业生涯里，经历的变化和面对的环境的复杂性较大，因此，好决策并不总是带来好结果，好决策只能让好结果发生的概率更大。

虽然人们无法完全掌控结果，但是人们可以把握决策，因为，决策是一个过程。在做出一项重要决策时，我们能做的就是掌握正确的方法，并且使自己充分地考虑不确定因素，在决策过程中更积极地、冷静地看待它们。

（二）有效决策的8个关键因素

美国管理学顾问约翰·S.哈蒙德在《决策的艺术》中提到有效决策有8个关键因素。

● **着力解决正确的决策问题**。仔细辨明要决策的问题，认清问题的复杂性，避免无根据的假设前提和有可能限制选择的偏见。

● **详细说明决策的目标**。决策是通往目的地的一条途径。认清自己的需要、兴趣、价值观、担忧和恐惧、期待，会使人们更加明确决策的方向。

● **提出创造性的备选方案**。备选方案代表了自己能选择的措施，做决策时需要从至少3个备选方案中选出最令自己满意的那个方案。

● **理解决策的结果**。询问自己，备选方案在多大程度上满足了实现目标的需要。仔细评估每一种备选方案可能带来的结果，有助于找到那些与目标最相符的方案。

● **权衡各方面的利弊**。不同目标往往相互冲突，决策就是在鱼和熊掌之间做出取舍。不存在最优的方案，不同的备选方案代表不同的目标组合。

● **澄清不确定性**。不确定性使选择变得困难。人们正视不确定性，判断不同结果的可能性，并评估可能的影响，可以让决策变得可行。

● **认真考虑自己的风险承受力**。由于决策的不确定性，结果可能会和预期的不一致。理智地考虑自己的风险承受力，能使决策过程更加顺利、更有效率。

● **考虑关联的决策**。今天是昨天的继续，明天是今天的延伸。做出有效决策的关键在于分离出并解决眼前的问题，同时收集必要的信息来解决那些将要发生的问题。

第二节　决策的风格与策略

一、决策风格

通过学习决策风格，你可以了解到不同的决策风格是如何影响决策的，这将进一步帮助你在决策时使用决策方法。下面是一些常见的决策风格。

● **规划型**。"要权衡事实。"规划型决策者会考虑多方面的因素，如目标、价值观、必要信息、可能性和结果、备选方案等，既倾听自己内在的声音，也考虑外在的要求，以理性的方式来平衡理智和情感。

● **冲动型**。"先决定，无须再三考虑。"冲动型决策者很少进行深入思考和调查，而是按照大脑中出现的最强烈想法做事。

● **直觉型**。"我感觉这样做是对的。"直觉型决策者基于内心的想法或者经验做选择。

● **拖延型**。"稍后再说。"拖延型决策者会拖延做决定，希望出现某些人或某些事可以让其免于做决定，从而迟迟不去思考或者采取行动。

● **宿命型**。"一切皆有定数。"宿命型决策者相信宿命，认为该发生的一定会发生，由外界因素来做决定，而不是自己。

● **顺从型**。"听你的吧。"顺从型决策者通常没有主见，让别人来替自己做决定，或者从众。

● **麻痹型**。"不敢面对。"麻痹型决策者接受了自己做决定的事实，却无法开始做决策。

● **苦恼型**。"要是有不好的结果怎么办？"苦恼型决策者总是担心做出错误的决定，因此，迷失在各种信息中，并为分析各种备选方案而苦恼。

✱ 课堂活动

决策风格的选择

请你回忆你做出的5个重要决定，并将它们写出来，并尝试分析自己的决策风格。

（1）＿＿＿＿＿＿＿＿＿＿＿＿＿＿＿＿＿＿＿＿＿＿＿＿＿＿＿＿＿＿＿＿
（2）＿＿＿＿＿＿＿＿＿＿＿＿＿＿＿＿＿＿＿＿＿＿＿＿＿＿＿＿＿＿＿＿
（3）＿＿＿＿＿＿＿＿＿＿＿＿＿＿＿＿＿＿＿＿＿＿＿＿＿＿＿＿＿＿＿＿
（4）＿＿＿＿＿＿＿＿＿＿＿＿＿＿＿＿＿＿＿＿＿＿＿＿＿＿＿＿＿＿＿＿
（5）＿＿＿＿＿＿＿＿＿＿＿＿＿＿＿＿＿＿＿＿＿＿＿＿＿＿＿＿＿＿＿＿

接着，思考以下问题。

（1）在这些决策风格里，你最常使用的是哪种风格，最不常使用的是哪种风格？

（2）你想要使用更多的是哪种风格？想避免使用的是哪种风格？为什么？

（3）你认为哪种风格是最有效并且想要进一步学习的？

实际上，人们可能兼具各种决策风格，但是，人们往往在做重要决策时呈现出同一种决策风格，而每一种决策风格都有自己的优点和缺点。比如，直觉型决策风格的人听从内心的声音、相信自己的判断，不过，有时会因为内心的偏见得到与预期不符的结果。了解自己的决策风格有助于觉察他人和情境的变化，并随着它们的变化及时改变决策风格来迎接新的生涯挑战。

二、排除决策的阻碍——非理性信念

当受到某种非理性信念的影响时，人们会给自身的发展制造障碍，从而影响职业成功。

心理治疗师阿尔伯特·艾利斯在1955年提出非理性信念的概念，指出非理性信念的3个主要特征是绝对化的要求、过分概括化和糟糕至极的想法。在职业生涯中，人们常常持有不同程度的非理性信念。比如，因为看到某些互联网企业员工加班的新闻，就认为互联网企业的所有员工都需要加班；又如，在职场中看到某些人际冲突，就认为职场人际关系都是复杂的；再如，遇到求职挫折，就认为自己很差劲。这些信念使得人们的思想变得固化、无事实依据、不合逻辑，并且让人产生负面情绪，进而影响人们的行为及结果。

非理性信念是在个人成长过程中，受个人经历、他人和媒体等的影响逐渐形成的。由于这些信念是在不知不觉中产生的，因此，其存在于人们的深层次思维中，不易被觉察。在生涯决策的过程中，大学生可以通过有意识地认识常见的非理性信念，排除决策中的障碍，从而获得更好的职业发展和更多的选择机会。下面列出了常见的与职业生涯发展相关的非理性信念。

- 计划赶不上变化，做职业生涯规划是没有用的。
- 专业人士会告诉我，什么样的工作适合我。
- 一定有一个更好的职业选择，我要一直找，直到找到。
- 别人都知道自己喜欢什么样的工作，只有我不知道。为什么我这么差劲？
- 只有做到了我想做的，我才会快乐。
- 我所做的工作要符合我所有的标准。
- 我所做的工作必须得到别人的赞赏。
- 这份工作不适合女生／男生。
- 我一定遭遇了职场歧视。
- 学历越高越能找到好工作。
- 我是普通大学的毕业生，一定没有名校毕业生优秀。
- 只要自身优秀就能找到好工作。
- 专业不对口，我不会找到好工作。
- 我在采取行动之前，必须有十足的把握。
- 一旦我选择了某个职业，就很难改变了。

以上非理性信念，主要的不合理之处在于绝对化的要求、过分概括化和糟糕至极的想法，在语言上常常使用"一定""必须""所有"等表述方式。在现实中，人们很少意识到自己在使用这样的思维方式。对于非理性信念，我们首先可以在自我对话中进行一定的调整，例如，"我所做的工作必须得到别人的赞赏"，可以改为"我希望自己所做的工作得到别人的赞赏，但如果不能得到别人的赞赏，我也能接受"。在接受的基础上，我们可以静下心来思考别人的赞赏对自己意味着什么、别人的赞赏为什么对自己很重要等。考虑完这些以后，我们可能发现原来是自己对这份工作不认可，导致自己特别需要外在的认可。认识到这一点后，我们就可以在决策和行动上采取更加有效的措施，而不是陷入情绪的泥沼而难以自拔。有些非理性信念已经根深蒂固，这时候就需要我们求助专业人士，如职业咨询师。

三、决策的最优解与满意解

有人可能会想，有没有最好的或者令人最满意的决策？巴里·施瓦茨提出了最优化决策和满意型决策两种决策策略。最优化决策是指一个人在决策中精益求精，力求找到最佳选择，获得最优的结果；而满意型决策是指个体在决策中寻求足够好的选项，获得自己满意的结果。

（一）两者的差异

最优化决策需要决策者了解所有选项以及每个选项带来的收益和损失，比较后再选出最优选项。这在现实中是难以实现的，因为人们所处的环境是复杂的，同时人们的信息加工能力也是有限的，所以人们很难完全穷尽选项和预知优劣。

满意型决策是指决策者做选择之前，在心中明确自己可接受的满意条件，一旦达到满意的条件就可以做出决策。所以人们要对决策选项有自己的满意标准，在陆续出现的选项中进行评价，从而做出适时的选择。

（二）两者的优劣

最优化决策者依赖外部的信息源。例如，在找工作的过程中，追求最优化决策的大学生会更积极地搜索信息，希望得到更多的机会，但要避免因完全依赖外界信息而忽略自己的需要和能力的情况，从而节约时间和精力。

满意型决策者虽然不会产生过度的选项搜索行为，但是需要更多时间探索自己的满意标准。例如，追求满意型决策的大学生在寻找职业目标时，会不断地确认自己的标准，真正做决策时投入的时间不多。满意型决策者应该注意的问题是，收集信息时应更加投入，避免因信息不足造成决策结果不理想。

大学生应该综合两种决策策略的优点，既通过日常的学习实践和调研努力收集和分析信息，又结合自身的兴趣、能力等特质定位自己的目标，做出短期和中期的决策，并在决策后的行动中做适当调整。

第三节　决策的目标与方法

一、决策目标的设定

决策的目标是什么？实际上，任何决策都是为要实现的目标服务的。大学生如果希望做出更优质、更满意的决策，就需要探索和明确自己的目标。

设定目标时，大学生可以思考以下问题。

● 我能把需要解决的问题转化为具体的目标吗？

● 我想达成的目标有时间限制吗？

● 我能具体表述出目标吗？

例如，"我如何才能读研究生"是一个需要解决的问题，可以转化为具体的目标："我读研究生可以让我实现追求……的目标，满足我对未知世界的好奇心，能让我自由地选择希望探索的方向和内容。我希望探索的领域是……研究……做出……达到……在读研期间，第1年学习……第2年……然后……最终可以实现……那么，我要为读研究生做的准备有……"当问题转化为目标时，行动才更有动力。

目标是指引我们获取生活中想要得到的东西的路标。很多大学生会给自己设定一个非常宏大的目标，例如："未来我要成为行业内的专家。"这个想法很好，但是比较适合作为长期目标。我们在设定目标时，要避免简单笼统，要把长期目标、中期目标和短期目标区分开。长期目标以我们所期望的结果为终点，内容具体明确，期限较长，需要长期的努力才能达到，往往能够拓展人生的局限性。而中短期目标是更加具体的、容易衡量的，我们可以通过一些具体的操作步骤达到。短期目标对帮助我们树立责任心和产生行动是至关重要的，很多高效率人士在设定中短期目标的时候喜欢运用SMART原则。

☆ 成功 小贴士	SMART原则由以下5个英文单词的首字母组成。 **Specific**：具体的、明确的。目标应当具体、明确，如"我要找到某某公司的某某工作"。 **Measurable**：可量化的。目标应当可测量，表现为数据化、行为化，如"我要在一个月内投出20份简历"。 **Attainable**：可达到的。目标应当可实现，最好还要有一定的难度。 **Relevant**：有相关性。一个目标应当与其他目标具有一定的关联，如"选择了××公司的××工作就意味着要在该公司的所在地生活"。 **Time-bound**：有时间限制的。目标应当设定截止日期，如"到7月30日，我要写出一份简历初稿"。

例如，你想以学好英语为目标，可用SMART原则确定目标："我想在一年内（到12月31日）能够顺畅地读懂英文杂志上的文章。"（长期目标）"下周我要找到合适的学习课程、老师，每周阅读英文杂志5次，每次阅读半个小时。"（短期目标）中期目标可以是定期检验学习的阶段性成果。

二、规划型决策方法

决策过程中的不确定性让人们感到焦虑和不安。不过，决策是有章可循的，有规划的决策过程可以减少这种不确定性和焦虑不安，同时增加成功的概率。本书第二章第三节介绍过认知信息加工理论和金字塔结构，展示了规划型决策方法。下面利用CASVE循环应用案例（见表4-1），介绍规划型决策在大学生职业生涯规划中的应用。

表4-1　CASVE循环应用案例

阶段	任务	具体内容	举例
沟通（C）	确认需求	个人开始意识到问题的存在，同时意识到自己需要做出一定的选择，认识到职业目标和现实的差距； 存在的问题可能通过自身的情绪信号（如焦虑、厌烦、倦怠、失望和不满等）、身体信号（如头疼、职业病痛、提不起精神等）和外部反馈信号（如父母、朋友、同学等对自己职业的评价和询问）等途径传递给自己，使自己意识到问题的存在； 个人通过各种感官和思考充分接触问题，发觉存在的不容忽视的差距，从而意识到自己需要做出一定的选择	赵刚是一名大三学生，最近在某互联网公司实习，任产品经理助理一职。他感到不开心和迷茫，因为他发现这份工作的大部分工作时间都需要和人打交道。赵刚所学的专业属于理工科，他不容易找到专业对口的工作。他很喜欢前沿科技，也喜欢钻研，同时具备很好的沟通能力，才决定在互联网领域找工作。然而，现在他开始怀疑自己选择的正确性

阶段	任务	具体内容	举例
分析（A）	将问题的各组成部分联系起来	个人开始花费一定的时间来观察、思考、分析和研究问题所在，了解自己有效地做出反应的能力，做自我认知分析，分析自己的各种选择，不断了解职业世界和家庭的需要，最终尽可能了解产生差距的原因； 把各种影响因素和相关职业知识联系起来，如把自我知识和职业选择联系起来，把家庭的需要融入职业选择	赵刚经过和职业咨询师的探讨，发现自己希望找一份专业性强的工作，在工作中能不断接触前沿技术，推动科技进步；在工作中和人打交道的时间与和科技打交道的时间相当，让自己有时间钻研科技。同时，他也希望工作报酬较高，能改善家庭的经济状况，让父母过上美好生活。 之后，他对自身的能力、性格和职业兴趣做了全面的盘点，与学长和几位感兴趣的领域的职场人士进行交流。最后，他初步有了以下几个想进一步探索的方向：①学习互联网技术，成为软件开发工程师；②在自己的专业领域里，继续寻找工作机会，发挥自己的专业能力；③读研，积累专业知识后再寻找工作机会；④在与自己专业相关的领域——新能源领域寻找机会
综合（S）	形成选项	综合上一阶段提供的信息，通过"扩大和缩小我的选择范围"的过程，制定缩小差距的行动方案，确定自己可以做什么来解决问题； "扩大和缩小我的选择范围"是指首先通过发散思维（如头脑风暴）尽可能多地找到缩小差距的方法，然后缩减有效方法的数量（通常为3～5个选项），从而适配大脑的有效容量	赵刚综合自己对工作的期待，以及家庭经济情况，考虑了自己的能力、性格和职业兴趣，对以上的选择进行了排序，最终决定在互联网领域尝试，学习软件开发的知识，转型成软件开发工程师。此外，他也没有放弃寻找自己专业领域和相关领域的工作机会
评估（V）	评估选项	评估每一种选择对自己和他人的影响。要从对自己和对他人的影响两个方面对每一种选择进行评价，并综合考虑物质和精神上的因素； 对在综合步骤中得出的选项进行排序。把最能缩小差距的选项排在第一位，把较能缩小差距的选项排在第二位，依次类推。选出一个最佳选项，并且做出承诺去实施这一选项	赵刚对自己看重的专业能力、工作报酬、工作方式等进行了评估，进一步确认了自己目前的选择
执行（E）	采取行动	依照选择的方案做出行动，把思考转换为行动	赵刚向从事互联网领域工作的学长请教，准备学习软件开发。同时，他和导师进行了沟通，寻找专业领域的工作机会

　　整个决策过程是一个循环，也就是说，个人在真正的决策中可以重复这个过程，当信息更加丰富或形势发生变化时，通过重复这个过程来不断修订决策。因此，前期的自我认知和职业探索，以及对决策的执行管理非常重要。

三、直觉型决策方法

在复杂的情境下，积极运用已有的经验进行判断，而不仅仅依赖片段的有限信息做决定，这就是直觉型决策。直觉有3个特征：第一，迅速出现在脑海里；第二，并未涉及大脑深层的运行机制；第三，有强烈的实现动机。

为什么直觉型决策会有效？一方面，人类自身认知存在限制，我们永远不会收集到全面的信息，而当信息量过多时，认知加工任务又可能超出我们的认知加工能力。另一方面，外部信息在不断地变化，"意外"总在发生，我们可能陷入不断地信息收集的过程中。而使用直觉则往往能够绕开复杂的规则，直接到达目标。

在生涯决策中，直觉型决策者对自己的兴趣、能力、价值观和性格特点等非常了解，他们也善于发现机会，因此，他们做出正确决策的概率较大。在决策过程中，直觉型决策更多地启动了右脑，发挥出创造力和想象力，如设想自己10年后的工作场景、生活状态，自己正在做什么，什么让自己感到非常幸福等。直觉让我们更加有力量去面对不确定性，从而能够采取行动。做出生涯决策之后，能够进行积极的职业探索以寻找自己的生涯目标和路径是非常重要的。决策即行动试验的开始。

当然，直觉型决策并不完美，其存在滑向冲动型决策的危险。不过，在复杂多变的环境里，化繁为简，运用直觉可以帮助我们打开决策的新思路。

☆ 成功小贴士

大学生要想掌握决策方法，需要在实践中不断演练和学习，尤其要观察和学习榜样的行为，进而采取积极的行动。例如，某位同学看到某位学长通过选调生选拔，到西部基层工作，得到当地政府的重视，也发挥了自身的专业特点，取得了一定的工作成就。于是，这位同学深受鼓舞，开始了解关于选调生选拔工作的信息。

回顾·练习

请根据表4-1中CASVE循环的步骤进行职业探索。

沟通（你的决策需求）：

_____

_____

分析（你面临的生涯问题）：

_____

_____

综合（你有哪些选项）：

_____

_____

评估（你的评估和选择）：

_____

_____

执行（你的行动方案）：

_____

_____

请把上述探索过程分享给你的职业生涯老师、职业咨询师或者学长学姐，与其一起讨论需要改进的地方。

🔍 发现·探索

活动主题　解析生涯平衡单

问题一

在做职业选择时需要考虑的因素太多，难以取舍，怎么办？

回答一

给你推荐一个决策工具——生涯平衡单。它是在生涯发展方向选择和职业决策中被经常使用的工具。

生涯平衡单的使用步骤如下。

步骤一：列出所有的职业选项；

步骤二：列出选择一份职业时考虑的因素；

步骤三：分析各个考虑因素的权重分数（可以为1~5分）；

步骤四：给每个选项打分（可以为-5~5分）；

步骤五：加权并评估选项。

以上步骤中，你如果认为自己列出的考虑因素比较多，不妨从以下4个方面进行梳理。

● 自我物质方面的得失：收入、对健康的影响、专业知识等；

● 他人物质方面的得失：家庭经济、父母健康、与家人的相处时间等；

● 个人精神方面的得失：职业兴趣、成就、压力等；

● 他人精神方面的得失：父母、朋友等的幸福，社会的福祉。

观察图4-1，通过对"自我和他人""物质和精神"这两个维度的思考，你可能对自己考虑的因素有了比较理性的分析，但还需要进行一定的增加、删减或者修改。

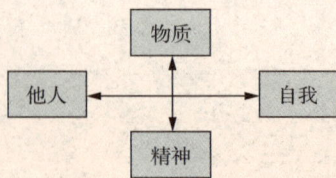

图4-1　"自我和他人"维度与"物质和精神"维度

在评估的过程中，对于分数很低的选项或差异不大的选项，你也可以酌情删减，把精力聚焦在有冲突的选项上。

在评估的过程中可能出现最佳选项同分的现象，这时你可以回头检验考虑的因素，尤其是加权值较高的因素。因为它们往往会对结果有决定性的影响。

在紧要的关头，也就是需要快速做出决定的时候，通常极少数的关键考虑因素会促使你做出选择。在你相当长时间地思考后，你的直觉往往可以帮到你。

问题二

使用生涯平衡单时，给考虑因素打分时觉得困难，怎么办？

回答二

学会使用生涯平衡单后，你如果觉得打分比较困难，那么首先需要明确打分困难的原因。例如，是自己对客观信息了解不足，还是自己因处于不良情绪之中而不愿做职业选择？

针对以上情况，你要做的不是打分，而是停下来认真思考。实际上，使用生涯平衡单得出的排序结果很重要，填写的过程也很重要。因为列出重要选项、考虑因素、给各因素分配权重及给各选项打分的过程本身就是在帮助你厘清自己的思路，更好地进行自我觉察。这样一个仔细思索和反复推敲的过程，更能够帮助你做出适合自己的决策。

表4-2为赵刚的生涯平衡单。

表4-2 赵刚的生涯平衡单

考虑因素		权重	选项一：本专业择业		选项二：互联网产品经理		选项三：互联网软件开发	
			分数	小计	分数	小计	分数	小计
个人物质方面的得失	收入水平	5	3	15	4	20	5	25
	专业发挥	5	2	10	-1	-5	4	20
	工作稳定性	3	4	12	3	9	4	12
	发展前景	4	3	12	3	12	5	20
	生活舒适度	3	3	9	3	9	4	12
个人精神方面的得失	权威	4	4	16	3	12	5	20
	独立性	4	3	12	3	12	4	16
	性格适应	4	5	20	2	8	4	16
	安全感	2	4	8	3	6	4	8
他人物质方面的得失	家庭经济改善	5	3	15	4	20	4	20
他人精神方面的得失	促进社会进步	4	3	12	2	8	5	20
	家人幸福感	4	3	12	3	12	2	8
总计				153		123		197

第五章
带你发现专业的奥秘

5

关键词	大学专业　专业认知　专业选择　兴趣　职业发展

学习指南	1. 了解大学专业的定义、基本类别，掌握专业认知的方法； 2. 认识自己的专业和兴趣之间的关系； 3. 认识专业与行业、职业的关系。

案例导入

美国知名企业家比尔·拉福的成长历程是职业生涯规划的典型案例。他从小就立志做一名优秀的商人。他中学毕业后考入麻省理工学院，但他没有读商业或贸易专业，而是选择了机械专业。大学毕业后，他并没有马上投入商界，而是考入芝加哥大学，攻读经济学硕士学位。让人出乎意料的是，在获得硕士学位后，他还是没有从事商业活动，而是考了公务员。在政府部门工作5年后，他才辞职从商。又过了两年，他开办了自己的商贸公司。20年后，他公司的资产从最初的20万美元扩充到2亿美元。

比尔·拉福的成功故事，一方面说明了职业生涯规划的重要作用，另一方面也说明了专业对一个人成功的重要作用。下面，我们就看一下他在学生时期的故事。

比尔·拉福的父亲发现儿子有商业天赋，机敏果断、敢于创新，但经历的磨炼太少、没有经验，更缺乏必要的知识，而从事商业贸易活动必须具备一定的专业知识。在商品贸易中，工业品占绝大多数，不了解产品的性能、生产制造情况，就很难在贸易中获益。学习工科不仅能培养知识技能，而且有助于建立一套严谨求实的思维体系。良好的推理分析能力、脚踏实地的工作态度，正是经商所需要的。经过父子两人的分析，比尔·拉福最终选择了机械专业。

比尔·拉福在麻省理工学院的4年，除了学习本专业的课程，还广泛接触了其他专业的课程，如化工、建筑、电子等。这些知识在他后来的商业活动中发挥了举足轻重的作用。

在市场经济下，经济活动通过商业活动来实现，不了解经济规律、不学习经济学知识，就很难在商场立足。因此，大学毕业后比尔·拉福考入芝加哥大学，开始了为期3年的经济学硕士课程。

比尔·拉福掌握了经济学的基本知识，搞清了影响商业活动的众多因素，还认真学习了有关法律和微观经济活动的管理知识。几年下来，他对会计、财务管理也较为精通，已完全具备了经商的素质。

正是合理的职业生涯发展规划和扎实的专业知识，让比尔·拉福积累了实现梦想的资源和能力。

大学生正处于人生的探索阶段，也处于进入职业世界前重要的准备阶段，可通过学业发展、素质拓展、实习实践、社团锻炼等途径，对自我能力及角色、职业进行探索。其中最重要的就是对大学专业进行探索、学习和研究，提升自己的核心竞争力。

第一节　大学专业的分类

　　大学专业是高等学校根据社会分工需要而划分的学业门类，指学生进入高校后所学习的专业门类，是高校根据教育部相关要求，按学科分类分别进行专门知识教学活动的基本单位。

　　大学专业可能会对一个人的前途产生重要的影响。

一、大学专业基本类别

　　当前，我国普通本科院校有上千所，每所高校开设的专业一般都有几十个甚至上百个。教育部《普通高等学校本科专业目录》（2020年版）中的专业有703个具体专业名称，后又增加了37个"列入普通高等学校本科专业目录的新专业"；2021年在此基础上新增31个专业，共771个。但因为各所高校每个专业的历史沿革、学科方向和培养侧重点不同，所以即使专业名称相同，所授内容在不同的高校之间也存在一定的差别。

　　根据《普通高等学校本科专业设置管理规定》，高校设置专业须具备下列基本条件：符合学校办学定位和发展规划；有相关学科专业为依托；有稳定的社会人才需求；有科学、规范的专业人才培养方案；有完成专业人才培养方案所必需的专职教师队伍及教学辅助人员；具备开办专业所必需的经费、教学用房、图书资料、仪器设备、实习基地等办学条件，有保障专业可持续发展的相关制度。

　　目前，教育部对大学专业设置是按照教育的特点进行划分的，具体分为"门类""专业类""专业名称"3个层次。最高等级是"门类"，也称为"学科门类"，是对高校人才培养、教师教学、科研业务隶属范围的相对界定，除军事学外共有12个，具体包括4个理科门类（理学、工学、农学、医学，也称自然科学）、8个文科门类（哲学、经济学、法学、教育学、文学、历史学、管理学、艺术学，也称社会科学）。"门类"下设93个专业类，"专业类"下设771个专业名称。

扫码阅读
大学学科、专业
设置情况

　　在学位授予时，按照门类授予学位。一般而言，某个专业授予的学位与该专业所在的门类相对应，部分专业根据其所在学校培养内容的不同，也可授予其他门类的学位，如电子商务专业（所属门类为管理学）可授予的学位有工学、经济学或管理学，教育技术学专业（所属门类为教育学类）可授予的学位有工学、理学或教育学。

　　我国采取本科与研究生的专业与学科目录分别设置的方式，相对而言，针对研究生教育的学科分类，学理性色彩更为浓厚，门类与一级学科结构划分细致。感兴趣的大学生可登录教育部官网查询，了解专业门类有助于大学生从专业大类的角度思考自己专业的特点。专业门类中的不同专业之间相互关联，大学生应从宏观视角去思考自己的职业选择。

二、专业之间的关系

　　高校专业之间存在一定的共性，也有明显的差异。

　　大学生生活在校园内，必然会受到校园环境，特别是本专业所处环境的影响。因此，了解本校整体的文化传承环境和相关系所、专业的文化传承环境，有助于大学生掌握本专业核心要素或者做出转专业、考研、辅修专业等合理的选择。

　　随着人类知识的积累和创造，没有人能够理解每个领域的全部知识。同时，社会化的分工和协作对参与其中的人的专业化要求越来越高，这要求我们掌握特定领域的知识。因此，知识领域的划分越来越细，大学专业的设置也存在越来越细的倾向。

很多高校都带有比较明显的行业特征，其所设专业也具有这一特点。同时，由于专业所包含的细分领域较多，从事该专业的师资队伍所开展的专业研究方向不同，同一个名称的专业在不同的高校中，研究方法和培养方向也有很大的不同。

以土木工程专业为例，下面两所高校存在较大的不同，如表5-1所示。

表5-1　两所高校土木工程专业的有关情况

学校名称	××交通大学	××理工大学
培养目标（节选）	培养德智体美劳全面发展……掌握土木工程领域扎实基础理论和宽广专业知识，具备智能建造及智能运维建设理念和交叉融合、人工智能等新兴技术能力，能够在土木工程相关工程领域从事勘察、设计、施工、管理和科学研究等工作的精英人才	主要培养从事房屋建筑、地下建筑、道路、桥梁、隧道、城市轻轨等土木工程结构设计、基础设计及地基处理、结构的检测与试验、施工技术及工程管理等工作，具有扎实的理论基础和宽广的专业知识，得到土木工程师基本训练，具有较强的创新精神和研究、开发、应用能力的高级土木工程技术人才
主要课程	工程力学、结构力学、结构设计原理、智能建造基础、全寿命周期设计基础、土木工程施工原理、建筑信息模型、土力学与基础工程、土木工程材料	工程测量、建筑材料、理论力学、材料力学、结构力学、水力学、岩土力学与地基基础、钢筋混凝土结构理论与设计、钢结构理论与设计、高层建筑结构设计、地下结构、道路勘测设计、路基路面工程、桥梁工程、隧道工程、交通工程、施工技术与施工组织设计

同时，随着当今经济、科技、社会的快速发展，很多问题的解决都需要综合运用多门学科知识。因此，很多高校构建学科群、促进交叉和新兴学科成长，这也是世界高等教育的发展趋势。大学生应该对自己所学专业的学科群加强了解，在科技迅速发展、知识快速迭代的趋势下，只有综合素质强的人才能更好地适应社会。

对于大学生而言，科学地理解自己所学专业的内涵、专业间的关系，科学地认知专业，对个人大学生涯发展有着重要的作用。大学生可以从以下方面理解专业之间的差别。

（一）不同专业的偏重点不同

以信息管理与信息系统和信息资源管理专业为例。信息管理与信息系统主要是为了适应企业管理从原来的手工和半人工方式的管理向全自动化管理的转变而设立的，该专业的基础知识偏向企业管理领域。信息资源管理专业研究的内容主要包括信息的采集、分类、摘要、检索、综合、发布等信息处理过程，一般是从传统的图书馆学发展起来的，偏重于对文本和电子资料的研究。

（二）不同专业的就业领域不同

信息管理与信息系统专业在很多高校都有开设，不同高校的培养内容不同，但很多都偏向计算机领域，要求学生掌握数据库应用、管理信息系统设计、编程语言等知识和技能，毕业生进入IT行业较多。开设信息资源管理专业的高校相对较少，一般在图书馆学、情报学等专业历史比较悠久的高校开设，如中国人民大学、武汉大学等；毕业生多在图书馆、档案馆等事业单位工作，或进入企业的信息管理部门。

（三）不同专业的实力不同

每所高校的优质教育资源并非均匀分布于每一个专业或学院，所以同一所高校的不同专业的历史沿革差别较大、实力不同。同时，针对同一个专业，不同高校的办学水平和社会声誉差异很大。专业是否是国家重点学科，是否有硕士学位授予

扫码阅读
我国大学专业的
发展与变迁

权、博士学位授予权及博士后科研流动站，是否是特色学科下属的专业，是否是优势专业等，不同学校差别较大。

三、专业认知与发展

了解自己所学或心仪专业的历史背景、培养方案、培养目标、课程设置、学习方法等内容，端正学习态度，并结合自身的生涯发展规划，有助于大学生在大学期间取得成就。大学生要了解专业，可以从以下几个方面入手。

（一）掌握专业的培养目标

培养目标体现了专业的核心价值。以土木工程为例，前文提到××交通大学的土木工程专业的培养目标为"培养德智体美劳全面发展，具有良好科学素养、社会责任感、创新意识、国际视野和较强终身学习能力，掌握土木工程领域扎实基础理论和宽广专业知识，具备智能建造及智能运维建设理念和交叉融合、人工智能等新兴技术能力，能够在土木工程相关工程领域从事勘察、设计、施工、管理和科学研究等工作的精英人才"。大学生如果正在学习这个专业，从专业培养目标中就能了解自己所学专业的特色和定位，为自己的学业做出规划。

当前，越来越多的高校开展了大类人才培养，大学生在大一、大二年级所学习的内容以通识教育为主，内容存在较大的相同性。另外，大学课程普遍实行学分制，除了部分必修课程外，大学生可以选修不同课程。因此，大学生在了解了自己专业或者专业大类的培养目标以后，可以结合自己的通用能力、选修课程以及其他知识，在大学期间做好准备，以专业为重要的基础和依托，形成个人的特色优势。

（二）掌握专业的培养方案

培养方案一般包括学制和学习年限、学位类别、毕业和学位要求、专业定位、培养目标、培养标准及措施、课程体系和学分分配、主干课程、教学进程计划等内容，是大学生详细了解专业的必备资料。专业培养方案一般都能在学校教务处或本学院的网站上查到。通过查阅相关内容，大学生可以了解专业的详细内容，特别是这个专业的核心课程信息。

大学生可以通过了解培养方案加深自己对本专业的认识，明确自己的专业学习方向和目标，为自己规划一份学业方案。大学生在收集这些信息时，应该尽量做到详细，同时要下功夫了解如何学好专业、本专业的学习资源都有哪些等，这样才能有效、适时地灵活使用校内外的专业资源，在专业学习上更上一层楼。

（三）了解专业的毕业去向和就业方向

1. 专业就业相关情况

专业往年的就业情况对大学生制定求职目标具有重要的参考价值，如就业率、深造率、就业单位、就业薪酬、用人单位对该专业毕业生的评价等。想继续升学的大学生需要了解以往升学比较集中的专业、学校等，有出国（境）留学需求的大学生要重点关注留学目标国家、就读高校的层次和专业质量等。

2. 专业榜样的经验

大学生了解专业榜样的发展轨迹，对确定自己的职业发展方向是很有参考意义的。专业榜样也会遇到很多困难，大学生要了解他们是如何克服那些困难的、他们现在的成就是什么、他们现在的发展方向是什么等。

3. 专业冷热的判断

一般而言，评价专业的冷热，可以从个人兴趣、社会需求和学科实力等几个维度来考虑。首先是个人兴趣，如果某人对某个专业非常感兴趣，在学习这个专业时感到非常快乐、积极性很高，那么这个专业对他而言就是热门的。社会需求是大众评价专业的主要参考依据，如果一个专业的社会需求旺盛，供不应求，那么这个专业就会被大家认为是热门专业，报考这个专业的人数会增多，开设这个专业的高校也会增多。学科实力是从高校的角度来评价的，如果一个专业历史悠久、教学科研团队强大、人才培养措施全面，那么这个专业就是这所大学的热门专业。所谓的冷热是相对的，大学生在认知专业时，应该遵从自己的内心，而不是被外在的因素左右。

第二节　专业与兴趣

处理好专业与兴趣的关系，对于大学生的专业学习和职业发展非常重要。下面从专业选择与兴趣、专业学习与兴趣两个方面来探讨。

一、专业选择与兴趣

大学的学习和生活，对大学生的自我管理能力提出了很高的要求。专业符合大学生的兴趣，大学生的投入程度高，这是理想状态。近几年，越来越多的高校开展了大类招生和大类人才培养，并为大学生提供了转专业、双专业、第二学位以及辅修专业等机会，也是希望能让大学生兼顾专业和兴趣，处理好专业和兴趣的关系，更好地做出专业选择。

应该注意的是，人的兴趣可以培养，而且有可能发生变化。所以，大学生在基于兴趣选择专业时，必须慎重。大学生一般可以通过以下途径科学地结合兴趣选择专业。

（一）充分利用大类专业分流的机会

目前很多高校采用大类专业进行招生，后续通过专业分流再把大学生转入某一具体的专业，按具体的专业培养方案培养。同一个大类的专业培养方案比较相似。

专业分流时，大学生按照自己的兴趣和期待发展方向提出专业分流志愿，学校根据各专业人才培养的容量和要求进行分配。学校一般都会参考大学生的专业志愿，尊重大学生的自主选择权。但如果个别专业申请人数过多，学校就会对申请的大学生进行考核，择优录取。大学生必须重视专业分流的机会，要通过不同途径掌握学校的专业分流规定。一般而言，学院会组织召开专业分流的规定说明会，各专业也会通过专业导读、新生成长对话课、实验室参观等活动向大学生宣传专业信息，吸引优质生源，这为大学生科学选择专业提供了帮助，因此大学生应重视并积极参与这些活动。大学生应了解可选的各个专业，在此基础上做充分的准备。

（二）充分利用转专业的机会

转专业是大学生调整专业的一次机会，不同高校的转专业的程序和要求不同，有此需求的大学生需要了解具体的程序和要求。

在申请转专业时，大学生需要注意以下几个问题。

● 问清转专业具体政策，如一共可以申请几次、申请时间、具体流程等。

● 考虑转入后的衔接问题。例如，某大学生高中时是文科生，大学所学专业是行政管理，想转到金融学专业；因为金融学专业对高等数学的要求较高且属于热门专业，申请转入的学生会较多，该专业的负责人在对申请的学生进行考核时，一般会考虑其是否学习过高等数学，或者会组织申请转入的学生参加高等数学的考试。即使没有这些限制和考试，能够成功转入金融学专业学习，大学生也要考虑自己能否完成后续专业课程的学习，特别是高等数学课程的学习。

● 考虑集体融入问题。要到一个新的专业学习，由于和新专业的很多人并不认识，大学生需要适应并融入新的集体，需要妥善处理人际关系。

案例

　　小王在高中时是计算机编程小组的成员，他很喜欢计算机相关内容，但高考后他被录取到了材料类，最终分流到材料科学与工程专业。本学期末，学校就要开展转专业工作，他觉得事先了解一下计算机专业才好做决策。于是，他利用本专业的课外时间，在学校里旁听了计算机专业的课程，同时参与了计算机学院一个学长的一个设计作业。他发现大学的计算机编程知识跟他在高中时接触的计算机编程知识完全不同，要完成一个作业可能需要连续熬夜。一段时间下来，他觉得自己不喜欢这样的状态。他跟自己的导师谈心后，发现所学专业学科实力非常强，如果将来出国留学，学科背景将会给自己提供很大的帮助。经过慎重考虑，他放弃了转专业的申请，最终以优异的成绩毕业，并到国外知名高校深造。

（三）充分利用辅修专业的机会

　　学校设置辅修专业制度，一般是为了充分满足学生个性化成长的需要，发挥大类培养机制优势，给学生提供更多跨专业、跨学科学习的机会，丰富人才培养工作的模式。选择辅修专业时，大学生一方面要考虑自己的兴趣，另一方面要考虑辅修专业与自己主修专业的关系，如果两者有一定的关联，那么会对未来的职业选择很有帮助。例如，主修数学、辅修经济学，未来可以从财经和数学结合的角度分析具体岗位的工作任务；主修工科相关专业、辅修语言类专业，未来能够更多地了解国际新的研究成果或者加强国际交流等。

　　开设辅修专业的学院依据同专业的主修专业教学培养方案制定辅修专业的教学计划，教学计划一般由该专业培养方案中的特色课程和部分专业基础课程组成，辅修专业课程与主修专业课程同质要求、同质管理，因此教学质量是有保障的。一般而言，学生辅修的专业不能和主修专业的学科相近。各高校对辅修专业的规定不尽相同，学生申请的条件、流程等存在一定的差别。因此，大学生应该认真了解学校的有关政策，以便做出科学的决策。

二、专业学习与兴趣

案例

　　"有些同学可能还没想明白以后要做什么，会感到焦虑：'如果对科研不感兴趣、也没想好未来发展，该怎么办？'其实我想讲的是当我在你们这个年龄时，也就是二十几年前，我也没有想好，也非常迷茫。一直到1995年，我读完博士才隐约知道自己要做什么、才下定了决心。

　　"当时的迷茫来自很多方面，其中就包括大学选择专业。我不像在座的一些同学，大学入学时就知道自己想学什么专业。我当时被保送进大学，报的第一专业可能大家想不到，是清华的机械系。在报机械系之前我还报名了北大的物理系。直到1985年5月清华大学老师来招生时对我说，生物化学是21世纪的科学。我当时第一次把生物和化学连接在一起，突然觉得豁然开朗——原来生物化学是21世纪的科学！于是我阴差阳错地上了生物化学这条船。我是河南省数学竞赛第一名，被保送到清华，数理能力很强。在座数理能力比较强的同学可能有同样的情况，数理成绩好的人的生物、化学成绩往往没那么好。学习数学、物理着重思维的严谨，注重推理，而生物不同。我在清华时生物学得不好，于是辅修了数学，通过加强数学、物理课程的学习来弥补生物成绩的不足，以使总成绩排名第一。"

✳ 点评

　　上段文字节选自曾任清华大学副校长的施一公在清华大学研究生新生座谈会上的讲话。施一公是结构生物学家、中国科学院院士、欧洲分子生物学学会外籍成员、美国国家科学院外籍院士、美国艺术与科学院外籍院士，具有很高的学术造诣。施一公院士的这段经历跟很多大学生的经历类似，面对专业会感到迷茫和焦虑，而且这种迷茫和焦虑会在大学生活的各个时期不定时地跳出来影响我们的心情。即使对本专业很感兴趣、很喜欢的同学，也可能会有一些瞬间或一段时间，对自己的专业产生疑惑。

　　那么我们该如何处理专业和兴趣之间的关系呢？

（一）培养兴趣

　　我们常说"培养兴趣"，一个人的兴趣，容易因个人能力、品质、价值观甚至父母、老师或身边人的影响而发生变化。比如，一个人也许一开始对弹钢琴没什么兴趣，但父母为了培养他的综合素质，给他报了一个钢琴班。即使他不喜欢甚至想退出，但在父母的坚持下，也开始学习。随着钢琴技法的成熟，他参加了一些钢琴比赛，也获得了一些奖项，甚至因为钢琴弹得好而顺利加入了学校的合唱团（学校合唱团要求有钢琴基础），因此他慢慢地爱上了弹钢琴。工作后，他常常在烦闷时通过弹钢琴来放松心情，有时候会不自觉地坐在钢琴前弹上一曲。所以，外界带来的压力或自我责任感会促使我们做好某件事，从而得到能力的提升，而能力提升带来的愉悦感或自豪感会促使我们对这件事产生正向的兴趣，兴趣增强又会促进能力提升，从而形成"能力提升—兴趣增强—能力提升"的良性循环。

延伸思考

　　真正的兴趣应该是一见倾心，为伊憔悴，相伴终身。

　　● 一见倾心。我们在面对一个新的事物或选择时，往往会产生"感兴趣"和"不感兴趣"的初步判断，其深层的心理诱因一般是以往的经历，这种经历曾给我们愉悦或痛苦的感受。所以，我们容易因为愉悦的感受而对某个事物或选择感兴趣，但是这种初步的兴趣很容易丧失。我们对某个专业感兴趣也往往是这样的，因为觉得某个专业名字好听（比如觉得智能制造比机械工程及自动化高级）、自己擅长（比如物理学得好的同学，上大学后想学应用物理学专业）、大家都说好（比如人工智能专业很热门，大家都觉得好，将来就业也容易）等，但是，这个专业是不是自己真正喜欢的、是不是真正适合自己，只有学过了才知道。

　　● 为伊憔悴。当我们对某个事物产生兴趣之后，就需要进入兴趣的第二个层次，即为了加深对这个事物的了解和掌握相关的知识和技能主动付出努力。

　　● 相伴终身。随着时间的推移，兴趣会慢慢融入我们的生命，成为生命的一部分：有的兴趣会转化为我们的职业或技能；有的兴趣会成为我们的事业助手或副业，提升我们的生活品质；有的兴趣成为我们业余生活的重要组成部分。无论兴趣最终发展为哪种类型，都会对我们的生命产生影响。

　　综上所述，只有那些能让我们愿意主动付出努力的兴趣，才是我们真正要发展的兴趣。

（二）将专业和兴趣相结合

　　在大学阶段，大学生应该明白，兴趣不是选择专业的唯一标准，专业学习是主要任务。不论大学生对自己的专业是否喜欢，都应该完成本专业学习任务。在该前提下，再充分利用时间，探索兴趣，把自己的专业和兴趣相结合。大学生具体可以通过以下几个方法尝试将专业和兴趣相结合。

1. 悦纳并学习

专业会涉及基础知识，而这些基础知识可能会很难、很枯燥，也难以让人对其产生兴趣。比如，无论是学习计算机还是学习金融，高等数学都是必学的课程，而且难度不小。除非我们很喜欢数学，否则，即使对计算机或金融很感兴趣，在学习高等教学时也可能会觉得非常枯燥。这时我们要努力悦纳这种学习内容和要求，虚心向老师和同学请教，当逐渐掌握学习的内容后，这种畏难情绪就会慢慢消失。

2. 尝试和探索

很多时候我们对专业不感兴趣，是因为存在一些错误的认知，这些错误的认知包括信息不对称造成的误解（不了解专业或者了解得不全面）、刻板印象（直觉上认为某专业不好，不愿意深入了解该专业）、他人影响（因为听别人说某专业不好，就觉得该专业不好）等。无论哪种情况，都不能成为我们不学好该专业的理由。这时候，探索和尝试才是找到答案的方法。我们可以通过多种方式加强对专业的了解，如看看专业学习的课程目录、参加专业社团或者参观校园招聘会等。参加这些活动可能会改变我们对专业的认知。

3. 关联和促进

我们需要找到专业和兴趣之间的关联点，尽量促进两者的互帮互促，从而形成良性循环，培养出专业兴趣。比如，某个车辆工程专业的同学对美术很感兴趣，就可以在专业学习的制图、设计等环节发挥美术特长，设计出符合标准且美观的作品。而这可能让他得到老师、同学的肯定，甚至会获得比赛的奖项，从而提升他对专业和美术学习的兴趣，这样就能把专业和爱好联系起来。

（三）学好专业的同时发展兴趣

当专业和兴趣差别非常大的时候，该如何应对？例如，一个机械工程专业的同学对摄影和采访很感兴趣，想毕业之后当记者，但现在暂时没有转专业的机会。首先，他应该爱好机械工程专业，学习成绩是证明一个人学习能力和自我管理能力的重要依据。因为不喜欢这个专业而不能正常毕业，会让求职变得更加困难。其次，他应该充分利用自己的业余时间选修摄影、新闻传媒等课程，以及充分利用图书馆或数字资源学习有关内容。他还可以参加学校媒体类社团，参与社会实践或校内科研训练计划等，尝试写作并发表相关文章等。总之，他应该利用一切资源提升自己在这些方面的专业能力，努力发展兴趣。在这些行动过程中，这位同学可能会结识更多的专业人士，发现更多的意想不到的机会。

案例 [1]

钱伟长："国家的需要，就是我的专业"

1912年，钱伟长出生于江苏无锡的书香门第，受家庭环境熏陶，他国学功底扎实。中学毕业后，他凭借中文和历史双满分的成绩被清华大学历史系录取。

"九一八"事变爆发后，马上要进入历史系学习的钱伟长在一夜之间做了一个决定：弃文从理，科学救国。虽然入学考试时物理仅考了5分，数学、化学共考了20分，但他毫不犹豫："国家的需要，就是我的专业。"

4年后，钱伟长成绩优异，顺利毕业。1940年，钱伟长考取公费留学生，在加拿大多伦多大学学习弹性力学，1942年，钱伟长拿到了多伦多大学应用数学系博士学位。之后钱伟长师从"世界导弹之父"冯·卡门，在美国加州理工学院喷气推进研究所做博士后。

抗战胜利后，钱伟长放弃国外优渥的生活，回到清华大学机械系担任教授，兼任北京大学、燕

---

1 根据《齐鲁晚报网》中的文章《这些名人用亲身经历告诉你，专业应该这样选》改编。

京大学教授，开创了我国大学第一个力学专业，独创了宏观字形编码法，提出了一套完整、丰富、系统、科学的中国高等教育理论，为中国高等教育做出了卓越贡献。

季羡林："非读梵文不行"

1930年，季羡林被清华大学和北京大学同时录取。最终，他选择入读清华大学西洋文学系德语专业。

在国内读书时，季羡林就曾动过学习梵文的念头，但当时国内没有人教梵文，所以愿望没能实现。大学毕业后，季羡林赴德留学，他认为"中国文化受印度文化的影响太大了，我要彻底研究一下中印文化关系"。因此，"非读梵文不行"。坚定信念之后，季羡林在哥廷根大学选择主修印度学，学梵文、巴利文，并加学南斯拉夫文、吐火罗语，学习异常刻苦。

后来季羡林在《留德十年》中回忆："我毕生要走的道路终于找到了，我沿着这一条道路一走走了半个多世纪，一直走到现在，而且还要走下去。"

回国后，季羡林在北京大学任教，创建东方语言文学系，担任教授兼系主任，从事系务、科研和翻译工作，培养了一大批东方语言学者。

✱ 点评

无论是从一而终还是半路出家，名家翘楚无一不是热爱自己的专业并为之奋斗终身。专业是我们未来奋斗的资本，而不是限制我们未来发展的围栏。无论做何选择，只要付出足够的汗水，就一定能收获精彩的人生。

第三节　专业与职业

以下内容是从某高校就业信息网上查询到的部分用人单位的招聘信息。

● 某师范类大学发布的招聘信息。

岗位	教学科研岗
专业要求	公共管理（行政管理、土地资源管理、人力资源管理、政府经济管理）、图书情报与档案管理（图书馆学、情报学）。
其他要求	高校应届博士毕业生。

● 某知名汽车租赁公司发布的招聘信息。

岗位	储备经理（高端管培生）
专业要求	统招一本及以上学历，专业不限。
其他要求	1. 有激情、敢革新，有极强的上进心和创造力。
	2. 自信、果敢，勇于挑战新高度。
	3. 具备学习、沟通、协调能力，以及较强的抗压能力和灵活应变能力。
	4. 有社团干部、学生干部、创业经历者优先。

● 某计算机信息系统公司发布的招聘信息。

岗位1	数据工程师
专业要求	计算机类、电子信息类相关专业。

其他要求	1. 统招本科以上学历,计算机相关专业。
	2. 掌握数据库基础、基本的Linux操作语言。
	3. 熟练掌握Oracel基础、Excel操作基础。
	4. 具备良好的沟通能力,能适应出差工作。
岗位2	大客户经理
专业要求	专业不限。
其他要求	1. 统招本科以上学历,市场营销相关专业优先。
	2. 形象气质佳,具有良好的沟通能力。
	3. 抗压能力强,渴望挑战与高收入。

从上面的招聘信息中我们可以看出,用人单位在招聘时,往往会对专业设定一些限制性条件。专业与职业的关系是很多大学生非常关注的问题,了解专业与职业的关系是大学生做出科学决策的基础。

一、专业与职业的关系

专业与职业的关系错综复杂,存在"一对多""多对一"甚至"不相关"等情况。外语专业的毕业生可能成为一家电商公司的创始人,建筑专业的大学生以后也可能成为高科技公司的高管。

下面几个大学生的故事可以加深我们对专业与职业之间关系的理解。

案例

1　中国新型城镇化住宅开发商碧桂园控股有限公司在其提出的"森林城市"的概念中指出,"规划公园层人行系统、车库层及道路交通系统,实现人车分流,是安静怡然的环海岛居生活方式"[1],这让正在求职的小王眼前一亮。

小王是某大学采矿工程专业的毕业生,高考后被调剂到这个专业,大学期间申请过转专业,但因为各种原因没有成功。他想到房地产行业就业,但觉得学了采矿工程专业就可能与房地产行业无缘了,这让他非常沮丧,也一度失去了学习的动力。后来,在辅导员的帮助下,他确立了通过考研实现专业转换的目标,并开始认真学习土木工程专业的课程,学习成绩比较靠前。本科毕业那年,该公司来到学校招聘,他抱着试试看的想法到了招聘会现场,立刻就被该公司的研发设计岗位的招聘信息吸引。森林城市,人车分流,就意味着住宅下方的地下空间建设需要大量优秀的设计工程师,而他大学四年所学习的地下市政工程正好符合需求。小王立刻和该公司的招聘经理取得了联系,主动介绍他所在的学校在地下空间设计方面的学科优势和他的学业情况,特别是他所掌握的知识、技能和企业需求的契合点。最后,他顺利获得了该公司的职位,实现了自己的职业理想。

小王是幸运的,因为他成功地将自己的专业与职业期望相匹配,实现了自己的职业理想。

2　小王的同班同学小马在大学期间成绩一般,专业排名靠后,但他在大学里做了很多学生工作,如当过班长和辅导员助理、担任过学校管理协会的副会长。他在担任学校管理协会副会长期间,为了组织大型活动,曾带领协会成员开展拉赞助活动。他利用自己较高的情商和良好的人际交往能力,联系了很多商家并谈成了几个合作项目。他虽然学习成绩不是

---

1 内容来自碧桂园官网。

很好，但大学期间没有挂过科，挑战和压力似乎更加能够激发他的动力。同学们对他的评价是善于沟通、吃苦耐劳。毕业时，小马其实不是很希望从事自己本专业的工作，更希望找到一份有挑战性、多和人接触的工作。在招聘会上，某大型矿产进出口公司的销售岗位吸引了他。岗位需求如下：

（1）材料、矿业类相关专业毕业；

（2）担任过学生干部，沟通能力较强；

（3）吃苦耐劳，抗压能力强，能适应经常出差。

小马在面试中表现突出，专业知识也起到了重要的作用，最终顺利入职。

3 　　小张是某大学机械工程专业的一名毕业生。在上大学时，他对自己所学的专业持无所谓的态度，既没有兴趣，也不反感。他认为学好自己的专业是一种责任，而不仅仅是满足兴趣。所以，他大学期间的学习成绩较好，几乎每年都会获得奖学金。

在专业课程学习之余，他喜欢写点东西。他心思细腻，从小就热爱文字，具有一定的文学功底，之所以学机械工程专业，是因为父母希望他能学一个"技术含量高""有一技之长"的专业。在闲暇时间，他会参加学校组织的一些文学类讲座，也会写一些文章投递给报刊或媒体平台。在校期间，他还加入了学院的宣传社团，帮助学院开展专业宣传、稿件撰写等工作，所以他在潜移默化中对自己的专业有了广泛的了解。此外，他为人比较谦和，喜欢帮助别人，社团的经历让他具有了一定的领导能力和组织能力。毕业时，他应聘了某显示设备制造集团的人力资源岗位，这个岗位要求应聘者具有一定的理工科专业背景、成绩优良、有学生干部经历、善于沟通、文笔好。

招聘经理对小张在大学里的经历，特别是他写过的那些文章印象深刻，对他在面试中的表现也非常满意。小张在毕业后顺利进入这家企业，并在工作中发挥自己的优势，很快便取得了好成绩。

4 　　小黄是热能工程专业的学生。一次偶然的机会，他参加了学校组织的一个关于新媒体的讲座，发现自己很喜欢拍视频，也喜欢剪辑视频。他觉得把自己拍的视频通过剪辑做成有内容、有意义的作品，是一件很幸福的事。大学期间，他利用课外时间旁听了视觉传达与设计、艺术设计、计算机应用等课程，有不懂的就去图书馆查资料或问相关专业的学长学姐，久而久之他就开始帮助班级、学院做一些视频拍摄和剪辑工作。大三时，他顺利申请到一份广告方面的实习工作，又因为在视频创意、拍摄和剪辑等方面有一定特长，被推荐到一家知名传媒公司做视频剪辑。毕业后，他顺利和这家公司签约，实现了自己的职业梦想。

专业与职业的关系有很多种，我们可以尝试用数学中的集合概念来说明。

（一）专业与职业是包含关系

一个职业可以包含很多个专业。比如前文中某师范类大学招聘教学科研岗的专业要求为公共管理（行政管理、土地资源管理、人力资源管理、政府经济管理）、图书情报与档案管理（图书馆学、情报学），只要是这些专业的毕业生，都可以应聘这个岗位。

同时，一个专业也可以对应多个职业。比如采矿工程专业毕业的小王和小马，他们虽然是同一个专业的毕业生，但工作的岗位可以是研发设计岗位，也可以是销售岗位。

（二）专业与职业是相交关系

当前，高等教育逐渐采用通识教育模式，很多高校采取大类人才培养模式，加强学科交叉融合、产学研融合、科教融合等，努力培养复合型人才。从用人单位角度来看，其更需要具备扎实的专业基础知识，同时学习能力、适应能力较强的人才。大学生即使专业不完全对口，但由于掌握了本专业的基础知识，学习能力又强，很快便能够掌握用人单位所需要的能力。专业与职业出现交集，要求大学生既要掌握专业知识、学好本专业的内容，又要在大学里提升综合素质。

（三）专业与职业是分离关系

在前面的案例中，热能工程专业的小张成为视频剪辑人员，其专业与职业是完全分离的。

有很多大学生，特别是一些冷门专业毕业的大学生，在求职时常常希望进入非本专业的领域就业。如果有这种想法，在大学期间，大学生就应该在保障学业正常完成的情况下，利用课余时间努力补充目标职业领域所需的专业知识和技能，为未来的职业发展做好准备。

二、结合专业做好职业发展规划

我们所学的专业与职业发展的关系可能有很多种。有的同学将专业作为自己未来职业发展的目标，通过专业训练，掌握专业知识和技能，向着本专业相关的领域前行；有的同学将专业作为自己未来职业发展的踏板，提升综合素质，结交优秀同学，以专业为背景，结合多领域的知识和资源，实现自己的职业梦想。

结合专业做好职业发展规划，我们需要做好以下工作。

（一）明确学好专业的意义

学好专业是大学生的主要任务，也是大学生提升自我的重要途径。专业是大学生职业发展的核心竞争力。大学期间，大学生通过课堂、实验室、图书馆、实训基地、企业等途径，开展专业知识学习、专业技能训练等，最终掌握本专业领域的专业知识。大学的专业教学有明确的培养大纲、实现路径和考核标准，是非常系统的专业训练。因此，学好专业有助于提升大学生的核心竞争力。

（二）端正专业学习的态度

学习态度是非常重要的考核因素。大学生专业成绩排名，是其责任心、学习能力的重要体现。专业学习是对意志品质的磨砺，大学专业学习中的很多课程和试验操作需要团队合作才能完成，因此，专业学习提升了大学生吃苦耐劳、团队合作和沟通表达等能力。这些能力将成为大学生职业生涯成长的立足点。

（三）处理好专业与职业的关系

专业定位职业。大学生应将自己的专业与职业倾向逐步相接，以专业引领职业发展，不断提升自己的专业技能，提升自己的求职核心竞争力。

专业适应职业。职业发展起始于专业，专业服务于职业发展。大学生应先学好专业，让自己适应变化的环境，不断尝试新的事物，积极寻找职业目标。

专业创造职业。大学生应将兴趣和专业结合，培养专业能力，在自己热爱的领域成长为真正的强者。

回顾·练习

1. 请了解自己所学的专业，认识该专业的价值，思考该专业的未来出路，并填写表5-2。

表5-2　×××专业探索记录表

项目	具体内容
专业名称	
培养目标	
核心课程	
知识与技能	
毕业条件	
相关专业	
近几年的就业状况	
近几年的升学状况	
对口的行业及单位状况	
可能适合的职业	
专业相关的名校、名师、杰出校友	

2. 请你结合所学专业，制订一份属于你的就业型学业规划。

发现·探索

活动主题1　大学规划树

将大学生活比作一棵大树，树叶区域是你希望实现的目标，树根区域是你为实现目标而做出的努力，请从学习、技能提升、人际交往、特长培养、其他经历等方面，在图5-1的大树根分支处补充上不同的行动计划与措施。

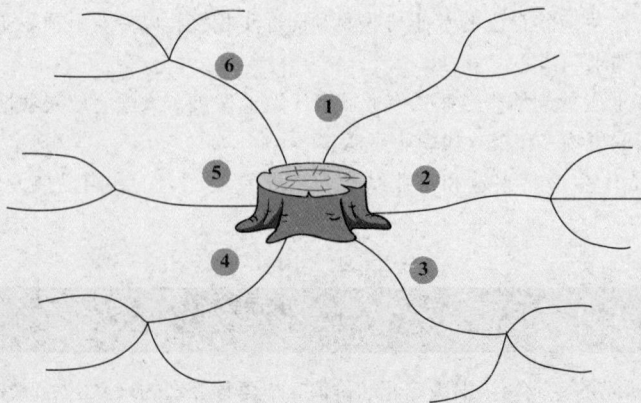

图5-1　大学规划树

活动主题2　大学生活应该如何度过

请你根据所学内容，想一想大学生活应该如何度过。

抓好起始阶段：_____

_____

丰富充实自己：_____

_____

养成良好习惯：_____

_____

实现职业理想：_____

_____

第六章

伴你揭开职场的面纱

6

关键词	职业　行业　行业探索　职业薪酬　职业发展　识别企业
学习指南	1. 了解职业，掌握如何选对职业； 2. 了解行业，掌握如何选对行业； 3. 了解企业，掌握如何选对企业； 4. 了解识别好企业的标准。

——————— 案例导入 ———————

　　小张大学选择的是表演专业，毕业前想寻找与专业相关的实习工作，但是很多影视公司都暂停招人。小张求职处处碰壁，又不想做非本专业的工作。已投简历如石沉大海，但小张并没放弃努力，而是利用各种渠道积极求职，终于得到了某卫视求职节目的面试通知。她很珍惜机会，认真准备面试，在人力资源专家的帮助下，小张发现自己的表演才华能让自己在短视频领域找到一席之地。只是职业决策难题来了——她因在求职节目中的良好表现收到了两家公司的入职邀请。两家公司属于不同行业，一家是化妆品行业、一家是食品行业；工作地点不相同，分别在北京和天津；公司的发展阶段和规模不同，薪酬也略有差异。该如何选择呢，她开始纠结了……她对这两个行业接触较少，也没有深度研究公司背景，于是陷入了迷茫。后来在人力资源专家的指导下，小张发现自己喜欢挑战性强的工作，倾向选择一份能让自己时刻学习新知识的职业。最后小张选择进入化妆品行业，从事的职业是新媒体内容运营，从创作短视频做起，市场营销策划能力增强后，可以有机会转到市场部。

　　"纸上得来终觉浅，绝知此事要躬行。"社会上的职业种类繁多，因此，职业选择成为一个必须要面对的问题。要想做出正确的职业选择，前提就是了解职业世界。大学期间进行职业世界探索，是了解职业世界的有效手段。大学生最初对职业世界的认识可能来自大学课程、新闻媒体、父母与朋友，但是这些认识都是基于职业世界的碎片化信息形成的。要科学地了解职业世界，必须先弄明白职业世界的层次关系。

　　大学生可以从宏观、中观和微观的角度了解职业世界。在宏观层面，职业包含产业、行业两个概念；在中观层面，职业是指企业或者用人单位；在微观层面，职业是指岗位。不同职业的工作内容、身份特征、薪酬和职业发展空间不同。例如，一名医学专业毕业生选择从事医护人员、教师或者公务员等职业，都可以获得较高的社会认可度，但是工作内容和薪酬体系不同，职业晋升的路径也不同。

第一节　认知职业

职业是人们在社会中所承担的社会责任，人人都需要一份有意义的职业展示自己的社会价值。随着社会的不断进步，职业分工越来越细，职业种类越来越多。在新时代，大学生首先需要与时俱进地了解可以选择的职业，再通过掌握具体的职业需求和能力要求，有目标地利用大学生涯完善自我，为实现职业理想做准备。

一、职业的定义

职业是指从业者为获取主要生活来源而从事的社会工作类别。它帮助人们获得相对稳定的收入。《职业分类大典》（以下简称《大典》）是我国第一部对职业进行科学分类的权威性文献。《大典》是由我国人力资源和社会保障部、国家市场监督管理总局、国家统计局有关部门领导成立工作委员会，专门针对各种职业所需要具备的学历和职业资格证书的执业资格标准以及录用标准而进行的职业内容分类。

选择职业首先要关注的是职业所属的职能类别和所在行业。在网络求职中，每一个职业都归属于对应的行业和职能类别下。例如，在销售/客服的职能类别下，对应着不同的职业（见图6-1）。

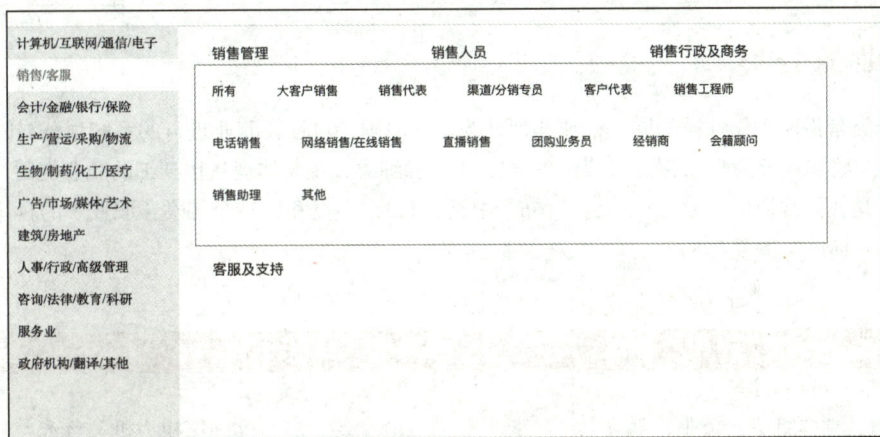

计算机/互联网/通信/电子	销售管理		销售人员		销售行政及商务	
销售/客服	所有	大客户销售	销售代表	渠道/分销专员	客户代表	销售工程师
会计/金融/银行/保险						
生产/营运/采购/物流	电话销售	网络销售/在线销售	直播销售	团购业务员	经销商	会籍顾问
生物/制药/化工/医疗						
广告/市场/媒体/艺术	销售助理	其他				
建筑/房地产						
人事/行政/高级管理	客服及支持					
咨询/法律/教育/科研						
服务业						
政府机构/翻译/其他						

图6-1　职业分类展示

大学生可以在入学后与就业指导老师或者在职场工作的亲友交流，了解感兴趣的职业在不同组织或者行业中的工作内容和要求有哪些差别。例如，很多大学生对运营工作感兴趣，但与运营相关的职业很多，如市场运营、线上运营、线下运营、新媒体运营、内容运营、销售运营等。每个职业对应不同的部门和工作要求。只要提前了解和学习，就可以提升个人的兴趣、专业和职业的匹配度。大学生应了解求职信息的获取渠道，运用招聘网站有关就业的信息，锁定目标职位。

> **案例**
>
> 小王是法学类专业的大专生，性格内向，但是做事认真、乐于助人，家人认为她适合做文职类工作。由于对专业知识和技能的掌握程度不深，她没办法找到相关工作。她在网络求职时看到一个工作机会，岗位名称叫"客户主任"，她觉得应该是客户服务类的岗位，于是投了简历，之后收到了面试邀请。小王在面试现场与面试官沟通后发现这个岗位的工作内容是电话销售，虽然工作内容和自己想象的不一样，但是公司是规范的上市公司，流程管理制度完善，且提供培训。她考虑到就业竞争激烈，决定先通过工作磨炼能力再做其他选择。先就业再择业，也是一种尝试。认真工作了半年，

小王就获得优秀员工，在工作中找到了自信，并且服务了很多优秀的企业客户。小王最终适应了自己选择的销售工作，也解决了自己与陌生人沟通有障碍的问题。

❋ 就业指导老师说

大学生求职时可以通过心理测评工具澄清自己的职业价值观和兴趣，再分析意向职业的工作内容和要求以判断自己的人岗匹配度；不要直接认同亲友的观点而否定一个可能的职业方向。

❋ 企业辅导老师说

职业分类是工作的类别，而职位名称代表具体的工作。由于不同组织对同一种工作的称呼不同，于是产生了不同的岗位名称，但是职业分类不会因为工作称呼不同而改变。大学生求职要先看该职位的职能分类（统一的职业名称），再具体分析工作内容以及岗位胜任力的要求，综合分析自己能否胜任。一般能力分析应结合个人的学历和专业知识、工作技能、个人才干等维度进行。理性分析后所选择的职业会比较理想。

与人沟通的能力、销售能力是非常重要的，不要因为不擅长或者没做过就畏惧。大学生敢于尝试不同的领域，发掘自己的潜能，未来发展才能更好。

二、职业的分类

职业分类是指以工作性质的同一性或相似性为基本原则，对社会职业进行的系统划分与归类。2015年版《大典》将职业分为4个层次：大类、中类、小类和细类，主要体现从粗到细的职业类别，基本类别是细类，就是我们常说的职业。8个大类、66个中类、413个小类和1838个细类（职业）的具体分类及每一个职业的名称可以参考表6-1。

表6-1　2015年版《大典》职业分类

大类	中类/个	小类/个	细类/个	职业名称举例
第一大类 国家机关、党群组织、企业、事业单位负责人	5	16	25	国家权力机关负责人
第二大类 专业技术负责人	14	115	379	教育学研究人员/内科医师/画家
第三大类 办事人员和有关人员	4	12	45	社区事务员/人民警察/秘书
第四大类 商业、服务业人员	8	43	147	商品营业员/民航乘务员/摊商/模特/育婴员/色彩搭配师
第五大类 农、林、牧、渔、水利业生产人员	6	30	121	农艺工/护林员/家畜饲养员/林木种苗工/园艺工
第六大类 生产、运输设备操作人员及有关人员	27	195	1119	肉制品加工工/糕点装饰师/酿酒师/品酒师/评茶员/质检员
第七大类 军人	1	1	1	军人
第八大类 不便分类的其他从业人员	1	1	1	不便分类的其他从业人员

2019年4月1日，人力资源和社会保障部、国家市场监督管理总局、国家统计局正式向社会发布了人工智能工程技术人员、物联网工程技术人员、大数据工程技术人员、云计算工程技术人员、数字化管理师、建筑信息模型技术员、电子竞技运营师、电子竞技员、无人机驾驶员、农业经理人、物联网安装调试员、工业机器人系统操作员和工业机器人系统运维员13个新职业信息。

2020年7月，新增的9个全新的职业分别是区块链工程技术人员、城市管理网格员、互联网营销师、信息安全测试员、区块链应用操作员、在线学习服务师、社群健康助理员、老年人能力评估师和增材制造设备操作员。2022年6月14日，新增的18个职业分别为机器人工程技术人员、增材制造工程技术人员、数据安全工程技术人员、退役军人事务员、数字化解决方案设计师、数据库运行管理员、信息系统适配验证师、数字孪生应用技术员、商务数据分析师、碳汇计量评估师、建筑节能减排咨询师、综合能源服务员、家庭教育指导师、研学旅行指导师、民宿管家、农业数字化技术员、煤提质工、城市轨道交通检修工。

三、选择最佳职业的方法

不论是立业还是成家，使用科学方法做选择的人的成功率会高于靠感觉选择的人的成功率。生涯规划的作用是锁定目标，学业规划和职业规划的作用是实现目标。大学生学好职业规划的知识以及学会应用非常重要。就业指导老师会运用专业测评工具让大学生了解自我，再通过培训帮助大学生做好求职准备；企业辅导老师会重点讲解关于面试的准备工作，帮助大学生更精准地找到适合自己的职业方向。大学生也可以运用以下几种方法来寻找适合自己的职业。

（一）充分理解所学专业与所选职业的关系

大学生要进入职场选择职业时，很重要的一个参考因素是专业是否对口。大学生求职时一般会先针对自己的专业选择职业，而同一个专业对应的职业有多种，因此，在求职前大学生需要了解不同职业之间工作内容的差别，需要运用什么样的专业知识。

（二）找到职业调研的具体方向

如果想了解感兴趣的职业对就业能力的要求，大学生需要列出哪些是自己感兴趣的职业，有效地收集信息，并对从业者进行调研，最后结合自身情况进行综合分析。专业、兴趣、能力、市场需求会影响大学生的职业选择。

大学生要了解一个职业可以从以下几个方面展开调研。

● 职业的具体工作性质（如行政、销售和生产制造等）。
● 职业类别对应的具体岗位的工作职责范围。
● 职业任职资格要求（如教育背景、执业资格认证和工作经验等）。
● 职业对从业者的综合素质要求（如性格特质、形象气质、沟通能力和兴趣爱好等）。
● 职业的综合福利待遇（如基本薪资、绩效奖金、弹性福利、五险一金、商业险和假期等）。
● 职业的发展空间（如不同岗位的晋升体系和内部转型机会等）。
● 汇报上级和部门同事的履历背景等。

全面、准确和有效地收集这些信息有助于大学生根据自己的实际水平做与意向职业的匹配度分析，对自己的求职定位和面试准备进行合理的计划和目标管理。

（三）获取职业信息

大学生可以通过多种渠道获取与职业相关的信息。本书推荐大学生通过以下6种途径获取职业信息。

● 阅读与职业相关的专业书籍、资料。具体包括行业咨询报告，与行业、企业和所选职业相关的视频和音频资料、企业家人物传记等。

● 利用与就业相关的网络渠道。具体包括校园论坛（就业网、校园网）、各大求职招聘网站，以及企业官网、公众号、短视频号等。

● 通过他人推荐获得面试信息。具体包括导师推荐、学长学姐推荐、亲戚朋友推荐、企业内部员工推荐等。

● 通过线下活动或者职场论坛活动获得了解职业的机会。具体包括企业组织的参观日、企业高管进校分享和校企联合活动等。

● 请教专业人士或从业者。具体包括通过付费咨询职业规划师获取信息；通过访谈了解不同职业的工作内容和要求；通过不同平台与不同职业的从业者进行职业答疑和访谈交流，了解对方从事具体工作的职业发展和能力素养及待遇情况，并和对方介绍自己的背景、优势和需求，请对方帮助自己判断适合自己的职业机会；等等。

● 参与企业实习。在寒暑假和在校学习期间，大学生可以在合理安排好学业的基础上，尝试一些专业对口的实习，通过实习认识更多优秀的职场人，体验职场生活。

（四）获取职业机会

企业人力资源部一般会将招聘信息发布到不同的招聘网站。招聘网站一般会要求企业提供企业介绍、营业执照、职位要求说明书和职位薪酬范围等信息，有的招聘网站还要求提供在职员工的口碑评价。可供大学生了解职业机会的网站很多：综合类招聘网站有前程无忧、智联招聘、猎聘、领英、BOSS直聘等；垂直类招聘网站有拉勾网、最佳东方等。

案例

1 小蔡考大学前，看到很多五星级酒店的工作人员的工作环境很高级，于是在大学期间选择了酒店管理专业。专升本后，他有意识地选择了五星级酒店大堂岗位的实习，但发现自己所做的事情并不是所热爱的，而且实习非常辛苦，有很多重复性工作。他认为自己应该尝试突破专业设置。毕业前小蔡做了职业兴趣评估，确定自己未来想要从事金融领域的工作。于是，小蔡考了研究生，到国外一所大学学习金融。由于研究生的学校排名和自己的金融学术水平并不是特别高，小蔡在选择金融领域的实习时处处碰壁。

2 小柴考大学前非常喜欢地理，从本科、硕士到博士，全部在国内顶尖名校学习地理相关专业。小柴非常热爱地理领域，但也积累了一些非本专业的实践经验。大学时期，他就特别注重计算机编程和财务管理相关知识的学习，并且获得了几个不错的金融行业实习的机会，了解了金融领域的从业要求，还通过了全国统一注册会计师考试。他对自己的职业规划是尽量顺利进入高校任教，即使收入有限，也可以运用金融理财技能帮助自己提升生活品质；如果没有进入高校，自己在不同金融公司的实习经历（每段的实习期都在4个月以上）和专业证书也能让自己进入金融领域，再利用业余时间制作地理知识短视频，帮助热爱地理的学生了解有趣的地理知识。

✳ 就业指导老师说

小蔡属于跟着感觉规划职业的类型，虽有实习经验，但是专业选择有些盲目。小蔡选择酒店实习时，发现工作内容与自己的期待相违背。小蔡果断放弃原来的专业、敢于止损的勇气可嘉，但是他读研究生的学校并不是特别有名，加上金融知识不扎实，导致他很难获得金融领域的工作机会。小蔡在这种情况下可以利用综合优势寻找专业和职业分离的机会。小蔡的综合优势包括英文良好、有海外留学背景和双专业背景，他可以将求职目标定位于为酒店行业提供服务的财务咨询公司或者为酒店行业提供金融管理信息化服务的软件平台，这样就可以发挥其综合优势。

小柴属于有规划地做准备的类型。我们可以看出，他的职业素养和学习能力很强，职业价值观排序是个人发展、收入、工作与生活的平衡。他分析问题时非常严谨，实践经历丰富。他不论是学历还是素质都非常优秀，具有前瞻性的战略布局思维，且愿意为了目标按照计划积极行动。

✳ 企业辅导老师说

小蔡就业受阻并不让人意外。第一，服务行业需要的人才画像在酒店官网和招聘网站上一查便知，其中有一条是与"对待客人热情，有良好的服务意识、吃苦耐劳的精神"相关的内容，所以酒店行业并不是和他想象的样子吻合。第二，在转换专业前，小蔡对职业世界的认知不够准确。金融专业对一个人的数学能力、学术水平要求很高，并非有兴趣就可以胜任，而且这个领域的竞争非常激烈。第三，小蔡并未在研究生期间考取就业需要的相关资质，而职场需要对就业有准备的求职者。小蔡的形象气质和沟通表达能力良好，非常适合做一些涉外沟通展示的工作，可以应聘一些外企的销售岗或者市场岗。

小柴是很优秀的、有跨专业实习经验的大学生。第一，小柴在热爱的地理领域取得了博士学位，具备发现问题并解决问题的能力。第二，小柴利用业余时间一直保持学习和实践，3段4个月以上的实习经历足以让他掌握这个行业研究员的基本工作和岗位技能，更何况，他还通过了全国统一注册会计师考试。第三，在自己最感兴趣的地理领域，小柴顺利完成了博士论文，业余时间也在做新媒体知识分享，有很强的创新意识。这正是当今职场需要的复合型人才，让自己进可攻退可守，对自己的职业风险做了有规划的杠铃配置，实现了风险对冲。

☆

**成功
小贴士**

大学生做好以下3点有助于找到适合自己的职业。

1. 不做无知者。大学生求职时需要多与自己的导师和已经进入职场的学长、学姐保持职场信息的沟通，同时通过专业人士的分析了解自己的优势和不足。

2. 不做无经验者。大学生选择好就业方向，认真选择相关的职业进行长期实习，可以增强就业竞争力。

3. 不做无资格者。如果意向的职业需要专业资质，大学生应在大学期间完成相关资质的考试，如金融、法律、教育、医疗等行业都需要持证上岗。

四、职业薪酬报告与解读

"知己知彼，百战不殆。"大学生若希望获得比较满意的职业发展空间和薪酬福利，除了要了解职业的胜任力要求，还需要对意向职业的薪酬数据有比较全面的了解。公司的管理者每年会根据各行业和职业的薪酬报告，了解人才市场的薪酬变化，对公司的组织架构和人才薪酬体系进行调整。

（一）掌握薪酬报告的益处

大学生掌握各行业不同职业的薪酬数据有助于做好职业定位与决策。了解心仪的职业在不同地域的薪酬，以及该职业内部不同级别的薪酬，可以为自己的职业生涯规划提供参考信息。

（二）了解薪酬报告的渠道

比较专业的薪酬调研咨询公司有科锐国际、美世咨询、米高蒲志、翰威特咨询公司、锐仕方达、中智、太和顾问、前程无忧、智联招聘、猎聘等。每年这些公司会根据各行业、职位、职级、地域等信息，制定出全行业的薪酬报告。一些知名的招聘网站每年会公布关于大学生求职就业的白皮书，包括学历背景、城市、行业、职业等内容。

（三）薪酬报告的解读

每个职业薪酬的中位值是参考指标。薪酬调研咨询公司会通过合法渠道收集样本的薪酬福利数据并进行统计分析，报告中会明确行业、地域、职能、岗位、薪资水平等信息。薪酬水平会通过分位呈现，25分位、中位、75分位，大学生可以参考由薪酬网编写的薪酬调查报告样本，里面详细讲解了如何阅读薪酬报告以及不同地域、行业和职能以及岗位的薪酬福利水平。

表6-2所示为2020～2021年某公司财务职能类岗位的薪酬数据。

表6-2　2020～2021年某公司财务职能类岗位薪酬数据

职位名称	工作年限	一线城市			二线城市		
		25分位	中位	75分位	25分位	中位	75分位
首席财务官	15年以上	1500	2000	2500	800	1000	1200
董事会秘书	10年以上	600	1000	2000	400	700	1200
财务总监	10年以上	600	1000	1500	400	600	800
财务经理	8年以上	300	500	600	200	300	400
财务分析经理	5年以上	400	500	700	200	300	400
会计经理	5年以上	200	400	600	100	150	250
审计总监	10年以上	600	900	1300	300	500	600
审计经理	7年以上	300	400	600	120	240	360
投资总监	10年以上	500	800	1200	360	500	600
投资经理	7年以上	300	500	600	180	240	360
税务总监	10年以上	500	800	1200	350	500	700
国际税务总监	10年以上	500	700	900	300	400	600
税务经理	5年以上	300	450	600	150	250	300
资金总监	10年以上	600	850	1200	300	500	800
财务共享中心负责人	10年以上	500	800	1200	360	420	600

了解大学生薪酬报告的薪酬水平差异。中智发布的《2021年重点行业薪酬趋势指南》中，特别为大学生列出了薪酬信息（当年的薪酬报告是基于上一年收集的数据而得出的）（见表6-3）。从表6-3中可以看出，专科应届生的底薪普遍在3000～5000元，本科应届生的底薪在4000～6000元，硕士应届生的底薪在4000～8000元。根据毕业院校、专业和职业的匹配度、城市、职业的不同，薪酬会有所不同。

入职时的底薪是未来在职期间加薪的参考标准。一般公司的年薪是12个月的薪酬，某些经营状况良好的高新技术公司或者金融、地产、医疗等公司会发13～18个月的薪酬，12个月为基础薪酬，1～6个月为绩效奖金。公司的人力资源部会根据各部门领导评估的年度绩效表现，发放不同

扫码阅读
2021年人才
市场洞察及薪酬
指南（节选）

的年终奖金。有些公司一年会提供两次升职调薪机会，正常底薪是一年一调整，涨幅是5%～30%，根据个人的绩效和职位变化而有所差别。

表6-3　2020年应届生薪酬平均值　　　　　　　　　　　　　　　　　　　　单位：元

分类	一线城市			二线城市		
	专科	本科	硕士	专科	本科	硕士
管理支持类薪酬	3996	4826	6140	3349	4118	4867
研发类薪酬	4250	5455	7428	3558	4640	5952
技术类薪酬	3949	5157	6893	3390	4390	5444
销售类薪酬	3946	4884	6082	3268	4152	4952
生产操作类薪酬	3816	4714	6294	3073	4083	5089

案例

小张即将大学毕业，当年听父母的建议选了机械工程专业。这个专业在职场就业的男女比例是15：1，因此小张求职时非常苦恼。如果放弃专业，她就不知道自己还能选择什么职业。由于家庭经济状况紧张，她非常期待高薪酬。小张性格比较外向，喜欢绘画，大学期间做过兼职网络美编，兼职收入在1000～2000元。小张此时想在绘画设计领域寻找机会，觉得全职薪酬一定比兼职可观。小张的薪酬预期是7000元以上，可是通过网络求职找到的工作的薪酬在4000～5000元，她内心非常失落，尤其是看着自己本专业的同学选择机械工程相关的工作，薪酬都在6000元以上，她不知该如何定位岗位才能获得满意的薪酬。

✳ 就业指导老师说

小张应该根据自己的职业价值观排序明确求职方向。如果她认为薪酬很重要，应优先考虑专业对口的职业；如果放弃所学专业择业，她需要保持学习心态积累相关岗位工作经验，要参考薪酬报告设定薪酬预期。不喜欢自己专业的大学生在大一第一学期就应该准备为学习第二专业或者转专业做准备，充分利用业余时间积累与目标职业相关的实践经验。

✳ 企业辅导老师说

想走自己想走的路，一定要先走必须走的路。大学生求职时可根据自己能为公司贡献的价值选工作。小张的专业是机械工程，又有绘画功底和兼职经验，可以考虑选择与工业产品外观设计相关的职位，让自己的绘画技能与专业知识相结合。小张如果精通素描、色彩、机械原理、机械设计和各种二维、三维作图软件，就可以发挥自己多维度的核心优势，从而让自己获得好职位。那些没有提前为跨专业就业做好准备的大学生可以考虑选择低薪酬但有发展空间的职位。小张非常看重薪酬，如果没有满意的职业，就先就业再择业，利用业余时间提升自己的绘画设计能力，待有一定储蓄和能力后再考虑换工作。

五、职业发展的关键要素

大学生从事某项工作，一般从基层做起。不同职业一般对应不同的成长路径，职业发展前景也各不相同。大学生提前了解意向职业的成长路径和发展前景，对于职业发展而言具有重要意义。

从职业发展的长远角度考虑，大学生选择职业时应该将国家、单位和个人成长需求相统一。大学生如果选择了符合政策导向和用人单位需求的职业，其职业成长路径一般会比较顺畅，职业发展前景也较好。当前，用人单位逐渐意识到帮助员工进行职业生涯发展规划的重要性，在招聘时会专门对员工的成长和发展做出阐释。大学生参加此类招聘活动时，可以了解目标用人单位的相关情况。

同时，大学生也可以通过寻找职业榜样人物的方法了解该职业的成长路径。大学生可以通过了解职业榜样人物在工作中取得了什么成绩、是如何取得这些成绩的、遇到过什么困难、需要具备什么素质等，加深对目标职业的了解。

（一）掌握职业的通用能力素质要求

职业通用能力素质是指从事某个职业所需要具备的基本的、一般的能力素质。能力由天赋和技能组成，而技能又可以分为知识技能（知识）、可迁移技能（技能）和自我管理技能（才干）3个部分。

前程无忧《2022年校园招聘白皮书》的第三部分雇主篇列出了不同类型雇主看重的大学生特质，按投票率从高到低的顺序为：沟通能力、专业知识、问题解决能力、独立思考能力、稳定性、协作能力、执行力、创新能力、自学能力、时间管理能力、忍耐力、领导力、外语能力。

大学期间有意识地收集目标职业对通用能力素质的要求，可以帮助大学生有针对性地通过实践逐步提升自我。

（二）调研职业回报

职业回报主要体现在薪酬待遇、社会认同和工作自由度等方面，最高水平的职业回报就是个人的自我实现。

不同的行业和单位之间，职业回报也不同。广义的薪酬待遇包括货币收入和福利收入两部分。货币收入除了工资收入和五险一金外，还包括绩效工资、岗位补贴、年终奖金、加班补贴、出差补贴、住房补贴等；福利收入是指除货币形式外的收入，包括带薪假期、免费培训、免费旅游、节日礼品、健康体检、子女医疗报销额度、免费午餐、免费班车甚至内部价格购房等。社会认同是指职业所带来的社会荣誉感。虽然有的职业薪酬待遇并不是很高，但由于比较受社会尊重或者工作自由度较高，仍然是很多人的选择。例如教师，社会尊重度较高，有寒暑假。

不同的人对职业回报的关注点不同，同一个人在不同的阶段对职业回报的关注点也会不同。多数大学生毕业后面临的经济压力较大，所以对薪酬待遇的关注度较高；而随着工作年限的增长，当个人或家庭的经济收入不再是重要问题时，社会认同、工作自由度和自我实现又会成为主要的职业回报需求。

（三）职业和自我的适配性

每个人的兴趣、性格、能力和价值观等人格特质并不相同。适合比胜任更重要，如果职业和个人的人格特质相适应，职业发展就会比较好。在进行职业选择时，除了要进行职业认知外，大学生还应该通过学校相关的生涯发展指导课程，系统规划自身的生涯发展，明确个人的人格特质，注重职业和自我的适配性。

成功小贴士

大学生做到以下6点有助于职业良好发展。

1. 保证大学期间所学专业成绩优秀。不管是否热爱所学专业，取得优秀的专业成绩是对自己负责任的体现，也能让自己毕业后靠专业能力谋生。

2. 提前储备与就业相关的知识。提前规划自己未来想探索的领域，积累与之相关的社会实践经验。

3. 积极参加学校开办的与求职就业相关的讲座，让自己为求职做好相应准备。

4. 选择与就业方向相关的实习，强化自己的实践能力。实习期尽量在5个月以上。

5. 积极积累可以帮助自己了解职场信息的各类人际关系资源。

6. 掌握谈薪资、福利的秘诀。

第二节　认知产业和行业

一个人的职业发展与行业发展息息相关。不管是结合行业需求认真学习专业知识，还是调研将来想加入的企业，大学生在大学期间了解不同的行业十分有必要。"三百六十行，行行出状元"，但行业状元是建立在热爱行业、钻研专业和对企业忠诚、对岗位敬业的基础上的。

一、产业的定义与分类

产业是指利益类型相互关联的、具有不同分工的多个行业所组成的集合，集合内的单位围绕着某种共同的产品资料或产品展开。我国产业划分为以下三大类。

第一产业，即农业（包括农业、林业、畜牧业、渔业等直接以自然物为对象的生产部门）。

第二产业，即工业（包括采掘业、制造业、自来水、电力、蒸汽、热水、煤气、建筑业等利用基本的生产物资材料进行加工并出售的生产部门）。

第三产业，即第一、第二产业以外的各个行业，分为流通和服务两个部分，共4个层次。

- 流通部门：交通运输、邮电通信、商业、饮食、物资供销和仓储等。
- 生产和生活服务部门：金融、保险、地质普查、房地产、公用事业、居民服务、旅游、咨询信息服务和各类技术服务等。
- 提高科学文化水平和居民素质服务部门：教育、文化、广播、电视、科学研究、卫生、体育和社会福利等。
- 社会公共服务部门：国家机关、政党机关、社会团体以及军队和警察等。

产业发展水平可以反映一个国家经济的发展水平。一般认为，第三产业越发达，国家的经济发展水平越高。

二、行业的定义

行业是指从事相同性质的经济活动的所有单位的集合，也可以理解为国民经济中同性质的生产、服务或其他经济社会的经营单位或个体组织结构体系的详细划分。一个行业会有很多同类型业务的企业，如互联网高科技行业、金融行业、地产行业、医疗行业、教育行业、制造行业、能源矿产行业、服务行业和咨询行业等。不同行业的业务经营模式、组织发展的核心部门、行业政策、市场竞争态势、经济发展趋势和人才招聘需求等都有所不同。所以，大学生要多角度地收集行业信息。

三、行业的分类

《所有经济活动的国际标准产业分类》（ISIC Rev.4）是联合国发布的生产性经济活动的国际基准分类。由于产业范围大于行业，大学生在职业决策领域关注对行业分类的研究即可。我国的行业分类标准是《国民经济行业分类》（GB/T 4754—2017）。

（一）我国行业的分类

国家统计局官网公示了我国国民经济行业分类的文件，其将行业分为20个大类，如表6-4所示。

表6-4　2017年我国国民经济行业分类中的行业大类

代码	类别名称
A	农、林、牧、渔业
B	采矿业

代码	类别名称
C	制造业
D	电力、热力、燃气及水生产和供应业
E	建筑业
F	批发和零售业
G	交通运输、仓储和邮政业
H	住宿和餐饮业
I	信息传输、软件和信息技术服务业
J	金融业
K	房地产业
L	租赁和商务服务业
M	科学研究和技术服务业
N	水利、环境和公共设施管理业
O	居民服务、修理和其他服务业
P	教育
Q	卫生和社会工作
R	文化、体育和娱乐业
S	公共管理、社会保障和社会组织
T	国际组织

每一个类别下还有细分的小类。图6-2为采矿业的细分小类。

```
B   采矿业
    06  煤炭开采和洗选业
    07  石油和天然气开采业
    08  黑色金属矿采选业
    09  有色金属矿采选业
    10  非金属矿采选业
    11  开采专业及辅助性活动
    12  其他采矿业
```

图6-2 采矿业的细分小类

（二）招聘网站对行业的分类

企业在招聘网站发布招聘信息时需要选择一个行业类别，大学生求职时可以通过搜索获取相关的招聘信息。下面以某知名招聘网站为例介绍招聘网站的行业分类方式：

● 计算机 / 互联网 / 通信 / 电子；

● 会计 / 金融 / 银行 / 保险；

- 贸易／消费／制造／营运；
- 制药／医疗；
- 广告／媒体；
- 房地产／建筑；
- 专业服务／教育／培训；
- 服务业；
- 物流／运输；
- 能源／环保／化工；
- 政府／非营利组织／其他。

大学生进入职场前要研究意向领域的行业研究报告，了解市场动态。

（三）行业发展的4个阶段

行业如人生，也有自己的发展阶段，大学生需要具备识别行业处于哪个发展阶段和该行业未来发展趋势的能力。因此，大学生根据自己的兴趣和能力选择行业的同时，还要识别哪些行业处于初创期，哪些行业处于成长期，哪些行业已经进入成熟期，哪些行业处于衰退期。不同的状态决定了行业内组织的战斗力和职业发展空间。处于初创和成长期的行业属于增长型行业，处于成熟期的行业属于稳健型行业，处于衰退期的行业属于防守型行业。了解所选行业的发展阶段后，大学生还要进一步识别哪些行业是人类社会的刚性需求，生生不息；哪些行业可能如昙花一现，短时间精彩但是稍纵即逝，没有生命力。行业的发展状态决定了大学生所选择的行业和所从事的职业的竞争力的持续性。

案例

小李大学期间学习的是对外汉语专业，英语和阿拉伯语都非常好，还有过支教经历。小李的就业意向有两个：一个是回到家乡做老师，另一个是留在北京做翻译。小李比较有亲和力，乐于分享和助人。她在大学期间一直兼职做家教，当学生成绩提升时她内心非常开心。小李也做过翻译，看着自己翻译的作品广泛传播，很有成就感。临近毕业，她想向就业指导老师和企业辅导老师请教一下哪份职业前景更好。

✳ 就业指导老师说

语言是一种沟通工具，语言类专业的学生本身就可以进入很多行业发展。小李性格随和、乐于分享，社交意识和服务意识较强，有一定的创新和研究能力。她的特质和兴趣比较匹配与老师相关的职业。从个人职业发展的综合角度分析，考教师编制是明智的选择，而且进入教育行业做英语老师，回到家乡把所学知识教给祖国未来的花朵，非常有意义。

✳ 企业辅导老师说

翻译和老师都需要专业特长。不同的行业和职业身份影响个人未来的职业发展空间和可接触的社会群体。如果想选择挑战变化的市场环境，可以进入有涉外业务的互联网行业，选择能发挥自己特长的职能部门；如果希望接触各种名人著作，可以进入出版行业做外文编辑；如果希望稳定的职业身份，实现自己的教育情怀，那么进入学校会更加匹配。选择老师后，小李仍然可以利用自己的业余时间尝试翻译工作，如翻译国际教育领域的图书，既可以拓展国际视野，保持翻译能力，还能研究、发表专业的教育学术论文。

不论做哪份职业、进入哪个行业，终身学习都是提升核心竞争力的法宝。

四、行业探索的内容和方法

有很多行业分析的理论和工具可以帮助我们进行行业分析，如杜邦分析法等。大学生进行行业分析，主要是为了进行职业定位和能力素质需求分析，一般不需要特别专业。大学生进行行业探索时，一般需要根据自己的实际需求确定几个目标行业，从宏观的角度进行信息的收集、梳理和研究，主要关注行业的概况、环境、现状、发展趋势和对人才的要求。

（一）行业的概况

了解行业的概况有助于大学生对行业形成整体的概念。大学生应该围绕"这个行业是如何运转起来的"进行分析，分析的过程中可以尝试回答以下问题。

● 这个行业具体是做什么的？为什么由这个行业来做？

● 这个行业的产生和发展历史情况如何，未来的发展状况如何？

● 这个行业从源头到终点都有哪些环节？每个环节凭借什么关键因素创造了什么价值？环节彼此间的关系是什么？

● 这个行业中的产业链有哪些？谁掌握产业链的定价权？

● 该行业规模有多大，利润率有多高，竞争情况如何？

● 这个行业的市场集中度如何？行业中的传统优势企业是谁？谁是新加入的行业黑马？

（二）行业的环境

行业环境对行业发展的影响巨大。行业环境分析一般使用PEST分析法，具体而言就是分析行业所处的政治（Politics）、经济（Economy）、社会（Society）和技术（Technology）等环境因素。

1. 政治环境

政治环境主要包括国家的性质和政治制度、政治局势、政府的态度及相关的法律、法规等。我国政治环境良好，对行业影响最大的就是国家的行业发展战略和相关的政策法规。国家的战略决策对行业的发展是至关重要的，它代表一个国家未来经济的发展方向。当前，我国经济已由高速增长阶段转向高质量发展阶段，国家提出了创新驱动、中国智造等国家发展战略，推动互联网、大数据、人工智能和实体经济深度融合。在这些利好政策下，必将出现很多新兴的高新技术行业。国家对一个行业是大力支持、保持稳定，还是限制发展，是大学生在了解行业环境时需要特别关注的。

2. 经济环境

经济环境主要包括国内生产总值、利率、财政货币政策、通货膨胀率、失业率、居民可支配收入、汇率、能源供给成本、市场机制、市场需求等。大学生需要了解行业受到经济环境影响的程度，比如，出口导向的行业对汇率特别敏感，容易受到相关因素的影响。

3. 社会环境

社会环境主要包括人口规模、年龄结构、人口分布和文化传统等因素。当前，我国社会正经历消费升级，对产品和服务的品质提出了更高的要求；同时，社会正逐步进入老龄化阶段，这些因素对行业的发展有着重大的影响，但影响会相对缓慢地显现。大学生需要根据社会整体环境的变化情况，对行业的长期发展做出判断。

4. 技术环境

技术环境主要包括发明创造和新技术、新工艺、新材料的出现，以及相关技术的发展和应用趋势。当前，移动互联网技术的快速发展，人工智能、大数据、5G等革命性技术的快速发展，对行业的发展产生了越来越大的影响。大学生需要关注技术发展对行业的深远影响。

具体而言，在分析行业环境时，大学生可以尝试回答以下问题。

● 国家对这个行业的态度是什么？目前有什么样的支持或限制发展政策？

● 行业对经济环境的各个因素的变化是否敏感？行业是否容易受到某个因素较大的影响？该因素的稳定性和可控性如何？

● 行业是否适应社会发展的变化？

● 行业相关的科学技术有何重大发展？行业所对应的客户需求有何变化？其他行业有没有可能通过新的技术引起跨界竞争？

（三）行业的现状

行业涉及的政策、技术等因素很多，大学生要了解行业全面的现状比较困难，因此需要抓住行业现状分析的重点。行业现状分析的重点在于分析行业的特点、结构和领军企业。

（1）分析行业特点重在分析行业的技术门槛、企业的数量与分布情况、龙头企业和市场竞争等方面。比如，互联网金融行业的特点是技术门槛不高、企业数量众多且扩张迅速、市场竞争激烈；同时，互联网金融行业的监管和法律约束相对较弱，整个行业面临诸多政策和法律风险，企业风险控制能力较弱，容易发生各类风险问题。

（2）大学生可以通过构建行业发展图谱来了解行业的结构。即使是非常复杂的行业，大学生也可以根据产业链（一个产品从无到有的全过程），通过拆分子行业来画出行业的架构，准确梳理行业信息。比如，对于半导体行业，大学生可以依据芯片的生产逻辑了解半导体行业的结构：从最初的芯片设计出发，考虑芯片设计的专利技术、工程软件等；到芯片的生产过程，考虑芯片制造所需要的材料制备、生产设备等；再到制造结束后的封装和测试，考虑相关的技术和设备等。

（3）在各个行业及其细分领域，往往都会存在一定数量的领军企业。大学生在进行行业分析时，应该重点关注行业领军企业的情况（包括企业的排名及排名的标准和依据、近些年排名变化、市场占有率、利润占比等情况），梳理领军企业近1～3年发生的重大事件、标志性决策等信息，阅读财务报表，掌握其主要业务、收入结构、成本结构、员工规模、战略方向、主要风险等信息，理解决策原因和行业发展的趋势。

（四）行业的发展趋势

全球各大专业的国际化咨询公司会为不同行业的企业发展趋势提供行业咨询服务，行业咨询专家对企业战略、项目投资、财务、组织发展、市场营销、法务等业务领域提供咨询解决方案。国内外比较知名的咨询公司有很多，如埃森哲、贝恩咨询、波士顿咨询、德勤、安永、毕马威、麦肯锡、美世咨询、普华永道、爱维龙媒、华夏基石、和君咨询、北大纵横、正略钧策、百思特咨询和世纪纵横等，这些咨询公司都有各自擅长的业务咨询领域。大学生不仅可以关注企业发布的报告，还可以结合自己的专业和兴趣，考虑在大学期间到咨询公司实习，多角度地了解它们是如何帮助企业，以及如何对行业和业务发展进行深度研究和诊断的。

扫码阅读
行业的发展趋势
预测

虽然在市场经济环境下，行业的发展主要由市场调节，但国家和地方政府出台的行业发展政策对行业的影响也是非常大的。大学生可以在日常生活中关注新闻媒体中有关产业政策的相关报道，或者研究政府工作报告、经济会议报告等，了解国家和地方政府对该行业的政策，及时掌握行业的发展趋势。

（五）行业对人才的要求

行业对人才的要求是指一个行业在一定时期和一定范围内的人才需求，包括人才的数量和对人才的能力素质要求。了解目标行业对人才的要求非常重要，只有了解了目标行业对人才的要求，大学生才能利用大学学习的时间不断提高自己的综合素质，为毕业后进入相关行业打好基础。

行业对人才的要求，包括行业人才的供求关系情况，即某个行业对大学生的需求数量和满足该行业需求的大学毕业生数量等。行业对人才的需求还包括行业对从业人员的资质要求，如职业资格证书等。

延伸思考

每年专业的招聘网站都会根据行业的人才市场变化提供就业报告。例如，猎聘发布的中高端紧缺岗位薪酬报告中，提及了全球经济形势分析和国内产业机会与挑战，并列出了重点行业紧缺岗位的薪酬情况。拉勾网发布的《2021年互联网人才招聘白皮书》全面展示了互联网行业的整体趋势变化、行业薪酬趋势、招聘难度和人才招聘手段。扫描右侧二维码，可以分别查看两家企业提供的信息。

扫码阅读 2021—2022年"薪薪向荣"猎聘中高端紧缺岗位薪酬报告

扫码阅读拉勾网《2021年互联网人才招聘白皮书》（节选）

要加深行业认知，大学生应该了解国家关于行业发展的宏观政策、政府报告等内容，以便掌握行业的整体环境。因此，大学生可以通过权威的网站和媒体了解心仪行业的发展状况，特别是可以利用权威的行业分析网站获取行业的发展报告；可以通过寻找和联系行业内从业的校友了解行业信息；可以利用业余时间参加各类科技创新或专业学科大赛、行业展会等活动，认识行业内的企业和专家以及各产业的产品形态，并建立对行业的整体认识。

五、行业的组织文化特点

不同的行业有不同的特点。大学生不需要掌握所有行业的特点，但是要了解意向行业的特点。这里选出部分行业的特点进行分析，供大学生参考，如表6-5所示。掌握了分析思路，大学生可以更好地了解自己想进入的行业。

表6-5　部分行业的典型特点

行业类别	典型特点
计算机/互联网/通信/电子	● 组织文化：以技术、产品为导向，追求不断创新，强调从用户视角看问题，非常重视研发部门和市场销售部，扁平化管理 ● 人才发展：企业内部发展路径一般分为专家线和管理线，企业每季度、半年、年度都会做人才盘点，选出有潜力的员工，重点激励 ● 行业趋势：保持持续增长的动态，外部和内部存在竞争，保持创新高科技的优势 ● 工作状态：弹性工作，日常加班比较普遍
会计/金融/银行/保险	● 组织文化：规律、严谨，信息数字化管理，以工作业绩为导向，注重人脉资源 ● 人才发展：年度做人才盘点，以高收入激励优秀人才；重视投资界和计算机领域高科技人才；营销岗招聘面向大量跨专业转型的高级管理人才；会计和银行领域人才发展速度相对缓慢 ● 行业趋势：持续增长，外部和内部竞争都比较激烈，受国际形势影响较大 ● 工作状态：要求打卡，注重学习知识，竞争意识浓厚
贸易/消费/制造/营运	● 组织文化：严谨、专业、重视科研，信息数字化管理，以工作业绩为导向 ● 人才发展：人员素质稍有两极化趋势，优秀人才更愿意进入大型国有企业和外企 ● 行业趋势：企业品牌分为代加工品牌和自有品牌，一般代加工品牌竞争很激烈，是从价格到流水线管理到资本再到管理标准化的全方位竞争，自有品牌的企业考察的是研发能力和商业化能力 ● 工作状态：要求打卡，标准化，工作时间规律、注重效率

行业类别	典型特点
专业咨询服务 / 教育 / 培训	● 组织文化：合作共赢、专业自律、非常重视服务和从业者的职业素养、需要国际型开放的视野和科研水平 ● 人才发展：人员基础素质高，硕士研究生和博士研究生比较多；晋升路径分为专业线、管理线等，专业水平影响职业发展 ● 行业趋势：稳定增长，部分基础工作会被人工智能取代 ● 工作状态：教育行业工作时间比较规律，但是咨询行业加班、出差较多；综合福利良好
政府 / 非营利组织 / 其他	● 组织文化：传统、包容、政治作风优良、稳定 ● 人才发展：人员素养好、职业发展比较平稳，个人能力和机会影响发展空间 ● 行业趋势：相对稳定 ● 工作状态：规律、标准化、福利良好

表6-5是调查机构以大学生择业时常选择的几个主流行业为研究对象进行调研后总结出来的。事实上，行业之间有相同和不同之处，大学生需要持续关注和研究行业的发展动态和人才需求动态。

不论想进入哪个行业，大学生都要认真选择职业，有的放矢地投递简历。培养调研、分析的职业习惯有助于大学生顺利就业，实现职业理想。

成功小贴士

思考以下4个关键问题有助于大学生快速了解一个行业。

1. 所选行业的存在解决了哪些社会问题？能解决社会问题的行业才有价值。

2. 所选行业的市场定位是什么？分析这个问题时，推荐运用3C（Consumer，Company，Competitor）方法论分析3个维度的信息，即客户、公司、同业竞争者；运用4P（Product，Price，Place，Promotion）理论分析产品、价格、渠道、促销；收集信息解决问题时，推荐运用MECE（Mutually Exclusive，Collectively Exhaustive）法则，即相互独立，完全穷尽。

3. 所选行业上下游的业务链是什么样的？周边产业的稳定性会影响企业的发展。

4. 该行业有代表性的企业的雇主品牌文化是什么？看行业的领军企业就可以识别出代表这个行业的雇主品牌文化，主要分析领军企业的愿景、使命、价值观、组织发展战略、员工生涯发展的策略、综合薪酬福利和社会责任等。

第三节 认知企业

职业和行业是帮助大学生定位就业路径的大方向，而决定去哪家用人单位入职，就是决定从哪里开启职业生涯。一个行业包含不同类型的用人单位，比如教育行业中有教育行政部门（政府机关）、高校（事业单位）、培训机构（企业）等。用人单位的类型较多，既包括党政机关、教育、卫生和社会工作、公共管理、社会保障和组织、国际组织等事业类型的用人单位，也包括各类国有企业、三资企业、民营企业等经营类型的用人单位。政府部门或者事业单位以及公益组织有其特殊的招聘流程，大学生可以关注对应的就业指导教材。本节重点讲解多数大学生面临的如何选择企业的问题。

如果企业没有选好，大学生将有可能面临刚入职就离职的风险。大学生对企业的认知有限，先锁定行业和职业，明确就业的方向，再判断加入什么类型的企业，更有助于顺利就业。

一、企业的定义

企业一般指以盈利为目的，运用各种生产要素（如土地、劳动力、资本、技术和才能等）向市场提供商品或服务，实行自主经营、自负盈亏、独立核算的法人或其他社会经济组织。企业是职场人投入自己的才华和时间获得劳动报酬的工作场所。

一个经营良好的企业可以改善很多家庭的生活质量，帮助更多个体实现自我价值。大学生如果进入好企业，可以通过高效工作换来可观的收入和较大的职业发展空间。但是，很多大学生在毕业季盲目投简历，对于选择的企业并不了解，导致入职后难以适应企业文化或满足不了企业的要求，自信心受挫，更有甚者因为未调研企业资质而受骗。可见，了解企业尤为重要。

二、企业的分类

大学生就业前了解企业的益处有以下两个：第一，了解企业的经营性质和发展阶段有助于大学生识别企业的稳定性，评估企业实力，从而理性做出职业决策；第二，了解企业类型有助于大学生从法律的角度了解企业。大学生根据企业类型对意向企业进行优劣势分析，从而掌握全面有效的信息，有利于提高面试成功率。

企业的分类有很多标准。根据我国宪法和有关法律规定，我国目前有国有经济、集体所有制经济、私营经济、联营经济、股份制经济、涉外经济（如外商投资等）、股份合作经济等经济类型，其对应企业的特点如下。

● **国有企业**，指企业的财产属于国家，由国家出资兴办的企业。它包括中央和地方各级国家机关、事业单位和社会团体使用国有资产投资所开办的企业。

● **集体所有制企业**，指一定范围内的劳动群众出资开办的企业。

● **私营企业**，指公民个人出资兴办并由其所有和支配，其生产经营方式是以雇用劳动为基础，雇工数量在8人以上的企业。

● **联营企业**，是指企业之间或者企业、事业单位之间联营，组成新的经济实体。具备法人条件的联营企业，独立承担民事责任；不具备法人条件的联营企业，由联营各方按照出资比例或者协议的约定，以各自所有的或者经营管理的财产承担民事责任。如果按照法律规定或者协议的约定负连带责任的，则要承担连带责任。

● **股份制企业**，企业的财产由两个或两个以上出资者共同出资，并以股份形式而兴办的企业。

● **外商投资企业**，包括中外合营者在中国境内经过中国政府批准成立的，中外合营者共同投资、共同经营、共享利润、共担风险的中外合资经营企业；也包括由外国企业、其他经济组织按照平等互利的原则，按我国法律以合作协议约定双方权利和义务，经中国有关机关批准而设立的中外合作经营企业；还包括依照中国法律在中国境内设立的，全部资本由外国企业、其他经济组织或个人单独投资、独立经营、自负盈亏的外资企业。

● **股份合作企业**，指一种以资本联合和劳动联合相结合作为其成立、运作基础的经济组织，它把资本与劳动力这两个生产力的基本要素有效地结合起来，具有股份制企业与合作制企业优点的新兴的企业组织形式。

按照企业规模进行分类，企业可以分为大型企业、中型企业、小型企业、微型企业。

按照企业的发展阶段进行分类，企业可以分为创业初期型企业、成长中期型企业、成熟期型企业、衰败期型企业。

大学生选择进入一家企业前，需要先综合分析再决策。面对不同的企业，大学生需要考虑的因素也是多方面的，如不同的企业有不同的企业文化、晋升机制、薪酬福利体系、员工培训计划等。大学生如果不根据自身情况和能力做判断，单凭感觉或者听从家长建议，入职后就可能出现不适应的问题，从而影响试用期的工作表现和长远的职业发展。

三、如何识别好企业

识别好企业和识别优秀人才一样，都有可以描述的标准。哈佛大学教授麦克利兰提出的冰山模型，将个人素质分为冰山上的显性素质和冰山下的隐性素质。大学生可以参照冰山模型对企业的显性与隐性素质进行分析，具体可以根据以下8个维度对意向企业进行考察。

（一）企业文化

好企业拥有让外部人员欣赏、内部人员尊重的企业文化。因为文化决定了这家企业是否有长远发展的想法，更决定了加入企业的人才追求的职业价值观。例如：莫平建筑设计顾问有限公司的创始人莫平先生毕业于哈佛建筑学院，于1995年加入国际知名的贝聿铭建筑师事务所工作多年，用10年时间从设计师做到亚洲部总经理。他的这段经历让他有实力选择2007年回国创业。他规定不允许员工和客户之间有利益交换，这一规定让员工保持靠专业和交付质量赢得客户的能力，因此他带领团队承接了很多有代表性的国家建筑项目，如紫禁城建福宫重建与改造、北京大学斯坦福中心等。虽然他的事务所规模不是行业内最大的，但是保持专业和简单关系的企业文化非常吸引职场新人。

企业文化可以分为3层解读。

第一层：视觉可见的外部文化。

视觉可见的外部文化指体现企业实力的外部呈现的一切可见形象。例如，良好的办公环境（高科技感、时尚感、绿化好，有娱乐室、健身房、员工餐厅等）；员工使用的良好的办公设备，如计算机、桌椅（舒适度极佳，非常符合人体工程学，自动升降桌）、手机；员工良好的着装等。

第二层：制度流程、管理规范等文化。

制度是企业文化的代言人。很多新人之所以不能忍受制度而离开，主要是面试前没有好好考察这一项。面试官不会主动介绍关于公司管理制度的太多细节，所以在面试中，求职者不仅要关注面试官介绍的具体工作内容，还要针对企业管理制度中的奖惩标准以及晋升规则进行提问，了解自己将面临的机会和挑战。例如：应聘销售岗位时，求职者要问清企业对新老客户资源的分配制度，从而判断自己朝哪个方向努力才能快速获得优质的客户资源。

第三层：企业的愿景、使命、价值观以及隐性的团队文化。

企业文化可以影响员工的工作态度。好的文化可以激发员工的自豪感、使命感，以及在事业上追求自我提升的价值感，使其愿意为企业的发展贡献智慧。好的文化能给予员工尊重、信赖，给予优秀员工施展才华的机会等。好的文化可以汇聚一群有能力、有热情、有正义感和责任感的人，在一起做对企业和社会有价值、有意义的事。

（二）员工的职业发展

好企业关注员工的职业发展。通过企业的人力资源管理策略，大学生可以识别企业对人才的重视程度：从选人、用人、育人、留人的角度看，企业吸引什么样的人加入，重用、培养什么样的人，挽留什么样的人，裁掉什么样的人（能体现出企业的用人文化）；企业对人才的考核标准是由领导或直属部门负责人决定，还是根据过往绩效表现，人力资源部门进行多维度的评估和选拔（能体现出企业文化是民主文化还是一言堂文化）；企业对优秀人才有哪些培养计划，是否为优秀人才提供企业内训和进修轮岗的机会；等等。

（三）团队管理机制

对于这一方面，大学生可以从以下方面考察：每一个业务线职位是否有明确的晋升考核计划，企业的核心人才是如何培养的，是否有高管的继任者培养计划等。

（四）工资和企业福利

对于这一方面，大学生可以从以下方面考察：企业是否为员工提供职业能力培训、学习进修机会、加班福利、交通补助和住宿补助，五险一金是否全额缴纳，是否为员工提供完备的商业保险等。

（五）工作与生活的平衡

对于这一方面，大学生可以从以下方面考察：企业是否关注员工的身心健康，是否有企业员工心理援助计划，是否关注员工的加班时长和工作压力等。

（六）员工对企业的态度

对于这一方面，大学生可以从以下方面考察：员工是否乐于向亲友介绍企业并推荐他们加入企业，员工是否愿意说自己在哪里工作，员工是否愿意积极工作，员工是否全力以赴完成工作任务等。

（七）企业规模和入离职数据

企业规模和入离职数据也能反映出企业的一些信息。成长型企业在职员工的人数在百人以上，对业务部门开放人员招募，每年进行校园招聘计划，新人通过试用期转正的比例达到80%以上，近一年内未主动因外部原因做出大批量裁员的决定，在职员工的主动离职率在10%以下，保持10%左右的不合格人员淘汰比例。了解离职员工的离职原因与离职去向，可以帮助大学生更好地了解意向企业。

（八）企业的社会责任

对于这一方面，大学生可以从以下方面考察：企业参与过哪些可持续的社会公益项目，或者为国家建设做过哪些有价值的贡献，在不可抗力的灾难发生时是否给予受灾地区或受灾者支持等。

大学生可以通过职业访谈和企业方平台的介绍以及实习去真实了解以上信息。选择适合自己性格的文化环境，有助于提升职场适应性。尽早收集信息有助于大学生在大学期间带着目标完善自我。

大学生选择企业的注意事项如下。

● **要根据自身素质择业，不要本着非大企业不进的原则。** 大学生前期搜集信息是为了对自我能力有清晰的认知，知道自己的优势和劣势，以找到综合适配度高的企业。

● **要打有准备之仗。** 如果选择进入处于创业初期的企业工作，大学生应具备适应多任务角色的能力，有合作精神，能包容所在企业存在不规范化和流程化的状况，同时愿意帮助企业发现问题和改进问题；如果选择到规范化的大企业工作或者体制内工作，就要学习岗位必需的管理方法。大学生可积累一定的经验和实力后再根据自己的志向和能力选择进入不同发展阶段的企业。

● **要对行业趋势和企业有所了解，用专业匹配趋势。** 大学生选择好企业应考虑的因素包括但不限于：薪酬、组织/团队文化、职业发展空间。

成功小贴士

弄清以下7个关键问题可以帮助大学生轻松了解企业。

1. 企业近3～5年的营业状况如何？
2. 企业所在行业的排名情况如何？
3. 企业产品是否获得过业内大奖？
4. 企业高管团队的背景如何？
5. 企业领导力培养体系如何？
6. 企业是否有完善的晋升制度？
7. 求职的职位薪酬待遇在同类型企业中的薪酬是在中位值之上还是之下？

第一组：职业向度

1. 你获得职业信息的渠道：_____

2. 你希望选择的职业：_____

3. 该职业需要的能力（知识学历、工作技能、才干特质）：
_____

4. 你所选择职业的具体工作职责：_____

5. 你所选的职业在不同城市的薪酬水平：_____

第二组：行业向度

1. 你获得行业信息的渠道：_____

2. 你希望选择的行业：_____

3. 该行业中经营发展比较好的5家代表性企业：
_____

4. 你认为该行业的发展趋势属于哪一类型：_____

第三组：企业向度

1. 你关注的企业：_____

2. 你想加入该企业的原因：_____

3. 你对"成功小贴士"中提到关于企业调研的7个关键问题的回答：
_____
_____

4. 你认为该企业在行业中的发展趋势属于哪一类型：_____

5. 你认为该企业做出的最有价值的贡献：_____

6. 如果该企业录用了你，你愿意在该企业工作多久：_____

发现·探索

活动主题1 职业信息收集

请与2～3位同学讨论你们对职业信息收集的理解，共同制定一张职业信息汇总表。

1. 汇总与专业相关的目标职业、行业、企业信息和薪酬水平。

2. 汇总与兴趣相关的目标职业、行业、企业信息和薪酬水平。

活动主题2 行业调研报告

请与同学们按意愿组成多个行业研究小组，调研目标行业，用SWOT工具分析该行业的市场发展情况，列出适合就业的工作岗位并说明原因。

扫码阅读
职业选择心理学

第七章
通用能力训练营

7

关键词	能力　通用能力　人际沟通　创新能力　团队合作　学习能力
学习指南	1. 掌握能力的构成和职业世界对通用能力的要求； 2. 掌握人际沟通能力的相关内容、有效沟通的要素和提升步骤； 3. 掌握创新能力的内涵、特征、基本构成和提升方法； 4. 掌握团队合作的构成要素，以及团队合作能力的提升途径。

案例导入

血气方刚　"焊花"绽放——记"90后"焊接技术能手聂新宇[1]

2014年，聂新宇进入包头职业技术学院材料工程系焊接技术与自动化专业学习，他对焊接充满兴趣，还加入了焊接协会。无论春夏秋冬，无论严寒酷暑，他日复一日地在焊接实训中心苦练技艺。练习仰焊位置时，为了更好地观察焊缝、保证焊接质量，他长期保持着半跪的姿势，任由熔滴滴在面具上、工服上，也一动不动。他的指导老师——全国劳模、全国技术能手王文山老师非常注重学生对焊接"五度法"的掌握程度。聂新宇在训练时，不仅注意练手，还注意练脑、练心。随着训练的深入，聂新宇发现焊接过程中焊接角度的变化对焊缝影响很大，于是找到相关书籍进行学习，并且和王老师讨论不同焊接角度对焊缝质量的细微影响。他根据理论反复实验，最终掌握了准确的焊接角度，获得了优质的焊缝。

在学院学习的3年，聂新宇不仅学到了工匠的技艺，还学到了工匠的精神。

由于在校表现优异，聂新宇进入内蒙古第一机械集团股份有限公司（以下简称"一机集团"）工艺研究所工作。在一机集团的培养下，在老一辈兵工人的传、帮、带下，聂新宇不断突破自我，连续3年被一机集团评为"先进工作者"，并获得了2018年度"鹿城青年工匠"荣誉称号。他凭借一颗匠心，在科研项目攻关工作中立下了汗马功劳。

聂新宇在认真攻克生产技术难题的同时还担任集团内训师、焊接机器人职业技能竞赛教练。对厂内职工开展钛合金、铝合金等新型材料的焊接技术培训，将独创的操作法毫无保留地与工友分享，使多名青年技能人员成为各单位焊接岗位的技术能手和生产骨干，从而解决了集团多年在钛合金、铝合金等新型材料焊接问题的技术问题。

2020年10月，中国兵器工业集团有限公司举办了第九届职业技能焊工（坦克装甲车辆）大赛，聂新宇再度请缨，迎接挑战。"参赛的每一个机器人焊接零件的焊缝都非常精美，从外观看难分伯仲，关键难点在于焊缝尺寸要达到比赛要求的标准，差距就在一分一毫之间。要想取得名次，就必须做到心无旁骛、一丝不苟。"凭借精湛的技艺、出色的表现和精美的作品，他勇夺第三名。2021年，他还获得了"全国技术能手"荣誉称号。聂新宇这把利剑，经过熔炉的锻炼，经过金石的磨砺，出鞘后锋芒尽显。

---

1 选自教育部学生服务与素质发展中心官网文章《闪亮的日子——青春该有的模样》，有删改。

作为青年工匠，聂新宇厚植工匠文化，恪守职业道德，将辛勤劳动、诚实劳动、创造性劳动作为自觉行动，不断提高自身技能，迎难而上解决了很多专业难题，将工匠精神贯穿工作的每一个环节，爱岗敬业、艰苦奋斗、勇于创新、甘于奉献，在青春年华里绽放着光辉。

第一节　能力解析

一、能力的意义

对于很多人而言，"能力"这个词既熟悉又陌生。熟悉是因为这是评价一个人时常用的词语，陌生是因为人们常常对自己的能力感到迷茫，或者说不出自己的能力具体有什么。

其实，人们之所以对自己的能力感到迷茫，往往是因为人们找不到科学的方法挖掘和表述自身具备的能力。每个人都是有能力的，不存在无用之人。人从出生开始，就已经懂得使用能力，婴儿甚至可以通过表情、声音等方式向亲人传递信息。每个人的能力在其天赋的基础上，经过后天的学习和实践，逐步得到提升，同时出现分化的现象。不同的生活经历和性格特征，可能会造成人们不同的自我效能感（可以理解为自信心）。有的人过于自信，对自己的能力做出过高的估计，而有的人比较自卑，往往看不到自己所具备的能力。通过探索自己拥有的技能，大学生可以更清晰地了解自我，更好地确定未来发展方向。

二、能力的构成

在生涯发展理论框架中，能力可以分为天赋、技能和自我效能感[1]。

（一）天赋

天赋就是天分，是个人成长之前就已经具备的特性。这种能力是个人天生就拥有的，甚至可以使个人在没有任何经验的情况下也能比其他人成长得更快。就像鹰天生就会飞，而小鸡无论如何训练也飞不上天空。

（二）技能

技能是通过练习获得的能够完成一定任务的动作系统，是可以通过后天训练获得的，如阅读能力、人际交往能力、沟通能力等。本书在第三章中介绍的可迁移技能就是技能的重要组成部分。

（三）自我效能感

自我效能感指个体对自己是否有能力完成某一行为所进行的推测与判断，简单来说就是相信自己能够成功完成某项工作的信念的强弱程度。有些人的自我效能感较强，因此具备一种坚定不移的信念，相信自己具备取得成功的要素。自我效能感与个人的生活环境、成长经历等因素有关，较难通过学习而改变。

对于大学生而言，在大学期间，技能的养成和提升是重要任务。

三、职业世界对通用能力的要求

可迁移技能之所以还有"通用能力"之称，是因为其可以应用在很多情境中。对于大学生而言，通

1 陈曦，尹兆华. 大学生生涯辅导教程（第2版）[M]. 北京：高等教育出版社，2016：38-46.

用能力既是基本能力，也是核心能力。从某种意义上说，通用能力比知识技能更加能够突出个人优势。在用人单位招聘的过程中，常常会出现这种现象：两名专业相同的大学生（A和B）到同一家用人单位应聘，A的专业成绩比B好，但最终用人单位录取了B。其实，这个现象很好解释。用人单位招聘时希望招聘到综合能力强的大学生，而专业成绩只是知识技能的重要组成部分，虽然代表了一部分的学习能力，但难以符合用人单位的综合性需求。

如何脱颖而出？大学生需要从职业世界的角度分析核心就业竞争力，特别是通用能力方面的竞争力。某省级大学生就业主管部门对近3000家用人单位开展过大学生就业调研，旨在了解用人单位对就业能力各个要素的重视程度。用人单位涉及制造业、采矿、建筑、水电、信息、金融、教育、科研文体、社会服务和管理等多种行业。通过调研分析，该大学生就业主管部门发现用人单位对人际沟通能力、创新能力和团队合作能力的重视程度远高于其他能力。这些通用能力是用人单位普遍看重的大学生核心就业能力。

第二节　人际沟通能力

人际沟通能力是指一个人与其他人有效地进行信息沟通的能力，既包含一个人所掌握的外在沟通技巧，又包含其所拥有的专业知识、专业能力、外表气质和个人魅力等内在个人特质。良好的人际沟通包含两个标准：一是沟通的行为要符合沟通情境和沟通者彼此相互关系的标准或期望，即在什么场合说什么话、跟什么人说什么话；二是沟通的行为要达到预期的目标，或者满足沟通者的需要，即人际沟通要有一定的目的性。沟通的内容包含信息、思想和情感，而沟通的目的是达到特定的目标和达成共识。

一、人际沟通的作用

马克思曾指出："人的本质是一切社会关系的总和。"人们在处理社会关系时，要与其他人打交道，需要进行人际沟通。沟通能力是一个人生存与发展的必备能力。有效沟通就好比生活中的润滑剂，能够化解矛盾和冲突，使大家达成共识，从而提高效率。

（一）社会活动需要人际沟通能力

沟通既简单也困难，简单是因为每个人都建立了自己独特的人际沟通方式，具备人际沟通能力；困难是因为沟通往往是双方或多方互动的过程，要想将自己的想法表述清楚并取得别人的认可，需要做出努力，甚至需要克服自己性格方面的固有缺点。生活中经常发现这样的情况：要向他人表达或说明一件事情却因为不会表达而让人误解；本意是要为他人办一件好事，但因为沟通不好而最终弄巧成拙，被人误解；本来想与他人解除隔阂，但因为沟通不好而加深误会。所以，社会活动需要人际沟通能力。

（二）职场工作需要人际沟通能力

在职场工作中，人们除了与领导和同事打交道外，还必须要和供应商、客户等进行沟通交流。虽然职业世界主要是在各类法律法规约束下，通过各种契约来完成分工合作，但是在职场中，人际沟通能力是非常重要的技能。在现实生活中，要想在工作单位内部获得领导的支持和同事的帮助，在对外合作时给对方留下良好的印象，解决分歧、促成更深更广更久的合作，都需要进行人际沟通。

（三）事业成功需要人际沟通能力

如果一个人拥有良好的人际沟通能力、能够正确处理人际关系、有良好的协作精神，就有助于发挥才能、积极工作，从而取得成功。哈佛大学曾对几千名被解雇的人员进行离职原因调研，发现其中因人际关系不好而离职的人数比因不称职而离职的人数高出两倍多，因人际关系不好无法施展其才华的占到90%以上。根据管理学家的估计，在工作中失败的人中，更多的人不是因为他们的专业能力或工作动机不够，而是他们无法与他人一起工作、无法与他人好好相处。可见，良好的人际沟通能力是一个人事业成功的重要条件。

（四）沟通是个人身心健康的保证

人们在生活、学习和工作中，难免会遇到各种挫折、委屈和误解等问题，如果在遇到这些问题时将自己封闭起来、不与他人沟通，一方面可能会使别人对自己的误解加深，另一方面可能会使自己无法跳出不利的境地。哲学家培根有句名言：如果你把快乐告诉朋友，你将获得两份快乐；如果你把忧愁向朋友倾吐，你将被分担一半忧愁。与家人沟通，可以获得精神的慰藉和启发；与恋人沟通，可以获得前进的力量；与朋友沟通，可以获得支持和心灵的安慰。总之，沟通可以让一个人的身心保持健康和积极向上的状态。

案例

小贾是某公司销售部一名员工，为人比较随和、不喜争执，和同事的关系处得比较好。但是，前一段时间，不知道为什么，同一部门的小李老是处处和他过不去，有时候还故意在别人面前指桑骂槐，甚至还抢了小贾的好几个老客户。

起初，小贾觉得都是同事，没什么大不了的，忍一忍就算了。但是，看到小李越来越嚣张，小贾将自己的委屈告诉了经理。经理把小李批评了一通，从此，小贾和小李的矛盾更深了。

❋ 点评

小贾遇到的事情是在工作中经常出现的一个问题。在那段时间里，同事小李对他大为不满，小贾是有所察觉的，他应该留心问题所在，而非一味忍让。忍让不是解决问题的好办法，更重要的应该是多沟通。小贾应该思考是不是小李对自己有一些误会才让他对自己的态度变得这么恶劣，他应该主动、及时和小李进行真诚的沟通，如问问小李是不是自己有什么地方做得不对等。通过沟通解除误会，才能从根本上解决问题。

二、有效沟通的要素

（一）用心关注沟通对象

沟通是指沟通对象之间交换信息、思想和情感的过程。要达到良好的沟通效果，首先要做到的就是用心关注沟通对象，了解他们的个性特点、关注点和价值需求。只有了解和掌握了这些信息，站在对方的角度思考问题，结合自己的沟通目标，以对方能够接受的方式和语言沟通，才能达成共识、完成既定的目标。

（二）选择恰当的沟通方式

沟通方式不当会造成事与愿违的结果。沟通方式多种多样，包含面谈、演讲、写信、打电话、会议发言等。面对不同的沟通对象，应选择合适的方式。平时沟通时，要注意观察沟通对象的沟通风格，留心他们表达观点的方式，尽量采取他们习惯和认可的沟通方式。

（三）把握沟通时机

沟通时机的选择非常重要。在学习过程中沟通，有利于及时发现和解决问题，效率较高；在休息时沟通，思想往往比较放松，思维更加活跃，警惕心理和防备心理比较弱，更容易交流；在逆境中沟通，能够起到安慰、劝解和相互鼓励的作用，有利于深度沟通、化解矛盾。如果想要获得别人的支持，可以选择沟通对象心情好且比较悠闲的时候，营造舒适的沟通场景，自然地提出自己的想法和要求。如果选错了沟通时机，就有可能造成沟通失败，甚至会造成更糟糕的结果。因此，把握好沟通时机对确保沟通的效果起着不可忽视的重要作用。

（四）选择适宜的沟通环境

选择适宜的沟通环境，能够为沟通营造良好的氛围，促进双方信任关系的建立；沟通环境选择不当，可能会给原本顺畅的沟通带来障碍。选择沟通环境时应该选择沟通双方都比较熟悉的环境，这样不容易产生陌生感，便于沟通顺利进行；同时，尽量避免刻意确定沟通地点，以免显得过于正式和刻板，不利于沟通双方的放松。尽可能地把握住沟通机会，在随机的地点和环境下轻松自然地沟通，如边走边聊、在食堂边吃边聊等，往往会收到意想不到的效果。

三、有效沟通的实战技巧

良好沟通的秘诀是真诚和坦率，但沟通的技巧也必不可少，如在沟通中学会倾听、在沟通中有效表达。围绕有效沟通的要素，在沟通前明确目标、沟通时仔细思考、沟通后认真复盘，有助于养成良好的沟通习惯，提升沟通能力。

（一）沟通中学会倾听

沟通是双向的，沟通双方既要表达自己的观点，又要接收对方的讲话内容。心理学研究表明，人在内心深处，都有一种得到别人尊重的渴望。认真倾听别人的讲话，不仅是对讲话者的尊重，更是实现良好沟通的基础和前提。只有很好地倾听别人讲话，才能更好地说出自己的想法，实现自己的沟通目的。

有效倾听能增加沟通双方的信任感，是克服沟通障碍的重要条件。有效倾听是可以通过学习而获得的。要想掌握倾听技巧，不妨从以下几个方面努力。

1. 消除干扰，全心投入

沟通时，要营造良好的沟通环境，避免过多的外界干扰；沟通双方应全心投入，把注意力完全放在对方身上，不要以自我为中心，过多地谈论自己，不要总是试图占据沟通的主导地位，应深刻理解对方的语言与情感。

2. 尊重对方，保持耐心

沟通时，应与对方适当保持视线接触，向对方传达出自己正在认真倾听的信号。通常情况下，人们判断对方是否在认真倾听和接收讲话内容的依据是对方是否看着自己。另外，沟通时要耐心倾听，要让人把话说完，不随意打断和插话，不要去深究那些不重要或不相关的细节，不要急于评价对方的观点，不要急切地提出建议，不要试图理解对方还没有说出来的意思，不要把精力放在思考怎样反驳对方上。

3. 注意观察，善解人意

沟通时，要注意观察对方的肢体语言，以此来辅助理解对方的讲话内容。同时，要注意与对方保持适当的距离，尊重对方的隐私，给对方以舒适感。当对方没有直接表明自己的态度和观点，并使用一些较为含蓄的表达时，一方面要注意倾听对方话语中隐含的内容；另一方面，要借助一些引导性和试探性的语言，了解对方的真实意图。

4. 抓住重点，适时总结

要善于抓住对方话语中的主要意思，不要被细枝末节吸引。善于倾听的人总是注意分析哪些内容是主要的、哪些内容是次要的，以免造成误解。此外，要适时总结对方讲话的主要意思和诉求，以便能够达成共识。

（二）沟通中有效表达

沟通是双向的，我们认真倾听别人的内容后，需要做出适当的反馈。为了让自己的观点更易被别人接纳、让沟通效果更好，我们需要掌握一些有效表达的原则。

1. 投其所好

与不认识的人快速建立关系、打开谈话的局面是一项重要的能力。对大多数人来说，和不认识的人交谈会令人感到压力。要与对方开始并保持愉快的沟通，关键是找到合适的切入点。要避免吹嘘自己和直接询问对方的情况，这两种方式都会增强交谈的紧张气氛；而从对方感兴趣的话题谈起，容易使双方放松下来。

2. 求同存异

社会心理学研究表明，人们都乐于同与自己有相近之处的人交往、谈话。因为相似因素容易使人产生相同或相似的切身感受，使人容易相互理解，引起感情上的共鸣。在与他人沟通的过程中，"求同存异"是一个屡试不爽的方法。所谓"求同"，就是指与人谈话时要从相同的观点开始，这样有利于营造和谐的谈话氛围；而"存异"是指尽量先不提分歧很大的观点、事情，否则会破坏谈话的氛围。

3. 善于提问

沟通，首先要了解对方。想了解对方的真实想法，需要学会通过提问来获得自己想知道的信息。高明的提问使人乐于回答，而愚蠢的提问会引起对方反感。在交谈中，要适时使用开放式提问、封闭式提问来了解需要的信息。

4. 真诚赞美

美国作家马克·吐温曾说过："只凭一句赞美的话，我就可以充实地活上两个月。"的确，赞美的力量是无穷的。真诚的赞美能改变一个人的自我评价，令人重拾信心、产生进取的力量；真诚的赞美能够赢得他人的好感与信任，增进彼此的友谊，促进人际关系的和谐。

5. 委婉批评

人非圣贤，孰能无过。我们的同学、朋友，甚至父母、老师都会出错，当他们出错时，你是一针见血地指出对方的过失，还是委婉地给出建议？显然，前者给人的感觉是盛气凌人，它不但会使对方因失误而低落的心情更加糟糕，还会使对方因批评太过直接而听不进去，甚至产生逆反和抗拒心理。学会以委婉的方式指出别人的失误，使别人易于接受，有助于提升沟通的效果。

6. 适度幽默

幽默在人际沟通中的作用是不可低估的。美国一位心理学家说过："幽默是一种最有趣、最有感染力、最具有普遍意义的传递艺术。"幽默的语言，能使气氛轻松、融洽，利于交流。在人际沟通中，幽默还具有化解尴尬、委婉批评且易为人所接受的作用。那么，我们应当怎样培养自己谈吐幽默的能力？首先，要有渊博的知识和宽阔的胸怀，对生活充满信心与热情。其次，要有高尚的情趣、丰富的想象力、开朗乐观的性格。

7. 学会拒绝

在生活中，我们经常会收到来自他人的请求或要求。事实上，我们无法满足他人的所有要求，因此我们经常需要拒绝他人。不失礼貌地拒绝他人，不仅是良好的沟通技巧的体现，还是一门艺术。真诚表达、巧妙转移话题、提出建议等都是可以借鉴的方法。

8. 善用肢体语言

肢体语言和语调等都是影响沟通效果的重要因素。据调查，沟通双方的相互理解程度=语调（38%）+表情（55%）+语言（7%）。在实践中，温和友善的目光、轻松自然的脸部表情、自然得体的姿态与动作、悦耳动听的声音都是辅助表达和沟通的有效手段。

案例

　　一个风雨交加的夜晚，一对老夫妇走进一家旅馆的大厅，想要住宿一晚。夜班服务生说："十分抱歉，今天的房间已经被开会的团体订满了；若是平常，我会送二位到其他旅馆，可现在雨这么大，不安全。如果你们不嫌弃，可以住到我的房间，它虽然不是豪华套房，但还是蛮干净的。我今晚值班，可以待在办公室休息。"老夫妇接受了他的建议，并表达了谢意和歉意。第二天一早老先生来结账时，柜台仍是昨晚的服务生。这位服务生亲切地表示，昨天老夫妇住的房间并不是旅馆的客房，所以不用付钱，但愿老夫妇昨晚睡得安稳。老先生点头称赞，对服务生说："你是每个旅馆老板梦寐以求的员工，或许有一天我可以帮你盖一栋旅馆。"这位服务生笑了笑，热情地送别了老人。

　　几年后，这位服务生收到一位先生寄来的挂号信，信中说了那个风雨交加的夜晚所发生的事，另外还有一张邀请函和一张前往纽约的机票，邀请他到纽约一游。这位服务生愉快地接受了邀请，在抵达纽约后，见到了当年的那位老先生。老先生指着一栋新盖的大楼说："这是我为你盖的旅馆，希望你来经营。"

　　这位服务生惊叹不已，说话变得结巴："您是不是有什么条件？为什么选择我呢？您到底是谁……"老先生说："我叫威廉·华尔道夫·阿斯特。我没有任何条件，我说过你是每个旅馆老板梦寐以求的员工。"这位服务生接受了老先生的聘请。

　　这栋大楼就是纽约的华尔道夫酒店，在1893年建成，是各国高层政要造访纽约下榻的首选。

✳ 点评

　　案例中的服务生诠释了一种服务和沟通理念，那就是尽量为客户提供便利，即使没有利润，甚至亏本，也要做好自己的本职。真正的沟通都是以人为中心，对每一个人热情相待，把每件事都做到完善。

四、提升人际沟通能力的步骤

（一）构想沟通情境

　　在开展人际沟通前，我们首先要在脑海中想象一下沟通的具体情境，如在什么场景下、与什么人沟通，在沟通过程中可能会发生什么事情，可能会遇到哪些沟通问题等。如果情况较为复杂，我们可以尝试在纸上列出沟通清单，以便明确沟通范围和对象，全面提升沟通能力。

（二）评价沟通状况

　　对自己的过往沟通情况进行分析，我们可以总结分析自己喜欢或善于在哪些情境中与人沟通，在哪些情境中沟通会有心理压力，喜欢或不喜欢与什么样的人进行沟通，愿意或不愿意与什么样的人保持长期联系，是否经常与多数人保持愉快的沟通，沟通时是否能够正确、充分地表达自己的想法，是否经常误解别人或被别人误解，是否与朋友保持经常性联系等。认真、客观地回答上述问题，有助于了解我们在哪些情境中、与哪些人的沟通状况较为理想，在哪些情境中、与哪些人的沟通需要着力改善。当然，我们也可以请对我们比较熟悉的人帮忙对我们的沟通状况进行评价，缩小我们的沟通盲区。

（三）评价沟通方式

　　沟通方式对成功的人际沟通而言非常重要。我们评价自己的沟通方式可以从以下3个方面开展。

　　● 分析在通常情况下，我们是主动与别人沟通还是被动与别人沟通。主动沟通者与被动沟通者的沟通状况往往有明显差异。研究表明，主动沟通者更容易与别人建立并维持广泛的人际关系，更可能在人际交往中获得成功。

● **分析在与别人沟通时，我们的注意力是否集中。**沟通时保持注意力集中，有助于了解对方的心理状态，并能够较好地根据反馈来调节自己的沟通过程。没有人喜欢自己的沟通对象总是左顾右盼、心不在焉。

● **分析在表达我们的意图时，信息是否充分。**在表达自己的意图时，我们要注意使自己被人充分理解。沟通时的言语、动作等信息如果不充分，则不能明确地表达自己的意思；信息如果过多，又会让对方感觉疲劳。

（四）制订并执行沟通计划

经过前面的自我沟通状况分析，我们可以发现自己在人际沟通方面存在的问题。针对这些问题，我们可以确定需要重点改进的方面，并据此制订一个循序渐进的沟通计划。在日常生活中，在与别人的沟通交流中，我们可以按照事先制订的沟通计划，加强与别人的沟通和交流。比如，如果觉得自己的沟通范围狭窄、主动性不强，可以尝试每天主动与一个陌生人打招呼等。

在制订和执行计划时切勿心急，一开始的目标和标准不能定得太高，以免完成不了或完成得不好，挫伤积极性。

（五）监督和调整

监督可以帮助我们提升执行计划的力度和效果。我们可以采用写日记、写微博文章等方式，定期记录人际沟通能力提升的效果和感受，坚定信心。同时，人际沟通能力的提升是一个渐进的过程，要与时俱进，及时对沟通计划进行调整。

案例

员工A和员工B差不多同时受雇于一家超级市场，都从基层干起。可员工A受到总经理的青睐，一再被提升，最后被提升至部门经理。员工B却像被人遗忘了一般，还在基层工作。终于有一天员工B忍无可忍，向总经理提出辞职，并痛斥总经理用人不公平。总经理耐心地听着，他了解这个小伙子，认为他工作肯吃苦但似乎缺少了点什么，缺什么呢？

他忽然有了个主意，说道："你马上到集市上，看看今天有什么卖的。"员工B很快从集市回来，说集市上只有一个农民拉了一车土豆在售卖。"一车大约有多少袋土豆？"总经理问。员工B又跑去，回来说有10袋。总经理问："1袋土豆的价格是多少？"员工B准备再次跑到集市上，总经理喊住了跑得气喘吁吁的员工B说："休息一会儿吧，你可以看看员工A是怎么做的。"

说完，总经理就叫来员工A并对他说："你马上到集市上，看看今天有什么卖的。"员工A很快从集市回来了，汇报说到现在为止只有一个农民在卖土豆、有10袋、价格适中、质量很好，这个农民过一会儿还将弄几筐西红柿来集市上卖，据他看价格还公道，可以进一些货。因为考虑到总经理可能对土豆和西红柿有兴趣，所以他不仅带回了几个土豆和西红柿，而且把那个农民也带来了。

总经理看了一眼红了脸的员工B，然后对员工A说："请他进来。"

❋ 点评

1. 人与人的差距更多地体现在思想方法上，我们应该争取做一个积极思考的人。发现差距及时总结，方能迎头赶上。

2. 人要善于观察、学习、思考和总结，一味地苦干，埋头拉车而不抬头看路，结果常常是原地踏步。

3. 要取得成功，我们要有很强的悟性与洞察力。面对差距和挑战，我们应及时调整心态，增强自己独立思考、多谋善断、随机应变的能力。

第三节　创新能力

创新是采用有别于常规思路的思维模式，为满足个人理想或社会需求，利用现有的知识和物质，改进现有事物或创造新事物的行为。创新是一种变革，包括从产生新思想到产生新事物再到将新事物推向使社会受益的系列变革活动。这些新思想、新事物可以是对某些发明产生的商业化应用，也可以是根据社会实践产生的发明创造设想及其发明创造，以及进一步施行的商业化运作的活动。具备创新能力的人才越来越受到用人单位的欢迎，大学生应注重对自己创新能力的训练。

一、创新能力的内涵、重要性和特征

创新能力主要由后天的学习和教育获得，具有相对稳定的特性，其应用的过程常常是无意识的习惯性行为，即具备创新能力的人会经常性地在很多事物上表现出独特的创新性。

（一）创新能力的内涵

创新能力是以创造性思维为核心，能够针对特定需求创造新颖的、独特的、有意义的、有价值的产品的能力。从宏观角度看，创新能力是民族进步的灵魂、经济竞争的核心。"科学技术是第一生产力"，而科学技术的产生和发展是创新创造的结果。从微观角度看，创新能力是个人获取竞争优势、取得事业成功的关键因素。

当今社会，创新能力是职业世界从业者必须具备的基本素质之一。无论是从事科学研究、技术服务、物质生产，还是从事企业管理、客户服务、市场营销，都要有一定的创新能力。创新能力是企业产品和服务创新的基础，也是个体自我潜能的催化剂。一个具有创新能力的人善于发现新事物，总结新经验，分析新情况，提出新思路，解决新问题；善于结合实际创造性地开展科研、设计、管理和服务等工作。

（二）创新能力的重要性

培养大学生的创新能力是高校人才培养的重要目标之一，大学生的创新能力的提升对个人和社会都有重要意义。

1. 适应当前社会的发展

随着科学技术的迅猛发展，人类文明的真正财富越来越表现为人的创造性，每个人都需要学习新的知识，并结合新知识、新要求进行工作创新。同时，在全球化的背景下，国家间、民族间的竞争越来越激烈，要实现国家的富强和民族的复兴，需要全体公民努力开拓创新。

2. 满足国家的战略需求

大学生作为国家未来的建设者和接班人，担负着满足国家战略需求的重要使命。实现中华民族伟大复兴，需要大学生具有创新精神。

3. 满足未来社会生产需要

在可见的未来，人工智能、大数据、自动化机器人等技术将获得飞速发展，很多传统的重复性工作将会被机器所替代，这是未来社会生产的特点。人和人工智能相比，在创新能力方面具备较大的优势。大学生不断提升创新能力，可以未雨绸缪，有效应对人工智能的冲击，满足未来社会生产的需要。

（三）创新能力的特征

创新能力具有以下3个特征。

1. 综合性

创新能力是在创新活动的全过程中所体现出来的创新精神、创新思维、创新方法和技巧等各种要素的合成。由于在这些方面的发展上存在差异，每个人在不同领域内所体现出来的创业能力也不相同。也正因为如此，才有了各行各业的创造性人才。

在所有这些要素中，创新思维是创新能力的核心。创新思维需要一个人具备自我创新、预测角色、随机应变、处理信息、组织协调和语言沟通表达等能力。

2. 可塑性

创新能力不是与生俱来的，可以通过教育、训练、实践等手段激发和培养，因此也不是固定不变的。人的主观能动性和环境对创新能力的形成有重大的影响。实际上，人人可创新，时时可创新，处处可创新。

3. 倍增性

创新能力是终身的能力，无论是对社会、单位和个人，创新能力所产生的价值都要比开发和提升创新能力所付出的成本高。

二、创新能力的基本构成

通常情况下，创新能力包括6种基本能力，即问题发现能力、流畅思维能力、联通应变能力、独立创新能力、方案规划能力和方案评价能力。

（一）问题发现能力

要创新，首先就要透过人们习以为常的现象发现那些让人难以觉察的、隐藏在现象背后的问题。问题发现能力的前提是保持好奇心和怀疑，好奇心会提高人们对外界信息的敏感度，发现问题并追根溯源，提出一连串问题；怀疑就是对权威的理论、既有的学说和传统的观念等，不是简单地接受与信奉，而是持怀疑和批判的态度。正是由于对自然界的真理具有强大的好奇心，且对亚里士多德关于物质下落的速度和它的质量成正比的结论存在怀疑，伽利略才创新性地开展了比萨斜塔上的试验，证明了铁球和铅弹的下落速度与它们的质量无关，从而纠正了影响人们两千多年的错误理论。

在工作中，针对某个具体的问题，一个人如果能够做到聚焦问题、理解问题的复杂性、进行长时间的集中努力，同时能够打破思维定式开展创新性工作，就具备了较强的问题发现能力。

（二）流畅思维能力

创新思维往往是一种发散的思维，即对某个特定的问题或情境，能够给出多种思考的角度和解决的办法或方案。流畅思维能力可以保障创新的这种需要。只有形成了大量的设想，才能增加产生创新想法的可能性。这些设想不一定每个都靠谱，但是，有创新的设想可能会在其中产生。思维流畅的人提出的设想就多，出现创新设想的概率也多。

思维流畅的基础是丰富的知识和较强的记忆力。只有知识丰富才能触类旁通，只有具有较强的记忆力才能随时调用所掌握的知识，并进行创造。

（三）联通应变能力

联通应变能力是指思维能够迅速地从一类对象转变到另一类对象的能力。具备联通应变能力的人可以很容易、很自然地从某种思想转换到另一种思想，或者从更多的维度来思考问题，能根据客观情况的变化采用不同的方式来研究和解决问题，在思维中灵活应变，不囿于条条框框，敢于提出新观点。

实践证明，思路开阔、联通应变能力较强的人往往是创新能力强的人。越是能带来重大突破的创新，越是需要借助于其他领域的知识，吸取外来的思想。流畅思维能力和联通应变能力需要紧密结合，流畅思维能力强调设想的数量，而联通应变能力强调设想的相互融合。

（四）独立创新能力

独立创新能力是一种运用已掌握的理论知识和已经积累的经验，独立地、创造性地分析和解决实际问题的能力，是创新能力的核心要素，反映了一个人创新能力水平的高低。独立创新能力是人们在创新活动的各个阶段或各个领域都需要具备的基本的能力。无论在技术产品开发上，还是在生产、管理和市场开拓上，甚至在日常学习和生活中，人们都需要运用独立创新能力。

具有独立创新能力的人往往能想出别人想不出来的观念、看出别人看不到的问题，独具卓识，能提出新的创见，有新的发现，实现新的突破，具有开拓性。而缺乏独立创新能力的人只会一味地模仿和一味地盲从，只知道遵从传统习惯，进行一些重复性的活动。如果只是运用吸收、模仿、学习等重复的方法，而不进行变革、突破，就不可能创新。

（五）方案规划能力

方案规划能力是指把一个创新的设想变成一个具体实施方案的能力。创新是一项探索性工作，没有现成方法和模式可以照搬，它不是对人类已有认识和实践的重复，而是在此基础上进行新的创造。因此，创新的设想转化为现实的可能性取决于方案的制定和实施。

从设想、构思、证明到具体的设计、修改、完善，需要做大量的创造性工作，过程不可能是一帆风顺的。在制定创新方案时，首先要明确创新的目标，因为后续的方案要围绕目标制定；其次要分析实现创新设想存在的问题，了解有利因素和不利因素；然后要针对需要解决的问题，选择采用的主要方法和途径，确定需要解决的重点和方向；最后是制定方案的实施步骤（可以制定多套方案以供选择）。

（六）方案评价能力

方案评价能力是指设定一定的评判标准，从众多方案中优选出一种方案的能力。在创新活动中，可能会产生大量的设想、构思和方案，这些方案不可避免地可能存在着在经济、技术、伦理等方面暂不可行的内容。因此，需要通过方案评价选出可行的、有希望获得成功的方案；如果不进行评价，往往会造成人力、物力和财力的浪费。

没有正确的评价、正确的筛选，就无法保证得到最优或较优的创新方案。在创新初期阶段要进行方案评价，以寻求最佳方案；在创新完成时要对创新结果进行评价，以确定创新的价值和水平。而且，在创新过程中，也要多次对活动进行评价，这样有助于我们寻找最佳创新方法和确定创新前进的方向。

创新能力是由上述基本能力组成的一个有机整体，只有这几个基本能力协调时，创新能力才能得到充分发挥。要实现创新，我们不仅要具备这些能力，而且要懂得思考在什么时候、以何种方式来有效地使用这些能力。

三、创新能力的提升

创新能力十分重要，并且是可以通过训练提升的。

（一）创新的一般过程

一个人在某方面进行创新时，往往会经历以下5个阶段。

1. 产生最初观念的阶段

在此阶段，你有一个问题要解决或有一件事要做，如你想找一个更好的工作，你的房子需要重新装修，你想把公司里的废料做成有用的副产品等。

2. 准备阶段

你要列出实现最初的观念时所有可能的方法，尽可能多地收集有关方面的资料，阅读有关书籍，记笔记，和别人交谈，提出问题，善于接受新的事物。

3. 酝酿阶段

在酝酿阶段，你应该让自己的潜意识活动起来。此时你可以找一些放松大脑的活动，以在这些活动中充分激发潜意识。例如，散散步、睡午觉、洗澡、做其他的工作。如作家埃德娜·弗伯所说："一个故事，要在它自己的汁液里慢慢炖上几个月甚至几年，才能成熟。"

4. 开窍阶段

开窍阶段是创新过程中令人兴奋和愉快的阶段。以达尔文为例，他一直在为进化理论收集材料，有一天，当他坐在马车里旅行时，这些材料突然一下子融为一体了。达尔文写道："当解决问题的思想令人愉快地跳进我脑子里时，我的马车驶过的那块地方我还记得清清楚楚。"

5. 核实阶段

你的预感或灵感要经过逻辑推理加以肯定或否定。你要回过头来尽可能客观地看待你的设想，然后征求别人的意见，对自己的设想加以修正，使之趋于完善。经过核实，你往往会得出更好的见解。

（二）提升创新能力的方法

创新促进了科技的进步和人类的发展。在科技日益发达的今天，采取切实可行的方法提升创新能力，成为每个人必须要完成的任务之一。

1. 理解创新内涵

提到创新，很多人可能首先想到的是发明创造。其实，在日常工作中秉承开拓创新的精神，使用新的方法提高效率，就是创新。因此，要想提升自己的创新能力，就要增强自信心，树立人人都可创新、事事都可创新的理念。

2. 勇于质疑

很多人都习惯于相信既有的经验，对已有的定理或权威人物的观点不敢提出质疑。创新在某种程度上是对原有事物的破坏和重建，因此，要想创新，就要打破原有的秩序。而要想打破原有的秩序，就不能盲信，要有质疑的精神。如果没有质疑的精神，什么事情都按照原有的方法来做，就谈不上创新。

具体而言，勇于质疑的人会有以下表现。

● 面对别人的观点时，他会考虑这个观点是不是最简单和最高效的方法，还有没有更好的方法。

● 面对具体的工作或任务时，他会考虑有没有可能通过改进方法或使用新的工具简化一些流程，去掉冗余的内容，提高工作效率。

3. 不满足现状

不满足现状才会有所追求、有所创新。一般而言，很多经验性的做法都是经过实践的证明才得出的，所以对于满足现状的人来说，采用经验性的做法是省力、经济的方式。只有不满足现状，才有尝试新方法进行创新的动力。

4. 不怕犯错与失败

要想成功，要想提升自己的创新能力，就不能怕犯错。每天担心犯错，墨守成规，是无法实现创新的。只有失败过，在失败中总结经验，再将经验用于实践，才能提升创新能力。

5. 懂得集思广益

每个人的成长经历不同，所以在面临问题时的解决思路也不一样。遇到问题的时候，要懂得集思广益，多听听大家的意见，特别是要多向有经验的人学习。同时，也不能迷信和盲目崇拜，要有自己的主见。

第四节 团队合作能力

根据相关的调研，在《财富》杂志评选的世界500强企业中，有超过1/3的企业在自己的官方网站中将团队合作作为企业的核心价值观。针对各类企业开展的深度调研的结果表明，团队合作能力、沟通能力是从业人员必须具备的核心通用能力。

一、团队与团队合作

团队是指为了实现某一目标，相互协作的个体所组成的正式群体。对于企业来说，团队是由管理层和员工共同组成的组织，通过合理利用每一个成员的知识和技能协同工作、解决问题，达成组织目标。有共同的目标、成员之间相互协作配合、共同进取是团队的基本特征。

团队合作能力是指团队成员自觉地以团队的利益和目标为重，时刻维护团队的利益，并在各自的工作中尽职尽责，自愿并主动与其他成员积极协作、共同努力奋斗的能力。进入21世纪，随着经济、科技的迅速发展，工作的复杂性越来越强，仅靠个人的力量往往很难出色地完成工作任务，因此团队建设成为很多企业文化建设的重要组成部分。因此，用人单位在招聘大学生时，往往把是否具有团队合作能力作为重要的标准之一。在竞争激烈的就业市场，崇尚团队精神、具有较强的合作意识与协作能力的人将会脱颖而出。

团队合作精神可以调动团队成员的所有资源和才智，并且会自动地驱除不和谐和不公正的因素，同时会给予那些诚心、大公无私的团队成员适当的回报。如果团队合作是出于自觉自愿，它必将会产生一股强大而且持久的力量。如果团队成员具备团队合作精神，这个团队则是一个具有强大战斗力的团队。

团队合作能力是一个人在人际交往过程中形成的一种与周围的环境和社会相互影响、相互适应、相互促进、共同发展的能力。在市场经济条件下，一个组织要想保持强大的生命力和竞争力，除了要发挥核心员工的创新能力外，充分调动员工的团队合作能力、形成团队合作的良好氛围、将全体员工的能力汇集成合力，是取得成功的关键。因此，现代企业的竞争归根到底是团队间的竞争，是团队合作能力的竞争。在学校中，无论是学习还是课外素质体验活动，团队合作会给学生带来更高的效率和更好的效果。

二、团队合作的构成要素

一个和尚挑水吃，两个和尚抬水吃，三个和尚没水吃。这是没有团队合作能力的三个和尚的故事，也是团队合作失败的案例。要想形成有效的团队合作、发挥团队的力量，就要从多个方面开展工作。

（一）就目标达成共识

清晰的共同目标可以将团队成员的力量汇集于同一个方向。在进行团队建设时，团队管理层要确立一个明确的目标，并就这个目标与团队成员进行讨论，以达成共识，获得大家对目标的支持；要注意帮助全体团队成员深入理解目标的内涵，以免造成因理解错误而导致的目标不一致的情况。

一个好的团队需要团队成员共同努力建设。团队成员应付出时间和精力来讨论并制定共同的目标，在执行任务的时候，要相互配合、交换信息，以便每个团队成员都能深刻理解团队的目标。不论遇到任何困难，这一共同目标都会为团队成员指明方向。

同时，还要将团队共同的目标分解为具体的、可衡量的行动目标。这一行动目标既能使每个团队成员不断提升自己，又能促进整个团队的发展。确立具体的目标，有助于团队成员顺畅地沟通，并为实现最终目标而努力。

（二）相互信任

信任是合作的基础。团队成员之间只有相互信任，才能密切配合地完成工作。因此，要建设一个具有凝聚力且高效运转的团队，相互信任是非常重要的，即团队管理层之间、团队成员之间、团队管理层和团队成员之间要相互信任。信任是一种互动关系，需要每个人具备值得信任的能力和愿意相信别人的心态，相信对方是真诚的，相信对方能够做到；信任是一种强大的精神力量，它使人与人之间的了解更加全面、关系更加融洽，也使彼此的认可度大大提升；信任是一种激励，更是一种力量，这种信任关系要靠团队成员共同建立。团队中的信任不是一种形式，而是互相鼓励、帮助，彼此共同进步，共同为达成统一目标而努力。

（三）建立团队规范

团队要建立相互的信任，一个很重要的方面就是要建立团队规范，避免人为的因素导致团队成员心态失衡，从而破坏团队的凝聚力。团队规范包括明文规范和隐含规范。明文规范是经过团队讨论、大家一致同意的，并以书面形式表现出来的全体成员需要遵守的规范。隐含规范是大家约定俗成的，每个人都清楚明白但没有写在文件和合同上面的规范。团队规范可以有效指导成员行为，从而营造积极氛围。

（四）成员协同合作

每个团队成员的个性、能力和特长各不相同，在团队中担当的角色和发挥的作用也各不相同。有人负责战略规划，有人负责战术执行，有人负责具体事务，有人负责监督协调，大家各司其职又相互协作，在协作中实现优势互补，发挥积极协同效应，才能产生"1+1>2"的效果。

要达到优势互补，团队成员首先要做到的就是对自己和对团队其他成员有客观、清醒的认识，认识到自己的不足，认识到团队其他成员的优点。同时，团队成员应以团队利益为思考出发点，不要过分计较个人得失。例如，团队中有成员因身体不适、技术难题、思路受阻等原因而跟不上工作进度，团队其他成员应主动帮助。这种补位的精神，不仅能增进团队成员之间的友谊，还能为团队任务的按时完成提供保障。

（五）崇尚尊重平等

对于保持良好的团队氛围和高效的工作状态来说，团队成员间的相互尊重和平等是非常重要的。无论团队成员的身份、职位以及自身的工作做得如何，大家都应该保持虚心的态度，从内心认同和尊重他人的工作。而这一点，恰恰是增强团队成员价值感、归属感和责任感的不二法宝。如果一个团队能够长期保持这样的氛围和工作作风，那么团队内部就会产生强大的凝聚力，从而大大提高团队的整体绩效和战斗力。

此外，崇尚尊重平等，还包含对团队成员保持友好、宽容的态度。每个人都可能犯错误，但是往往难以接受他人对自己进行攻击性批评。因此，如果团队成员在工作中犯了错，请记住，在发表意见时要注意说话的语气和方式。即使是批评，也要做到只对事、不对人，让犯错误的成员感觉到这些意见是出于对团队整体工作的考虑，是真诚和善意的。

（六）勇于承担责任

优秀团队的团队成员能够自觉地全力工作，因为他们很清楚需要做什么，也会彼此提醒拒绝那些对团队任务无益的行为和活动。

承担责任看似简单，但实施起来很困难。团队应努力构建一种环境——团队成员为团队的共同目标、绩效和团队行为勇于承担各自的责任。

三、团队合作能力的提升

（一）积极参与集体活动

团队合作能力的培养是一项长期的工作。因此，在日常的学习、生活和课外活动中，大学生有意识地培养合作意识非常重要。一方面，在学习过程中，大学生要多参加或组织小组讨论，通过组内的分工合作来完成老师布置的作业，逐步培养自己的团队合作意识，体会团队合作的效率和优势。另一方面，大学生通过参加学校社团活动、科技创新比赛、创业大赛、素质拓展活动等途径，创造和不同年级、不同专业的同学交流合作的机会。大学生还可以通过加强校际交流合作及与校外机构的合作，通过观察、体验的方式，逐步提升自身的团队合作意识和能力。

（二）注重日常生活的历练

大学生在日常生活中注意加强团队合作能力的培养，在集体生活中学会关心他人、与人合作，自觉承担公共劳动，学会在团队中找到自己的角色定位，在执行任务时学会分工协作、互相帮助，逐步培养团队精神，提升团队合作能力。在校园里面，大学生要积极参与校内的各项事务，主动承担自己应有的责任，以提升自身处理冲突的能力。

当然，大学生要意识到培养团队合作能力并不是要摒弃自己的观点随波逐流，而是要在团队中发挥自己独特的作用。当今社会分工高度明确，每个人都需要找到适合自己的位置，在积极参与社会分工的同时，实现自身特长、需求与社会需求的有机结合。

（三）主动学习团队成员的优点

团队中每个成员都有自己的优缺点。开展团队合作时，大学生在注意规避其他团队成员缺点的同时，要多关注其他团队成员的优点，并尝试将自身的优点和其他团队成员的优点相结合。

大学生要将注意力放在别人的优势上，这样才能够不断促使自己成长。如果团队的每位成员都主动去寻找其他成员的积极品质，那么团队的协作就会变得很顺畅，工作效率就会提高。

（四）时常检查自己的缺点

自我反思的意识和能力对于团队合作非常重要。如果团队成员在很多事情上固执己见，无法听取他人的意见，或无法和他人达成一致，团队合作就无法进行下去。团队的效率在于配合的默契，如果达不成默契，团队合作效果就不理想。

提升团队合作能力，团队成员必须转变思想观念，从多个角度开展思考，经常检查自己的缺点。如果意识到了自己的缺点，不妨将它坦诚地讲出来，在大家的帮助下改掉缺点，不断进步。

案例

以下是某公司年度优秀团队——配网事业部的介绍。

团队介绍：本年度配网事业部在全体员工的共同努力下，实现包括配网、用户、迁改、评审、规划等项目共计产值近5000万元。其中在9月、10月、11月短短3个月内，通过人员协调、资源共享的方式，大家加班加点，最终按时保质地完成了投资规模约为9亿元的配网工程可行性研究及施工图设计。这一任务难度超乎想象，但我们最终顺利完成，可以说，这一次极大地提高了我们团队适应当下市场需求的战斗力。

经验分享：配网设计任务的顺利完成不单单是配网事业部的功劳，也是全公司乃至兄弟院所有参与人员齐心协力的结果。

公司上下齐心，其利断金

为了完成任务，公司领导大力支持、兄弟院派员支援、兄弟部门鼎力相助（尤其是造价部，他们与我部承受着同等的压力，还有土建、咨询等部门的积极协助）、部门内部灵活合理调配人员，全体员工团结一致，迎难而上，将团队的战斗力发挥至极致。

成员不计得失，众志成城

面对原以为不可能完成的工作量，我们没有推诿与退缩，而是通力合作，努力应对。团队成员主动牺牲休息时间来配合团队，共同完成任务，正是这样的付出令我们将原本以为的不可能变成了现实。

项目经理勇担当，设计人员敢挑战

在这次高难度的工作任务中，项目经理担当着重要的角色，原有以及新提拔的项目经理均尽职尽责、勇于担当、以身作则，为任务的顺利完成发挥了积极的带头作用。设计人员同样面临着前所未有的压力，尤其是数名设计经验不足的人员，他们勇敢接受挑战，边学边做边成长。可以说全体成员都最大限度地发挥出了自己的能力，为团队圆满完成这次工作任务做出了应有的贡献。

✳ 点评

1. 团队有着明确的目标，然而实现这些目标不是一帆风顺的。前途是光明的，道路是曲折的，具有团队精神的人具备强烈的责任感、充满活力和热情，会为完成团队赋予的使命和同事一起努力奋斗，积极进取。

2. 和谐的人际关系和良好的心理素质是团队精神的基础。没有良好的人际关系是不可能有人与人之间的真诚合作的，没有良好的心理素质是很难做到相互宽容、乐于奉献、积极进取的。

3. 一个团队的领导组织者与其队员所组成的团体在项目的组织和正常运转中缺一不可。一个团队的做事效率在一定程度上可以直接反映出其领导者的组织能力与成员服从命令、履行命令的态度。

回顾·练习

1. 请运用所学的知识，制订一份提升自己通用能力的计划。

（1）在通用能力方面，我需要提升的地方：

_____

（2）我要_____才能提升我的_____能力。

请列出5个提升该能力的办法：_____

我准备选择的做法：_____

我的具体计划：_____

2. 请认真完成表7-1的内容。

表7-1　有效沟通计划表

沟通对象	对象的特点	适合的沟通方式	技巧与注意事项
父亲或母亲			
辅导员			
实习单位的领导			
同宿舍的室友			

🔍 发现·探索

活动主题　团队合作能力小测验

下面是一项针对团队合作能力的小测验，请根据自己的实际情况做出选择，不要因考虑自己应该或者觉得这样做更好而选择某个答案。

（一）测试题目（单选题）

1. 和朋友聚餐时，你一般会选择（　　　）。

    A. 只点自己最喜欢吃的菜

    B. 点大多数朋友都比较喜欢吃的菜

    C. 点自己喜欢且大家也能吃的菜

2. 赴约时，你的表现更符合（　　　）。

    A. 总是提前几分钟到

    B. 经常迟到

    C. 有时候早到，有时候迟到

3. 班里来了一个新同学，你会选择（　　　）。

    A. 这跟我没关系

    B. 主动打招呼，帮助他（她）尽快适应班级生活

    C. 如果他（她）主动跟我打招呼，我就会帮助他（她）

4. 参加班级组织的体育活动时，你一般会选择（　　　）。

    A. 积极参与，即使自己体育不太好也会在旁边加油

    B. 忙自己的事情更重要，能不参加就不参加

    C. 如果有自己喜欢的项目就参加这个喜欢的项目，没有就不参加

5. 你们团队参加比赛失败了，你会选择（　　　）。

    A. 抱怨出现失误的同学

    B. 鼓励大家不要气馁

    C. 和大家一起找到失败的原因

6. 班里有同学生病的时候，你会选择（　　　）。

    A. 如果跟自己关系好就帮忙照顾，不好就算了

    B. 不去帮忙，因为人人都应该学会照顾自己，不能指望别人

    C. 仔细照顾他（她），做一些自己力所能及的事情

7. 有一道数学题，同学不会做而你会做，你会选择（　　　）。

    A. 他（她）数学老是能考过我，我不能告诉他（她）

    B. 给他（她）讲一遍，如果还是不懂就让他（她）去问别人

    C. 耐心解答，直到他（她）听懂为止

8. 午休时，班级里静悄悄的，此时你一般会选择（　　　）。

    A. 上午的功课已经完成，安静休息

    B. 忙一些自己的事情，不时发出声响

    C. 忙一些自己的事情，但尽量轻手轻脚

9. 对于那些学习成绩很差的同学，你一般会选择（　　　）。

    A. 不想和他们打交道，因为他们太笨了或者太懒了

B. 他们可能是不够勤奋，再努力点就好了

C. 虽然学习成绩不好，但他们在某些方面仍然有值得我学习的优点

10. 你在参与一项活动时，发现你的小组成员能力都不如你时，你会选择（　　）。

A. 自己一个人干算了，免得他们做不好还得让我重做

B. 自己干最重要的部分，分给他们做其他的

C. 按照每个人的情况，合理分工，共同完成任务

11. 执行某项任务时，某个同学临时有事来不了，你会选择（　　）。

A. 主动分担他的工作

B. 不是分内的事情，自己才不理会

C. 这次替他干，下次让他帮自己干

12. 你的好朋友在这次考试的成绩比你的成绩好时，你会选择（　　）。

A. 衷心地向他（她）表示祝贺，并向他（她）请教

B. 表面表示祝贺，心里不太舒服

C. 心里很不舒服，暂时先不理他（她）

（二）测试分析

将你的答案填到表7-2中，再根据表格中各个选项所对应的分数，计算出总分数。

表7-2　测试分值表

选项	题目1	题目2	题目3	题目4	题目5	题目6
选择						
对应分数						
A	0	2	0	2	0	1
B	2	0	2	0	2	0
C	1	1	1	1	1	2

选项	题目7	题目8	题目9	题目10	题目11	题目12
选择						
对应分数						
A	0	2	0	0	2	2
B	1	0	1	1	0	1
C	2	1	2	2	1	0

17～24分：你是一个很有合作精神的人。你遇到事情时能够考虑到他人，因此大家都愿意和你共事，你会有很不错的发展。

10～16分：你的团队合作精神中等。你能够注意他人的感受，但是需要加强对合作重要性的认识，以使自己更受欢迎。

10分以下：你的团队合作精神很差，需要有意识地去培养。当今社会，学会和他人合作能让你取得更大的成就。

第八章
实习实践百宝箱

8

关键词	校内实践　专业实习　校外实践
学习指南	1. 了解生涯理论的分类和主要特征； 2. 理解每种生涯理论的价值和应用领域； 3. 能够通过对理论的理解引发对自我问题的思考。

案例导入

有一位毕业生在盘点自己大学生活的得与失时写道："大一时，我们不知道'不知道'；大二时，我们知道'不知道'；大三时，我们不知道'知道'；大四时，我们知道'知道'。自己大一的时候就像进入了桃花源，懵懵懂懂爬山、稀里糊涂过河，可以说无知者无畏；大二的时候开始觉醒，知道自己的不足，开始选择要走的路；大三的时候，面临就业或者考研才知道自己知道的甚少；大四的时候知道了自己该学的东西，不得不感叹转眼间就各奔东西。"

如果我们有一台时光机能够让每一个大学毕业生再上一次大学，相信他们一定会比现在做得更好，在大学里面找到梦想，坚守梦想，有志者事竟成。

为了研究实践教育对人才成长方向的影响，清华大学曾面向4000名校友开展问卷调查，问卷结果表明，大学生在学习以外投入精力最多的方面影响其日后的成长。也就是说，如果将大学生在学习以外参与的一些活动视为实践教育（包含科研活动、学生工作、社会实践、社团活动四类），那么大学的实践教育影响人才成长：大学对大学生的培养主要体现在对大学生基本素质的培养，大学生在大学的积累还会在一定程度上影响其在社会上的表现。也就是说，在大学善于开展科研活动的大学生，在社会上会有学术方面的优势；在大学投入较多精力从事学生工作的大学生，在社会上会有从政方面的优势；在大学较多地参与社会实践的大学生，在商业方面表现比较好。

扫码阅读
上大学不等于解放——27岁本科生重新踏入大学

这充分说明了大学生在校期间参与的实践活动的内容直接影响其日后成才的方向，参与实践活动的质量、数量对其日后的职业发展道路会产生深远影响。换言之，如果大学生立志从事某一方面或某一领域的工作，在大学时就应该注意培养这方面的能力。同时，大学要尽量使大学生能够在大学期间进行多种活动，争取在大学期间解决影响大学生一生发展的目标选择问题。

从这个研究来看，大学生在大学期间参加校内外的实践活动，意义重大。

第一节 校园实践

大学生活丰富多彩，在校园内就有很多值得关注的实践机会。

一、认识和选择校园学生组织

校园学生组织包括学生会、学生社团和各类功能性团体，是校园文化的重要组成部分，在弘扬大学精神、人文精神等方面起着举足轻重的作用。校园学生组织为大学生提供了锻炼的机会，有助于其在大学里找到自己的定位，发挥自己的才智。同时，校园学生组织还有利于大学生个性的发展和团队意识的培养，为有专业特长的大学生提供成长的平台。

（一）校园学生组织的分类

学生会是在大学党委和上级学联领导下、校团委指导下，广大大学生实行"自我教育、自我管理、自我服务、自我完善、自我发展、自我监督"的学生组织，是大学生自我管理的机构，代表和维护广大大学生的利益，发挥大学和大学生之间的纽带作用。学生会具有严格的组织架构、管理体系，在校内外开展一系列有广泛影响力的品牌活动，是一所大学历史最久、人数最多、影响最大的学生组织。

学生社团也被称为兴趣社团，是指校园内具有相近兴趣爱好的大学生自愿成立并按照有关章程开展活动、接受有关部门领导和管理的学生组织。大学生加入学生社团的目的应是增长知识、锻炼能力、丰富和活跃课余文化生活。学生社团要接受校团委的管理，需要发起的大学生提出申请，一般经校团委审批通过后方可正式注册。

各类功能性团体是指大学各职能部门、院系为了完成某些工作所聘请的勤工助学学生组成的团体，一般会以某个学生社团的名义注册，主要职能是完成管理部门交付的各类工作任务。

（二）选择校园学生组织的原则

校园学生组织是大学校园文化的重要载体，在大学生的成长成才中发挥着独特的作用。它凭借丰富多彩的社团活动和"热情、团结、自由、兴趣"的社团精神受到大学生的喜爱，并成为校园生活的热点。校园学生组织不仅是一个平台，还是一群志同道合的青年广结益友的地方。大学生选择校园学生组织的时候应该把握以下原则。

1. 不影响学业

无论何时，学习都是大学生的本业。大学里面很多的评选评奖是跟大学生的学习成绩挂钩的，大学生的学习成绩可能是其加分项或一票否决项。

2. 与个人生涯发展规划相结合

大学生应尽量选择和自己的职业目标和方向一致的组织类型。学生社团一般分为学术、文娱、体育、实践、公益等类型。大学生如果毕业后想考研，可以加入学术类的社团，开展学习研究、学术活动，以提升自己的学业成绩；如果毕业后想留学，可以加入实践、公益类的社团，开展社会实践、志愿服务等活动，以增加获得国（境）外大学Offer的机会；如果毕业后想就业，可以根据自己的个性特征、能力特长等情况，选择加入各类实践类社团等。

3. 平衡发展兴趣和提升能力的关系

要处理好发展兴趣和提升能力的关系，尽量将两者融合。如果在一个校园学生组织中不能实现这两个目标，大学生可以适当选择几个校园学生组织，但考虑到一个人的时间、精力有限，也最好不要加入超过5个校园学生组织。

二、参与校园科技竞赛活动

校园科技竞赛活动包含学科竞赛活动和课外学术科技竞赛活动。校园科技竞赛活动对于加强大学第二课堂建设，推动人才培养模式与实践教学改革，激励大学生主动学习、拓展知识面，营造创新创业教育的良好氛围，培养大学生的创新精神、协作精神、实践能力和创业能力具有重要作用。

学科竞赛是指围绕某一学科或在某一专业范围内开展的、以拓展大学生专业知识为目的的竞赛。课外学术科技竞赛是指竞赛内容涵盖或涉及多个学科的、具有一定创新性和竞赛性质的科技活动。相比学科竞赛，课外学术科技竞赛更加综合。

根据历史沿革、学科布局、专业结构，各个大学在学科竞赛的侧重点有一定差别。综合来看，重要的学科竞赛（一般包括全国赛、省级赛和校园赛几个层次）如下。

- 全国大学生结构设计竞赛
- 全国大学生机械创新设计大赛
- 全国大学生工程训练综合能力竞赛
- 全国大学生电子设计竞赛
- 全国大学生物流设计大赛
- 全国大学生数学建模竞赛
- 全国大学生广告艺术大赛
- 中国大学生物理学术竞赛
- 全国大学生英语竞赛

重要的课外学术科技竞赛包括以下几个。

- 中国"互联网+"全国大学生创新创业大赛
- "挑战杯"全国大学生课外学术科技作品竞赛
- "创青春"全国大学生创业大赛
- 全国大学生节能减排社会实践与科技竞赛
- 全国大学生机器人大赛
- 全国大学生智能汽车竞赛
- 中国机器人大赛暨RoboCup公开赛
- 全国航空航天模型锦标赛
- 国际大学生程序设计竞赛

越来越多的大学生关注和参与各类课内外的竞赛活动，锻炼自己的能力。

三、担任学生干部

大学生在学生会、班级、团委、学院和社团担任学生干部，可以在服务同学的同时，增强自己的管理、组织能力，提升综合素质。大学学生干部的类型如图8-1所示。

大学生应以服务同学、提升能力、满足兴趣为目的，在保证学习的基础上，学有余力而参与学生工作，在工作中注意结合自己的职业生涯规划，有计划地培养自己的职业能力，丰富自己的社会阅历，建立自己的职业人际关系网。

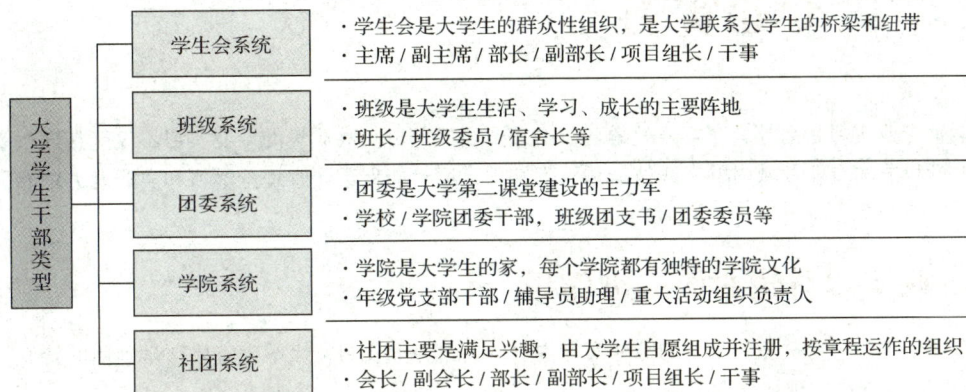

图8-1 大学学生干部的类型

案例

2021年7月1日，在中国共产党建党100周年庆祝大会上，由4名领诵员组成的领诵团队格外吸引人。他们身姿挺拔、外形靓丽，在领诵时带着饱满的感情，带着我们回顾以往奋斗的历程，同时展望未来。他们神采奕奕、青春阳光、自信从容，感染着你我，他们以最好的状态，展示出了当代中国青少年的良好精神风貌。

作为四名领诵员之一的赵建铭很快被大众所熟知。

赵建铭中学时期在锦州市第八中学读书，不仅成绩优异，而且在才艺表演方面也很出色，先后多次被评为三好学生和优秀干部。2017年，赵建铭参加高考，以优异的成绩考入中央财经大学国际经济与贸易学院。到了大学，赵建铭依然很活跃。虽然所学专业不是播音与主持艺术专业，但是他敢于挑战自己。凭借自己的努力，他成了学校大学生艺术团主持团的团长。他还担任过2017年中央财经大学春晚、2018年中央财经大学毕业晚会、2019年中央财经大学70周年校庆晚会等重大校级活动主持人，拥有较强的舞台掌控能力与精湛的技巧。

虽然赵建铭已经在学校主持过很多重大活动，但是他仍然希望去尝试挑战，去更大的舞台展现、锻炼自己。当他知道有一个可以在中国共产党建党100周年庆祝大会上成为领诵员的机会时，他非常渴望得到这个机会，于是第一时间报名。凭借在学校主持重要活动的经历，赵建铭顺利入围，但是与他同时入围的还有3454名青少年。经过层层选拔，赵建铭脱颖而出，成为4名领诵员中的一员。

2021年12月30日，赵建铭当选2021年度"北京青年榜样"。2022年2月，他以志愿者的身份投入北京冬奥会和冬残奥会的服务工作。

✱ 点评

越努力，越幸运。从赵建铭的成长经历来看，他不仅重视学业，还会主动参加各类活动。赵建铭是一个敢于挑战自我的人，他做过学校各类重要活动的主持人，参与过千里挑一的领诵员选拔。朗诵是他的兴趣，非科班出身的他一定付出了很多我们难以想象的努力，才成为4名领诵员中的一员。

他的经历告诉我们，在学业上需要努力、勤奋，看到可以锻炼自己的机会要懂得把握；敢于尝试不同的机会，就可以增长自己的阅历和见识，也可以获得机遇。

第二节　专业实习

　　大学生专业实习是高等教育实践教学环节的重要组成部分。高质量的专业实习不仅能帮助大学生初步掌握本学科或本专业领域内的实践技能和管理知识，而且能促进课堂理论学习和实践能力培养的有机结合。

一、专业实习对就业的促进作用

　　很多用人单位非常关注大学生的专业实习内容。通过专业实习，大学生完成从学到用的转变，才能在未来的职业发展中实现知行合一。

（一）增强大学生的职业适应力

　　大学生步入职场后，会有一段时间的适应期。专业实习能够帮助大学生尽快适应从高校学生到职场人的身份转变，从思想和态度上尽快融入职场，从而取得良好的表现，获得更多升职和进步的机会。专业实习有以上作用，主要原因在于：一是大学生专业实习单位会以职场人的标准来要求大学生，能够使大学生从心态上提前适应职业环境，尽量减少大学生对职场环境的陌生感；二是通过在实习单位与人沟通和交流，大学生从思维和观念上逐步从校园向职场转变，能够从一名职场人的角度去思考问题；三是通过专业实习，大学生在待人处事的风格和行为上逐步适应职场的要求，减少了进入职场后所需要的学习和适应时间。

（二）锻炼并提升综合能力和素质

　　大学生在专业实习的过程中，要承担一定的工作，与实习单位的领导、员工及客户进行交流，有机会锻炼和提升自己的写作能力、表达能力和逻辑思维能力。同时，大学生在实习过程中要参与活动及开展工作，可以锻炼组织能力和协调能力，能够培养良好的时间管理能力。这些综合能力和素质对大学生求职就业而言至关重要。专业实习可以有效提升大学生的综合能力和素质，从而有效提升其就业能力。

（三）帮助大学生养成良好的习惯

　　大学生拥有很多自由掌控的时间，但缺乏来自教师和家庭的监督，自控能力不强的大学生容易养成诸如睡懒觉、上课迟到、做事虎头蛇尾、不注重仪表及个人卫生等不良行为习惯，这些不良习惯在大学生的求职就业过程中会产生负面影响，不利于大学生的顺利就业。专业实习在帮助大学生养成健康良好的思维习惯和行为习惯方面发挥着积极的作用，能够帮助大学生在毕业求职就业过程中少走弯路，顺利就业。

（四）有效促进大学生学习专业知识

　　大学生在专业实习的过程中，有机会将自己在课堂上所学到的理论知识应用到实际的生产和经营实践中，能够切身感受到课堂所学专业理论知识的实际作用和价值，增强专业认同感。在这个过程中，大学生也能够深刻体会到自己的知识储备与职业要求之间的差距，从而激励自己在日后更加勤奋刻苦地学习专业知识，对自己的专业学习起到很好的促进作用。扎实的专业知识储备将为大学生的顺利求职与就业奠定良好的基础。

（五）帮助大学生明确奋斗目标

　　在学业与就业压力下，大学生容易产生迷茫的情绪，不知道自己今后的出路和奋斗方向，而专业实习给了大学生接触社会、了解社会的机会。在专业实习过程中，大学生通过承担一定的工作，能更好地认识自己，正确全面地看待自己的优点和缺点。同时，大学生能够更加清晰地了解职场对求职者能力和素质的要求，从而在今后的学习中，更加有针对性地提高自己的素质和技能，以在毕业后顺利实现自己的职业目标。

二、通过专业实习提升就业能力

通过专业实习，大学生可以近距离地接触专业对口的工作岗位，为未来的就业做好准备。

（一）如何找到实习机会

1. 利用亲友资源

大学生可以尝试绘制一张家族职业树，看看亲戚朋友所从事的职业中是否有自己感兴趣或和自己的专业相关的，请他们帮忙引荐。这样做一方面可以提高就业成功率，另一方面还可以和这些亲戚朋友请教一些实习的注意事项，以便自己在实习时可以学到更多的东西。

2. 利用校友、老师资源

也有些大学生是通过主动拜托老师或积极联系学长学姐找到实习和工作的机会的。老师桃李满天下，在专业领域有很多资源优势。学长学姐也是非常重要的资源，即使他们不能直接推荐工作或实习机会，他们的职场经验也是值得借鉴和学习的。

3. 利用讲座、会议活动的机会

一般情况下，每学期都有学界名人、行业专家到学校开设讲座，学校承办的一些高水平的学术交流活动也会出现行业专家、学界名流的身影。大学生根据自己的专业情况、兴趣爱好或职业目标有选择地听取讲座，或作为志愿工作人员服务会议活动，就有机会认识他们。大学生可以做好讲座或活动主题的资料收集、整理工作，精心准备两个问题，主动向专家请教，争取深入交流。

4. 利用社交网站或专业性论坛

大学生可以在知乎、微博、豆瓣、简书等公开的平台发表自己对一些专业热点问题的见解，或在一些专业人士的文章下发表评论。但是，这要求大学生具有一定的文字功底，并且对专业问题有比较深刻的认识。

5. 利用实习生资源

大学生可以和已经在实习或实习过的同学认真交流，汲取他们寻找实习机会的经验。如果他们在实习单位得到上级的赏识，而实习单位又缺人时，他们推荐的朋友也有更大的机会进入该单位实习。

6. 利用学校就业机构资源

各大高校都有就业机构，并且大多建有就业网站，大学生多关注其中的校园招聘信息，就会发现很多可以直接利用的机会。就业机构工作人员也会有许多相关的资源，大学生可以礼貌询问，快速发现一些可能的就业机会。

7. 参加招聘会或借助招聘网站等

政府相关部门举办的人才招聘会，各高校、院系组织的招聘会等都是可以直接利用的渠道。另外，类似中华英才网、智联招聘、前程无忧、赶集网等网站上也有很多实习机会。

对于大学生来说，少空想、多尝试，在实际工作中认清自己的兴趣、性格、能力、优势和劣势，迷茫自然渐渐消退，未来终会渐渐清晰。

（二）如何有效地进行专业实习

技能的形成是一个从不会到会、从不熟练到熟练、从初级到中级再到高级的循序渐进的过程。因此，专业实习也讲究循序渐进。

1. 抓住校内实训的机会练技能

校内实训一般是在"边教边学、边学边做"中实现教学和实训，能够有效培养和提升大学生的基本技能。积极进行专业技能的集训，在真实或模拟的生产环境中完成生产与实训任务，能够让大学生更好地掌握综合操作技能，进而具备校外顶岗实习能力。现在一些应用型大学或职业院校有订单式人才培养模式，大学生要利用好这样的机会，实现零距离就业。校内生产性实训基地引入企业真实的工作情景、文化氛围和管理模块，有助于大学生职业素质和职业道德的形成，为他们顺利走上工作岗位和可持续发展奠定基础。

2. 抓住顶岗实习的机会长本事

在岗位上磨炼，可以使理论知识在实践操作中融会贯通，实践技能在理论知识的指导下有效提升，进而提升大学生的职业能力和职业素养。实习生既是高校的学生，又是实习单位的员工，应该接受学校与实习单位的双重管理，同理，实习生也有权得到学校和实习单位的双重指导。一方面，实习生要按照学校关于顶岗实习的制度设计，带着学习任务或设计项目进入实习单位，有目标、有步骤地完成既定的实习模块的学习任务；另一方面，实习生还要遵循实习单位对岗位员工的实际要求，包括工作纪律、工作任务、工作标准等方面的要求。

3. 抓住毕业实习的机会找工作

毕业实习是高校学生在完成专业基本课程后、进入职场前的一次重要的演练。它对学生综合运用知识、提升应用能力和综合素质、培养职业意识、提升就业能力等具有重要的作用。如果大学生在实习时表现优秀，实习单位会希望其留下来工作。有的大学生在毕业之后并不会选择实习单位作为就业单位，即便如此，实习中积累的工作经验同样会提升其在未来职场的就业力和适应力。

扫码阅读
法学专业毕业生
实习报告

大学生通过实习可以提前接触工作，知道自己还有哪些不足，哪些是学校不会教而自己需要学习的。大学生通过实习会更明确职业方向，在面临就业选择时就不会感到很迷茫。

第三节　校外实践

一、社会实践的内容

大学生社会实践是指大学生在高校结合其培养目标，以大学为依托、以社会为舞台，开展的接触社会、了解社会、服务社会，并从中接受教育、培养综合素质的一系列有组织、有计划活动的总称。社会实践是大学生了解社会、了解国情、增长才干、奉献社会的重要渠道。通过社会实践，大学生可以更加密切地接触社会、增强社会责任感。

社会实践在内容上可以划分为公益服务型实践、职业发展型实践和社会调查研究3个大类，具体内容可以分为7个项目（见图8-2）。

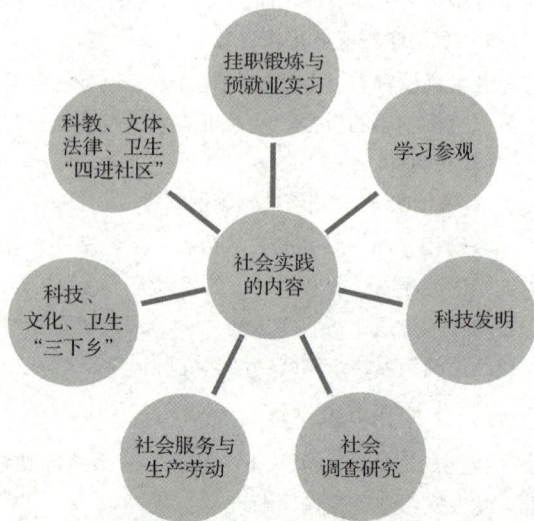

挂职锻炼与
预就业实习

学习参观

科教、文体、
法律、卫生
"四进社区"

社会实践
的内容

科技发明

科技、
文化、卫生
"三下乡"

社会服务与
生产劳动

社会
调查研究

图8-2　社会实践的内容

1. 公益服务型实践

公益服务型实践等同于志愿服务，是指大学生为增进邻里、社区、社会的福祉而进行的非营利、不支酬、非职业化的行为。其特点是"易操作，有收获"。

根据服务的内容和对象，公益服务型实践可分为社会服务（扶贫济困、扶弱助残等服务，支教宣讲，公共场所及大型活动服务）与生产劳动（工农业生产活动、环卫清洁公益劳动）、"三下乡"活动和"四进社区"活动等类型。

2. 职业发展型实践

职业发展型实践是指大学生为了提升自身职业素养，结合自身专业学习开展的一系列参观、实验、发明、实习等理论联系实际的、参与式的认识和实践活动，其特点是"知职业，促学习"。

职业发展型实践与时代人才需求和学生个人发展规划紧密结合，一般包括学习参观（除学校教学计划外，大学生自主安排深入企事业单位生产一线的学习、参观、体验等实践活动）、科技发明、挂职锻炼和预就业实习等类型。

3. 社会调查研究

社会调查研究是指大学生运用科学的方法，系统、直接地收集有关社会现象的真实情况，并对所得资料进行整理、分析，科学地阐明社会的状况及其变动规律的认识活动。社会调查研究不是为了调查而调查，大学生需要掌握系统的社会调查方法体系。没有创新意义、重复前人已有的调查、采用不科学的方法的调查都毫无价值和意义。

二、生涯人物访谈

生涯人物访谈是指大学生通过与一定数量的职场人士（通常是感兴趣的职业的从业者）交流而获得关于一个行业、职业和单位内部信息的一种职业探索活动，是获取职业信息的一种有效渠道，也是一种间接的实践形式。

（一）生涯人物访谈的意义

一方面，生涯人物访谈可以帮助大学生了解自己的兴趣职业的信息、与未来工作有关的特殊问题或者需求，包括入职标准、核心素质要求、晋升路径和被访者的职场感受等情况。另一方面，大学生借助被访者的生涯决策和职场感受可以发现自己的不足，修正自己的职业规划。此外，大学生通过生涯人物访谈可以结识职场人士、积累自身的职业人际资源。

（二）如何进行生涯人物访谈

为了达到更好的效果，大学生可以按照以下步骤进行生涯人物访谈。

1. 寻找生涯人物

结合自己的兴趣、技能、职业价值观、教育背景和职业知识列出未来可能从事的3~5个职业，在每个职业领域寻找3位以上的在职人士作为生涯人物（亲人、老师、朋友均可）。生涯人物的职业应是自己感兴趣的，每个职业领域的生涯人物组成应既有初入职场的人士，也有工作了一定年限的人士。访谈前，搜集并熟悉生涯人物的信息。

2. 设计访谈问题

问题的设计要结合自身实际情况，以便从被访者那里获得对自己有效的信息。问题以封闭式为主，要尽量切中关键、通俗易懂。访谈问题示例如下。

- 您能简单介绍一下您的职业吗？也就是说，您在这个岗位上每天都在做些什么？
- 您这个岗位最看重职员哪些方面的素质呢？或者说，这个岗位需要什么样的特殊技能？
- 您刚进公司从事怎样的工作？从事这份工作之初，您对这份工作满意吗，觉得适合您吗？

- 您参加工作之后又做了哪些努力？或者说您又着重培养过哪些特殊技能？
- 您本科毕业就参加工作，当时是怎么考虑的呢？为什么没有考研？如果现在让您重新选择，您会怎样选？
- 您毕业找工作的时候，为什么选择这家公司？
- 有人说国有企业压力小而且工作稳定，但是有人认为私营企业发展潜力大，您怎么看？您是否想过跳槽到一家很有发展潜力的小公司呢？
- 您现在有没有短期目标或者一些人生目标？
- 贵公司对暖通专业的需求量大吗？主要看重毕业生的哪些能力？
- 您认为我们学校的大学生和其他学校的相比有什么优势和不足呢？
- 对刚刚走进工作岗位的大学生，您有哪些建议？
- 您认为担任班干部对以后的工作帮助大吗？

3. 预约生涯人物

预约生涯人物可以通过多种方式，比如打电话、发微信或QQ消息、发电子邮件、写信等，其中电话预约效果最好。在进行电话预约时，大学生应该首先简单介绍一下自己，说明自己的身份，然后说明访谈目的以及进行采访需要的时间（通常20～30分钟），最后征求访谈对象的意见，确定对方是否能够接受访谈以及访谈的时间、地点和方式等。大学生在预约生涯人物时要注意礼貌，并做好相关内容的记录。

4. 采访生涯人物

采访生涯人物时，大学生应进行简短的自我介绍，面谈时视情况对谈话进行录音或书面记录。采访要守时，不要浪费他人时间。

5. 加工分析信息并撰写访谈报告

根据访谈内容，大学生对照之前自己对该职业的认识，找出主观认识和客观现实之间的偏差，确定自己是否适合这一行，是否具备相应的能力、知识和品质，进而详细制订大学期间的学习、生活、工作计划并撰写访谈总结报告。如果访谈结果与自己之前的认识出现严重脱节，就有必要进入另一个职业领域开展新一轮的生涯人物访谈了。

三、职前实习

职前实习是大学生了解职业世界的有效途径之一。很多大学生在参加工作一段时间后通常会产生这样的困惑：运用自身学习的专业知识不能充分处理工作中面临的各种问题；目前的工作跟自己大学所学的专业不对口，感觉发展前景不好等。出现这种困惑的原因是大学生在学习期间没有充分认识自己的专业和相关行业，往往临近毕业才开始考虑工作问题。要想深入认知自身专业和相关行业，仅仅在校园中学习理论知识是不够的，要积极到职业世界中进行实践。大学生利用职前实习结合生涯人物访谈，可以促进专业所学与社会实际需求相结合，有助于进一步深入、全面、多方位了解所学专业。

（一）职前实习是提升职业素质的有效途径

当前很多大学生存在理论知识较丰富，但是实际工作能力不足的问题，这造成了当前大学生求职与企业招聘之间不匹配。大学生要不断提升自身的职业素质，进一步满足社会发展的需求。适应能力和职业素养在职业生涯发展中占据非常重要的地位。职前实习能锻炼大学生的职场能力，是许多大学生走进职场、融入社会前的一场热身活动。

（二）职前实习需要注意什么

1. 提前规划，聚焦目标

大学生在寻找一份职前实习时，应该思考这样几个问题："我未来希望从事的职业是什么""我的专业对口的领域有哪些""我想从事的工作岗位是什么"，基于这些问题再寻找一份与自己未来想要从事的职业相关的职前实习，这样才有助于探索职业世界、解决职业困惑。比如，一名机械专业的大学生未来想进入汽车制造行业工作，可以将职前实习目标锁定在学校当地的汽车企业。

2. 做好调查，搜集信息

大学生在确定职前实习目标后，要做好背景调查和信息搜集，通过网络搜集、生涯人物访谈等方法了解目标企业。比如，想进入某企业实习，首先要了解这家企业每年什么时间招聘实习生、通过怎样的方式招聘实习生、在实习生选拔上看重哪些能力，信息搜集全面后，就要提前做好各方面的准备，争取在应聘中脱颖而出。

3. 尝试完成角色转换

职前实习时，大学生要尝试把自己当成一个真正的职场人，以职场人的标准来要求自己。在职前实习过程中，不能早退、迟到，应遵守企业的工作纪律。在工作过程中，深入了解企业的用人要求，将理论与实际相结合，熟悉真实的工作环境，奠定良好的人际关系和人际交往基础，进而提升自己的适应能力和人际交往能力。此外，在从学生到职场人的转变过程中，大学生将会遇到很多在校园中从未遇到的问题。在应对和处理这些问题的过程中，大学生应逐渐克服盲目草率、犹豫任性等毛病，培养较强的心理素质，不断提升情绪管理能力。

4. 实实在在找一份"工作"

从校园内走向校园外，大学生可以结合专业和自身特点，像找工作一样实实在在找一份职前实习。职场环境不同于校园环境，大学生在职场中要遵循工作规则，按时按点上班，保质保量完成工作任务，这个过程有助于提升自己的时间管理能力。大学生虽然在校园里学习了很多理论知识，但在工作中会遇到很多书本上没有的问题，这就需要大学生不断加强自我学习、提升学习能力。

5. 做好总结，完善自我

在职前实习的过程中，大学生不断深入职业世界、了解工作的相关信息，需要经常性地对一段时间以来的收获和感悟加以总结归纳，将其进一步内化为自身的能力素质，不断提升自己各方面的能力，不断充实和完善自我。

案例

1 大学一位很要好的学姐进入一家不错的公司实习，毕业后顺利转正。待到第二年大家都在忙着找实习的时候，学姐推荐我去她所在的公司实习。初试、复试顺利通过后，我就得到了实习机会。由于有熟人，我很快就和同事们打成一片，遇到工作上的问题也有人请教，实习之路可以说走得相当顺利了。

2 我提前关注了心仪企业的公众号，然后到了招聘时间节点就参加网申，面试过程中凭着自己机智的表现有惊无险地拿到了实习Offer。实习结束后，我因为表现出彩拿到了直通秋招面试的机会。

3 我的实习应该是从大二就开始了，室友的推荐让我成为前程无忧的校园大使。在前程无忧一直实习到大四，然后参加校招宣讲会，拿到了一家浙江车企的Offer，但因为不喜欢那里的工作氛围就只实习了两个月，最后还是回到了前程无忧。我从校园大使变成正式的实习生，实习结束后拿到了转正Offer。

4 　　大三时，老师推荐我去一家上市企业做人事部的实习生。我刚进入职场，不太懂得职场礼仪。有一次，我接到了一个领导的电话，因为不懂礼貌被这位领导点名批评。不过经过这件事，我收敛了自己的脾气，在原来同事的推荐下，很快入职另外一家互联网企业，并一路从人事部实习生做到专员、部门主管。

5 　　我的第一份实习工作是大二暑假老师介绍的，我在对口行业内小有名气的一家公司实习。公司的艺术气息很浓，每个人的工位上都有自己的音响。但是在实习期间我们没有工资，并且公司在市中心最繁华的地段，租房费用和生活消费需要父母承担。实习结束之后，实习公司有意留下我，但是我了解薪资待遇之后发现根本无法在这里生存下去，只能非常惋惜地拒绝了。何况，即使我当时想留下来，学校也不允许学生放弃学业。

＊ 点评

　　实习对于在校大学生来说，是了解职业世界较有效的途径之一，也是从校园转向职场的重要渠道。但具体如何实习，需要大学生边实践、边探索，积累经验，总结教训，为将来实际就业打好基础。

回顾·练习

1. 请按照"生涯人物访谈"的流程做一次深度生涯人物访谈。
2. 请思考自己所学专业与未来职业的关系，写下可能胜任的职业类别及工作岗位。

发现·探索

活动一　职业体验日记

请主动利用课余时间寻找一个自己感兴趣的职业进行体验，然后撰写职业体验日记。日记内容参考如下：

1. 体验的职业、单位的名称及详细的体验时间、地点等；
2. 体验目的；
3. 具体体验过程及描述；
4. 心得体会，包括在此次体验中感到收获和不足的部分。

活动二　模拟面试

活动目的：使同学们对职业社会的招聘产生形象的体验感。

场地材料：室内，打分表

活动时间：30分钟

活动形式：个人参与，小组完成

活动规则：

1. 分组及分工。各组推选3名同学担任面试官，其他同学依次应聘。面试过程中，面试官须提问以下问题。

（1）谈谈你自己（请介绍下你自己）。

（2）你为什么应聘这个工作？

（3）请你用两分钟描述自己的优势和不足。

（4）说说你做过的最满意的一件事。

（5）你周围的人是如何评价你的？

（6）你希望得到的薪酬是多少？

2. 结束后由面试官点评，其他同学也可以参与评议。

注意事项：

1. 此活动需要同学们提前准备好自己的简历。

2. 指导教师需要提前制作打分表。打分表的内容可分为仪态仪表、思路逻辑、语言表达3个方面。

3. 应聘的岗位可以由指导教师拟定，也可以由各组同学自行商定。

第九章

求职就业宝典

9

关键词	简历　招聘流程　面试　薪酬福利
学习指南	1. 掌握简历制作方法和投递渠道，提升面试成功概率； 2. 掌握面试流程，提升面试成功率； 3. 掌握面试谈判的方法，提升谈判能力。

案例导入

　　1973年，乔布斯满18岁，图9-1所示是他在1973年填写的一份求职简历。当时他面试的是美国一家游戏公司雅丽达，这份简历毫无悬念地被面试官拒绝了。这份简历有3个问题：第一，有错别字，自己的姓名、就读学校的大小写没有区分；第二，专业与求职岗位不匹配；第三，没有写明自己具体擅长的技能。但是他又怎么获得了面试机会呢？原来是因为他足够执着，不给面试机会就不走，最后惊动了保安，人力资源部不得不重视这个充满执念的男孩子。这个方法虽然不可取，但是对于才华横溢的乔布斯奏效了。虽然没准备好简历，但是在面试中发挥好也能抓住机会。乔布斯招聘人才只选A级人才，他非常谨慎，在创业初期考察当年的苹果CEO用了半年之久。乔布斯在生活中有多次从不同方面与候选者的深度交谈，从而识别对方的价值和与公司的匹配度。他的用人理念就是要找到真正聪明并且能够有差异化思维的人才。优秀的企业选择人才一定是优中选优，对大学生而言，完善的简历和充分的面试准备必不可少。

　　在学习本章内容之前，请你思考以下问题。

　　（1）你的简历是否能帮助你争取到心仪的机会？

　　（2）你是否遇到过因准备不足而在面试过程中觉得尴尬的情况？

　　（3）若你拥有几个非常不错的工作机会，你会用什么方法做职业决策？

　　（4）作为一个职场新人，要加入一家规范的企业，你需要懂得哪些法律常识？

　　通过对前面八章内容的学习，大学生了解了认知自己、认知职场的方法和工具。学习接下来的内容有助于大学生顺利走进职场和适应职场。学习简历制作的原则和面试前、中、后的注意事项和准备工作有助于大学生提升面试成功率。

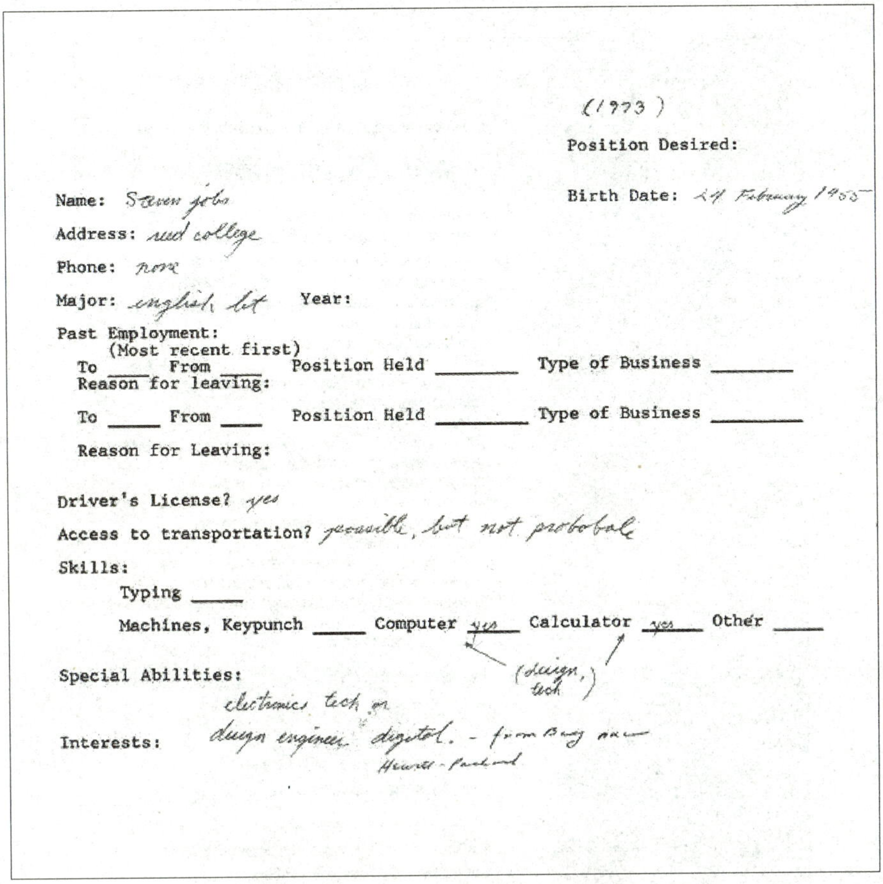

(1973)

Position Desired:

Name: Steven jobs

Birth Date: 24 February 1955

Address: reed college

Phone: none

Major: english lit Year:

Past Employment:
(Most recent first)

To ____ From ____ Position Held ________ Type of Business ________

Reason for leaving:

To ____ From ____ Position Held ________ Type of Business ________

Reason for Leaving:

Driver's License? yes

Access to transportation? possible, but not probable

Skills:

Typing ____

Machines, Keypunch ____ Computer yes Calculator yes Other ____

(design, tech)

Special Abilities: electronics tech or

Interests: design engineer digital. - from Bay area Hewlett-Packard

图9-1 乔布斯在1973年填写的一份求职简历

第一节 制作简历

从合格简历中选择人才是企业招聘人员的职责，简历内容的好坏影响求职者是否有资格获得企业的面试机会。好简历如同敲门砖，如何写出既突出自己优势又能够让企业认同的简历，以及常见的简历类型等是本节要介绍的主要内容。

案例

小张今年即将面临求职，所学专业是农业机械化及其自动化。他在大学期间参加了许多社团活动，并且身兼数职，如开外卖店、做不同类型企业的市场推广人员，包括快消、教育培训、食品等。性格开朗又勤奋的他不仅在每一份工作中获得了好业绩，还让每一位领导都非常欣赏他的为人和能力。丰富的实践经验让他清楚地知道自己擅长什么和想做什么，他并不打算以自己专业的方向为求职方向，他确定的目标职位是市场推广。图9-2是他的简历。

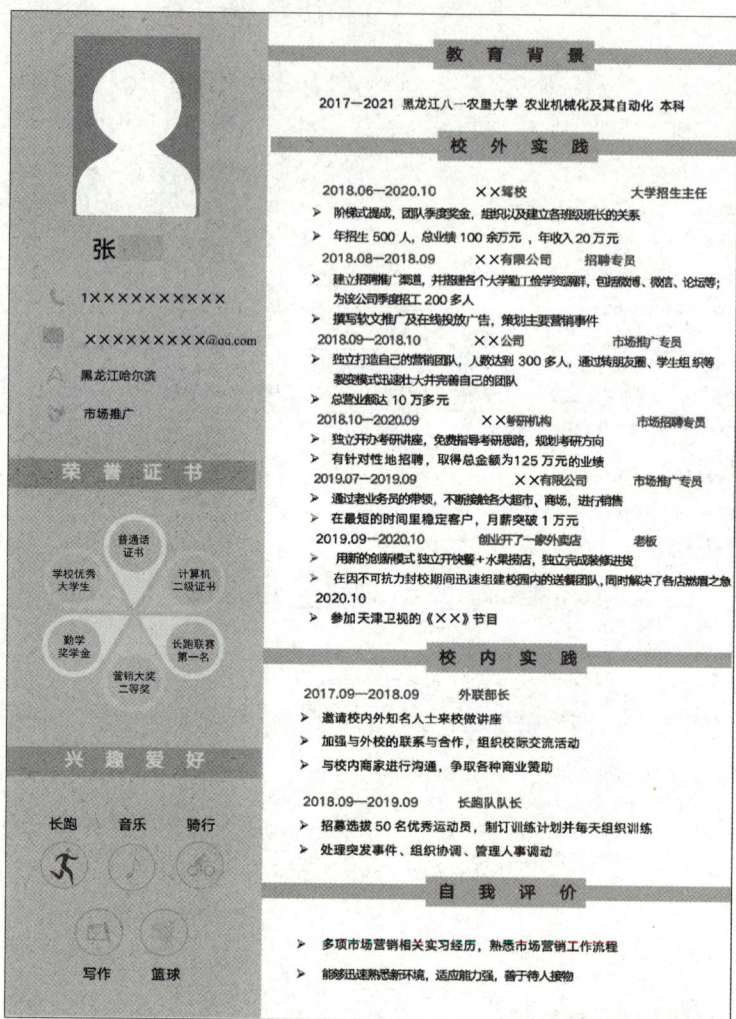

图9-2 小张的简历

❋ 就业指导老师说

小张属于放弃本专业并明确寻求市场推广类职位的类型，他在大学期间通过丰富的实践印证了自己的能力和兴趣具有较高的匹配度。他的职业价值观排序前三位是收入、职业发展、健康。他选择的求职方向比较匹配自己的需求。他的简历亮点有3个：第一，校内实践经历和校外实践经历丰富，且都与其求职方向一致；第二，业绩结果明确，展示了自己的工作能力；第三，简历呈现的职业经历专业。

❋ 企业辅导老师说

小张的简历是一份合格的求职简历，原因如下：第一，工作时间有连续性，且有短期实践和长期实践；第二，工作时间、工作单位、担任职位等信息明确；第三，简历内容言简意赅地展示了自身工作能力和求职岗位——市场推广的人岗匹配；第四，校内实践体现了其具有较强的组织领导能力和资源协调能力；第五，自主创业的经历和实习业绩，证明他是一个有追求的大学生；第六，校内荣誉多样化，展示了他是一个全面发展的优秀大学生。

一、简历的写作原则

制作一份好简历，绝不是很多大学生认为的选择一个漂亮的模板、放上有特点的艺术照片、罗列上自己所学专业课程和社会实习经历那么简单。创作简历必须体现专业度，简历内容要体现自己对所求工作的胜任能力或突显自己综合素质、专业素质。个人简历是呈现个人特质、能力、兴趣的名片，制作得好，它可以帮助大学生脱颖而出；制作得不好，它会成为无效简历，无法吸引用人单位。大学生需要掌握制作简历的关键细节。

好简历就像一件特别符合当下社交场合的着装，能给别人良好的印象。一份优质的简历必须符合以下3个写作原则：完整性、人岗匹配性、真实性。

（一）简历的完整性

一份完整的简历有助于招聘人员快速了解大学生的基本素养，通过简历中呈现的基本信息判断大学生是否匹配所投递职位的人才画像、是否具备岗位胜任力、是否匹配企业的文化特质和行业背景等。

校园招聘季，企业会根据自身需要定制各类简历模板和投递方式，但是万变不离其宗，简历需求的内容一般都会涉及图9-3提到的6个部分，招聘人员会用5~15秒判断一份简历是否值得安排面试。招聘人员首先关注大学生的关键信息，如求职目标、教育背景等；其次关注大学生是否有与职位匹配的实习／工作经历；最后关注大学生获奖、荣誉和专业证书。招聘人员会根据这些信息快速判断大学生与所招聘职位的适配性，再决定是否安排电话或者视频面试。用简历上的关键信息吸引招聘人员是获得面试机会的关键，有效呈现个人能力与职位的匹配性对求职者来说非常重要。

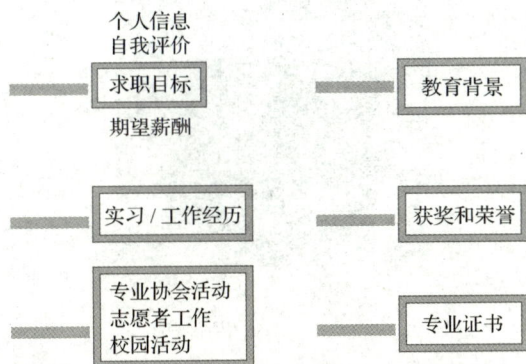

```
个人信息
自我评价
  求职目标        ─────────    教育背景
期望薪酬

  实习／工作经历   ─────────    获奖和荣誉

专业协会活动
志愿者工作       ─────────    专业证书
校园活动
```

图9-3 简历6项基本信息

1. 基础信息，包括个人信息、自我评价、求职目标和期望薪酬

（1）个人信息。传统简历模板要求填写的基础内容是姓名、出生年月、年龄、性别、民族、政治面貌、籍贯、户口所在地、目前居住地、电话、邮箱。不要把简历标题写成"个人简历"，写自己的姓名、手机号、邮箱即可；基础信息所涉及的民族、籍贯、户口所在地等如果不是必填项，可以略去，但是要标注目前居住地和期望工作地点；让招聘人员重点关注教育背景和工作能力，避免罗列太多不必要的基础信息；要配上一张符合应聘岗位身份的职业化的形象照，给招聘人员留下好印象。

✱ **课堂活动**

照片可能起到加分作用，也可能导致减分。例如：应聘人力资源管理岗位的求职者选择图9-4中的哪张照片更合适？

3张照片虽然好看，但是都不是最佳的选择，都不符合人力资源管理岗位的要求：亲和力、职业化。图9-5这张照片更加适合放在简历中，其给人的感觉是温婉知性、稳重大气、职业化。

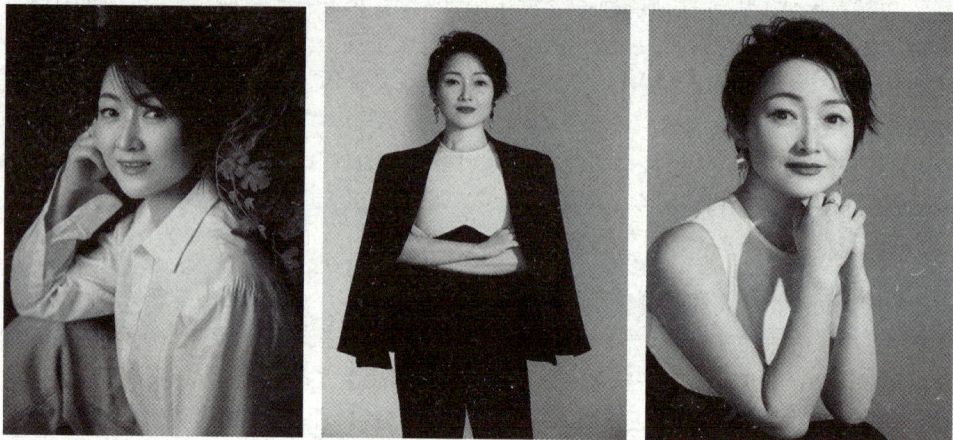

图9-4　应聘照片

图9-5　适合简历的照片

（2）自我评价。自我评价是指大学生用精练的语言介绍自己的背景优势、才干特质、价值观以及对待所选行业的热情和态度等。自我评价就是一个从更精准的视角快速帮助招聘人员了解自己的特点和亮点的途径，但是注意不要写一些天马行空的自我宣言或者比较空洞的语言内容，应条理清晰，言之有物。如果两位能力、学历一样的同学应聘同一个岗位，一位同学的自我介绍是"我是一个积极开朗、热爱学习、热爱工作、热爱社交的青年。"另一位同学的自我介绍是"我的优势是工作有热情，有外贸行业销售助理的实习经验，获得过部门内的优秀实习生奖；学习兴趣广，大学主修市场营销，辅修英语和西班牙语；社交有方法，大学期间组织过社团活动，带动更多优秀的在校学生共同参与、成为好友；生活有乐趣，爱美食、爱旅行、爱唱歌、爱跑步。"显然，第二个同学的自我评价更容易通过简历筛选。

（3）求职目标。求职目标是指大学生明确自己的意向岗位。若没有明确的意向岗位，则可以填写职能类别，如财务类岗位；如果有明确的意向岗位，就可以直接填写，如销售助理、商务专员，但是不要填写不同职能类型的多个岗位，如销售、出纳、客服、行政，这类求职目标分散的简历往往会被直接淘汰。

（4）期望薪酬。期望薪酬可以写也可以不写，避免因为标注的期望薪酬过高和过低影响面试。大学生也可以事先到第三方招聘网站查询同类岗位的薪酬范围，选择一个中位值，以备面试官要求填写期望薪酬。

2. 教育背景，涉及入学时间、毕业时间、毕业院校、专业、学位、学习成绩

如果成绩优秀，可以写上成绩；如果成绩普通，就不需要写出来，可以通过校园经历、大赛或者一些与专业相关的项目来展示自己的优势。

3. 实习或者工作经历

实习或者工作经历是非常重要的内容。工作时间的填写要求是由近及远，从最近一份实习或工作经历写起，工作起止时间要精确到月。公司名称和所属部门、担任职位，都需要在这部分说明，如果是管理者，还要明确所带下属的人数。无论是不是管理者，都要写明工作职责、工作绩效、项目贡献等。大学生要将自己在工作期间的核心工作内容根据应聘职位的考察点，有重点地进行展示，如图9-6所示，该大学生的意向职位是集团管理培训生，看重综合素质和汇报能力，该大学生重点将过往工作中的项目管理经验和文案撰写能力进行了有重点的展示。

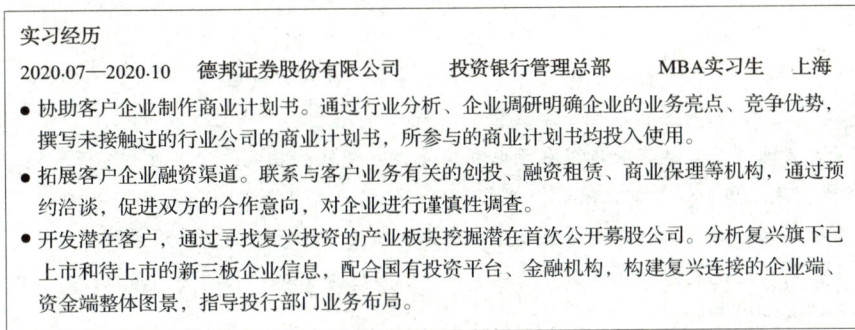

实习经历

2020.07—2020.10　　德邦证券股份有限公司　　投资银行管理总部　　MBA实习生　　上海

- 协助客户企业制作商业计划书。通过行业分析、企业调研明确企业的业务亮点、竞争优势，撰写未接触过的行业公司的商业计划书，所参与的商业计划书均投入使用。
- 拓展客户企业融资渠道。联系与客户业务有关的创投、融资租赁、商业保理等机构，通过预约洽谈，促进双方的合作意向，对企业进行谨慎性调查。
- 开发潜在客户，通过寻找复兴投资的产业板块挖掘潜在首次公开募股公司。分析复兴旗下已上市和待上市的新三板企业信息，配合国有投资平台、金融机构，构建复兴连接的企业端、资金端整体图景，指导投行部门业务布局。

图9-6　工作经历描述

4. 获奖和荣誉

获奖和荣誉是指大学生在大学、实习期间，获得的有一定社会认可度的奖励荣誉，如优秀毕业生、优秀班干部、国家奖学金、国家励志奖学金、全国大学生创新创业大赛奖、全国大学生数学建模竞赛奖、全国大学生英语辩论赛奖、全国大学生英语竞赛奖、"外研社杯"全国英语演讲大赛奖、全国大学生青年组织与创新能力训练赛奖等。大学生可以在大一就关注并有意识地参加市级、省级、国家级的比赛，在写简历时如果有参与或获奖都可以呈现，这些都是可以呈现和证明自身学习能力、专业程度、创新力、沟通能力、个人价值观的印证。

5. 专业协会活动、志愿者工作、校园活动

专业协会活动、志愿者工作与校园活动的经历可以展示出大学生良好的组织能力、领导力、沟通协调能力、社会责任感和执行力。

6. 专业证书

专业证书是非常重要的能够展示自己硬实力、作为求职敲门砖的资格证。大学生在大学期间考取相关专业的就业资格证是非常有必要的。

很多大学生求职困难，被迫选择跨专业求职，是因为在大学期间并没有认真学习，导致自己专业水平低，在面试中处于被动地位。如果想跨专业求职，大学生需要关注欲转换的领域有哪些资质要求。企业筛选人才时看重的是一个人加入企业后能否为企业创造价值。

扫码阅读
大学期间考证
建议

（二）简历的人岗匹配性

大学期间积累的社会活动经验有可能对未来的求职起到作用。如果大学生从大一开始就学习职业生涯规划，大学期间不断探索自我需求，在不影响学习的前提下，利用假期或者业余时间参加校内实践活动或者到企业实习，有助于增加求职成功的概率。

其实，只要简历内容完整就是合格的简历，但是是否邀请候选人参加面试在一定程度上取决于人岗匹配性。要制作体现人岗匹配性的简历，大学生要掌握以下4个步骤。

1. 研究意向职位的要求，仔细分析具体岗位职责与任职要求

大学生用职业生涯工具梳理出自己想选择的行业和意向职位后，不要马上投递简历，要有针对性地分析用人单位的核心业务、组织文化、招聘职位的任职要求、职位待遇，自我评估不同维度的匹配度后，再制作简历。

案例

职位分析

京东集团

职位：管培生——销售方向，"京鹰会"管理培训生

1. 2021届本科及硕士毕业生。

2. 热爱互联网行业，拥有长期投身于电商、零售、金融、物流、技术服务、国际化等业务的意愿；不惧挑战、抗压能力强、坚韧乐观，追求个人价值实现与事业成功。

3. 具有强烈的自驱力、好奇心与求知欲，具备逻辑化与多元化的思考模式。

4. 具有出色的沟通能力和强烈的责任意识，擅长多任务、跨部门的协同与推进。

5. 至少精通一门外语。

✱ 企业辅导老师说

京东集团的管培生职位只写了销售类管培生，但是没有明确具体岗位职责。因此，大学生投简历前要认真调研职位的工作内容，研究岗位绩效要求、管培生的培养体系和轮岗方式等信息，要有针对性地描写自己的具体优势和实习经历、项目经历。

这个职位的任职要求比较明确的是学历、毕业时间、软素质（热爱互联网，具有好奇心、自驱力、求知欲、沟通协调能力、时间管理能力、项目管理能力）、硬技能（语言）。

市场营销类、工商管理类、语言类专业的大学生比较适合这个岗位。大学生若有实习和项目经历，可以展示相关优势。

字节跳动

职位：广电内容创作实习生、北京运营实习生

1. 负责广电作者拉新、进度管理及社群运营。

2. 收集新作者及潜在作者的反馈并组织调研访谈，优化培训及管理模式。

3. 分析作者节目的数据，对数据结果负责。

4. 协助作者完成节目的前期拍摄，后期维护及日常运营。

职位要求：

1. 大三或研二在校生，有互联网媒体实习经验者优先，能实习3个月以上。

2. 善于沟通和团队协作，善于总结和分析，有一定的数据分析能力。

3. 性格外向，能适应工作压力，工作细致耐心，责任心强，具有团队合作精神。

4. 传媒类院校或专业的学生优先。

✳ 企业辅导老师说

由于字节跳动的实习生职位描述和职位要求比较清晰地展示了企业要求的工作内容，因此可以分析出此职位必备的工作能力：线上用户运营的能力、为潜在短视频作者提供培训课程推荐的能力和短视频流量、直播电商数据分析的能力，参与前期拍摄准备工作的能力。因此，如果对自媒体运营感兴趣或者学新媒体传播专业的大学生在此岗位实习会收获颇丰。

硬条件要求分析：一、"能实习3个月以上"基本意味着实习生一周要实习4天以上；二、数据分析能力强；三、传媒类院校或专业的学生优先，但是也不禁止其他有能力但是非传媒类院校或专业的人才。

软素质要求分析：一、性格要求积极乐观、责任心强、细心、主动、团队合作意识佳；二、职业素养要求是沟通能力佳，善于与人接触，逻辑思维能力强。

此职位适合有一定专业基础和课余时间的同学。简历中必须展示自己对互联网新媒体行业内容运营的兴趣，以及数据流量分析的经验。

2. 总结实习及校内外项目经验与意向职位要求相近的工作能力和可量化的绩效

大学生通过解读职位要求，已经基本掌握了企业需求，第二步就是在了解需求的基础上展示自身与需求匹配的经验和证明自己能力的绩效。这部分内容可以分两部分展示：第一部分是校外的工作经历和实习经历，第二部分是校内的活动经历。

从人力资源的视角分析，符合图9-7所示的4种相关条件的实习经历是企业选择人才时看重的实习经历。

简历核心：人岗匹配

职责是未来工作场景，要求是个人必备能力，场景要相关，能力要可迁移

企业相关	对标企业	行业相关	岗位相关
·实习经历来自所应聘的企业或者关联企业	·实习企业与应聘企业为对标企业，例如美团与饿了么、抖音与快手、普华永道与埃森哲	·实习企业与应聘企业属于同一个行业，例如腾讯与阿里巴巴、华为与联想、微软与IBM	·岗位一致性 ·部门相关性

图9-7　简历整理原则

（1）企业相关。如果求职者曾在意向求职企业或者其关联企业有过实习或工作经历，招聘人员会重点关注，这说明关联企业认可求职者的基础素质，且求职者对于企业文化有一定的适应性。但是，招聘人员会与原工作单位的人事部门或工作上级核实求职者的工作表现和离职原因。现在也有很多知名企业开放对过往工作优秀的离职员工的回"家"通道，为过往表现优秀的员工提供回原企业的机会。

（2）对标企业。招聘人员招聘人才时都会与用人部门分析人才画像，会定向挖掘与自己企业的业务相近性最高的从事同行业甚至同一品类的产品业务的人才，目的是让所招聘人才快速在工作中发

挥价值。企业招聘人才是为尽快解决企业问题和创造价值，有相似经验的人才更容易施展工作技能。但是，求职者如果与上一家企业签署了保密协议和竞业禁止协议，就需要尽量避免找与之相关的工作内容。

（3）行业相关。过往就职企业与意向企业属于同一个行业。招聘人员看重的是工作能力的可迁移性，目的是通过外招人才打破企业内部现有经验和思维同一化的局限性。

（4）岗位相关。换岗不换行，换行不管岗。如果过往的实习经历横跨了多个行业，大学生应尽量表现出这些岗位有相似性，这样可以展示出自己在同样的岗位上适应了不同行业的工作内容和管理风格，这些经验会让自己拥有更多元化的视角，从而能把工作做得更好。

3. 总结与意向岗位要求有相关性的工作经历、绩效和荣誉，尤其是让自己印象深刻、有成就感的时刻

这部分内容是对个人获得的体现工作能力的荣誉奖项和个人亮点、特质的总结。注意，内容要简练，无须描述细节。不论是职场新人，还是职场精英，都需要定期总结收获。

例如，一个体育专业的应届生想应聘儿童体能教练，招聘人员关注的是其体能训练水平和是否喜欢儿童，如果他有以下实习经历，就更有可能获得面试机会：每年假期做兼职，组织开展暑期儿童跳绳专项体能训练营，帮助5~8岁儿童提升跳绳技巧，所带学员全部通过1分钟跳绳测试；对感统失调的儿童进行一对一辅导，其中3位学员有明显的运动能力改善，成为长期合作的学员。

4. 梳理简历逻辑、突出重点、优化措辞、精简内容并检查简历的格式和错别字

上一步是做加法，列出与意向岗位要求有相关性的工作经历、绩效和荣誉，而这一步是做减法，因为招聘人员阅读简历的时间有限，所以要求简历内容简练，符合招聘人员的阅读习惯。

大学生可以按照动宾结构，描述自己是如何负责工作的（How）、做了什么工作（Do+What）、工作效果如何（Effect）。例如：实习期间参与线上新产品上市的市场调研，独立设计问卷、发放1000份问卷并进行后期收集、分析，绘制用户画像；配合市场部针对目标用户做推广计划，线上广告针对目标人群的推广转化率为15%，广告首发带来1000万元的新品销售额，等等。

图9-8所示的CAR模型，是帮助求职者识别自己简历的内容是否符合招聘人员阅读习惯的思维工具。求职者应避免简历中的内容没有价值。例如，同一份行政助理工作，描述不同，价值也不同。无价值表述方式：帮助上级领导完成会议安排、做好会议记录，处理行政事务。有价值表述方式：协助领导部署周会、月会、季度会；独立负责会议后的内部线上宣传，会议简报；每月组织一次员工生日会，让员工感受到温暖。

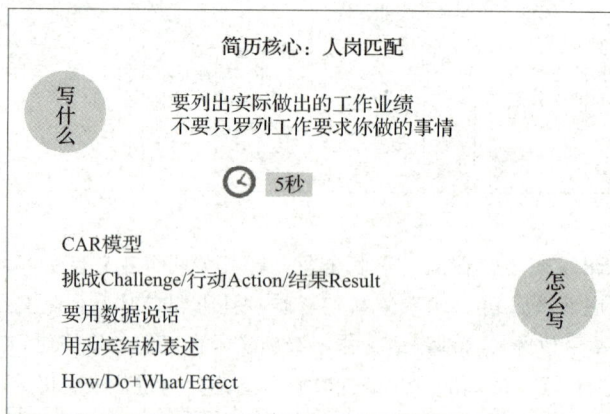

图9-8 CAR模型

案例

1

图9-9为某大学生的简历。

教育背景

- 北京大学历史学系，历史学（中国史）专业
- 北京大学艺术学院，艺术学理论专业（艺术管理与文化产业方向）
  硕士研究生在读，2018—2019学年综合素质测评排序 1/24

工作经历

2020.01—   北京大学青年研究中心·新媒体工作室
- 负责"北大新青年"抖音、B站平台内容运营工作
- 参与北京大学新媒体宣传专项工作

2019.10—2020.01   大悦城控股集团股份有限公司·研究发展部
- 参与撰写十九届四中全会、中国企业发展改革论坛等专题解读报告
- 参与编辑100余期《大悦研究》行业与政策研究报告

2019.08—2019.09   中央广播电视总台·央视大型节目制作中心
- 参与庆祝中华人民共和国成立70周年文艺晚会视频编导工作

2018.07—2018.09   中关村知识产权促进局·法律中心
- 参与北京市专利申请优先审查推荐工作
- 参与北京市知识产权国际注册中心前期筹备工作

2014.09—2018.06   北京大学团委·文化体育部
- 负责校园文化建设、学生艺术总团管理及多项大型活动组织工作
- 参与北京大学建校120周年庆祝晚会筹备工作，获任执行导演

2016.04—2016.09   北京市志愿服务指导中心·国际项目部、研究培训部
- 参与2016年里约奥运会中国志愿服务队培训项目
- 参与中国志愿服务研究会年会项目，负责会务和仪式编导工作

校内实践

- 北京大学党委组织部（党建工作）、党委宣传部（媒体宣传）、
  招生办公室（招生咨询）、学生就业指导服务中心（市场信息）等
- 北京大学艺术学院兼职辅导员、历史学系学生工作助理
- 北京大学学生会《此间》学生记者
- 北京大学模联协会——PKUNMUN公关总监、会议指导等

技能水平

- 英语能力：CET-6，视听说流利
- 信息技术：Office办公应用、Premiere音视频制作等
- 其他技能：C1驾驶执照、摄影、文艺编导和导演、活动执行等

获奖经历

- 2013年度获北京市优秀学生干部
- 2014—2017年连续三学年获北京大学社会工作奖
- 2018年、2019连续两年获北京大学未来精锐奖（团学工作/文化艺术）
- 2018—2019学年获北京大学三好学生标兵、一等奖学金

图9-9 简历1

✳ 企业辅导老师说

这份简历的亮点是学历高、专业性强、实习经验丰富，显示出这名大学生非常乐于组织活动，文笔良好，有新媒体运营实习经验、活动组织经验、活动策划经验。

简历存在的问题有3点：只描述了工作内容，没有明确自己每段经历的职位；没有用可量化的方式列举出工作绩效，如"北大新青年"新媒体运营工作绩效可以量化抖音内容运营的视频点赞量、粉丝增长数据等；没有明确的求职目标。

图9-10为某大学生的简历。

教育背景

2017—2021年 黑龙江八一农垦大学 农业机械化及其自动化 本科

校外实践

2018.06—2020.10　　　××驾校　　　　　　　大学招生主任
> 阶梯式提成，团队季度奖金，组织以及建立各班级班长的关系
> 年招生 500 人，总业绩 100 余万元，年收入 20 万元

2018.08—2018.09　　　××有限公司　　　　　招聘专员
> 建立招聘推广渠道，并搭建各个大学勤工检学资源群，包括抖音、微信、论坛等；为该公司季度招工 200 多人
> 撰写软文推广及在线投放广告，策划主要营销事件

2018.09—2018.10　　　××公司　　　　　　　市场推广专员
> 独立打造自己的营销团队，人数达到 300 多人，通过转朋友圈、学生组织等裂变模式迅速壮大并完善自己的团队
> 总营业额达 10 万多元

2018.10—2020.09　　　××考研机构　　　　　市场招聘专员
> 独立开办考研讲座，免费指导考研思路，规划考研方向
> 有针对性地招聘，取得总金额为 125 万元的业绩

2019.07—2019.09　　　××有限公司　　　　　市场推广专员
> 通过老业务员的带领，不断接触各大超市、商场，进行销售
> 在最短的时间里稳定客户，月薪突破 1 万元

2019.09—2020.10　　　创业开了一家外卖店　　老板
> 用新的创新模式独立开快餐＋水果捞店，独立完成装修进货
> 在因不可抗力封校期间迅速组建校园内的送餐团队，同时解决了各店燃眉之急

2020.10
> 参加天津卫视的《××》节目

校内实践

2017.09—2018.09　　　外联部长
> 邀请校内外知名人士来校做讲座
> 加强与外校的联系与合作，组织校际交流活动
> 与校内商家进行沟通，争取各种商业赞助

2018.09—2019.09　　　长跑队队长
> 招募选拔 50 名优秀运动员，制订训练计划并每天组织训练
> 处理突发事件、组织协调、管理人事调动

自我评价

> 多项市场营销相关实习经历，熟悉市场营销工作流程
> 能够迅速熟悉新环境，适应能力强，善于待人接物

图9-10　简历2

✳ **企业辅导老师说**

这份简历是前面案例介绍过的求职者小张的简历。小张放弃了农业机械化及其自动化专业对

口的工作，明确寻求市场推广类职位，他的简历亮点有3个：每一段经历都突出了自己在校期间与市场相关的实践经验；明确了实习单位和职位以及工作职责和绩效，尤其是业绩案例符合有挑战、有行动、有结果的CAR模型；采取了动宾结构的表述方式，容易让招聘人员看到重点。

小张还专门请他的历任领导和老师、同学为他录制了一个视频，视频内容为关于他对待工作和生活的评价，时长为2分钟，为用人单位展示了过往他的工作表现和学习表现。这一认真准备的展示行为非常适合他应聘的市场推广职位需要的特质。

（三）简历的真实性

真实性是最重要的，简历上的内容必须是真实的。企业招聘人员的职责之一是做好求职者入职前的全面的背景核实，避免招到不诚信的员工。招聘人员会从以下5个方向（见图9-11）对简历背景做核实：身份信息、法律纠纷，学历、学位，实习经历（或者工作经历，考察的是求职者以往经历的真实入职和离职时间、所在部门、职位、上级汇报人姓名以及级别等），成绩、专业证书（关于个人专业资质的考察，对于只是报考但还没有考下来的证书，可以写明备考；对于已经考下但证书还没有发下来的证书，可以备注成绩合格但证书未发放），创业经历（企业会比较关注求职者是否有其他产业，以免求职者因为个人事务而影响工作的投入度和稳定性甚至与公司业务利益产生冲突）。大学生如果由创业转为就业，就要事前处理好自己的创业事宜，更要注意转变心态。

规范的企业在求职者入职前还会邀请求职者填写入职登记表和入职承诺书。一旦发现有信息虚假问题，企业有权解除劳动合同，虚假信息情节严重到会危害企业利益者会负法律责任。

```
身份信息、
法律纠纷

学历、学位

实习经历

成绩、专业证书

创业经历
```

图9-11 简历背景核实

遵循完整性、人岗匹配性、真实性原则，可以增加简历脱颖而出的成功率。完成简历的制作后，不要马上投递简历，而要将简历交给专业的面试辅导老师或者优秀且细心的朋友评估，避免出现不能突出重点的无效信息，尤其要避免因为粗心写错字或者遗漏重要信息。人人都有认知盲区，大学生应结合前面学的周哈里窗，通过与他人的交流，不断缩小盲目自我的部分。

二、简历的常见类型

大学生如果在大一就掌握简历的制作原则，同时有意识地为自己未来的职场发展做准备，提前学习简历的类型，可以提高求职成功的概率。

因个人选择投递简历方式的不同，简历有4种不同的呈现方式：招聘网站格式统一的电子版简历、企业邮箱直投简历、招聘会现场直投简历、新媒体时代的微简历。

（一）招聘网站格式统一的电子版简历

企业会根据空缺职位适合的招聘渠道发布职位，一般第三方网站会自带投递简历的模板，求职者需要填写的内容与前面的六大模块内容要求基本一致，求职者按照系统的要求将已经构思好的内容填入即可。大学生求职时常用的实习僧网站的简历制作界面如图9-12所示，基本信息需要填写姓名、生日、性别、城市、手机、邮箱和照片，保存后会看见网站要求继续填写的内容，按模块逐一填写即可。这个系统比较有特点的功能是AI模拟面试，可为求职者提供一份面试评估报告。

求职者应聘设计类或者新媒体类的职位可能需要上传作品，根据系统的题目要求上传即可。作品选择要慎重，必须选择能代表自己真实水平的作品。

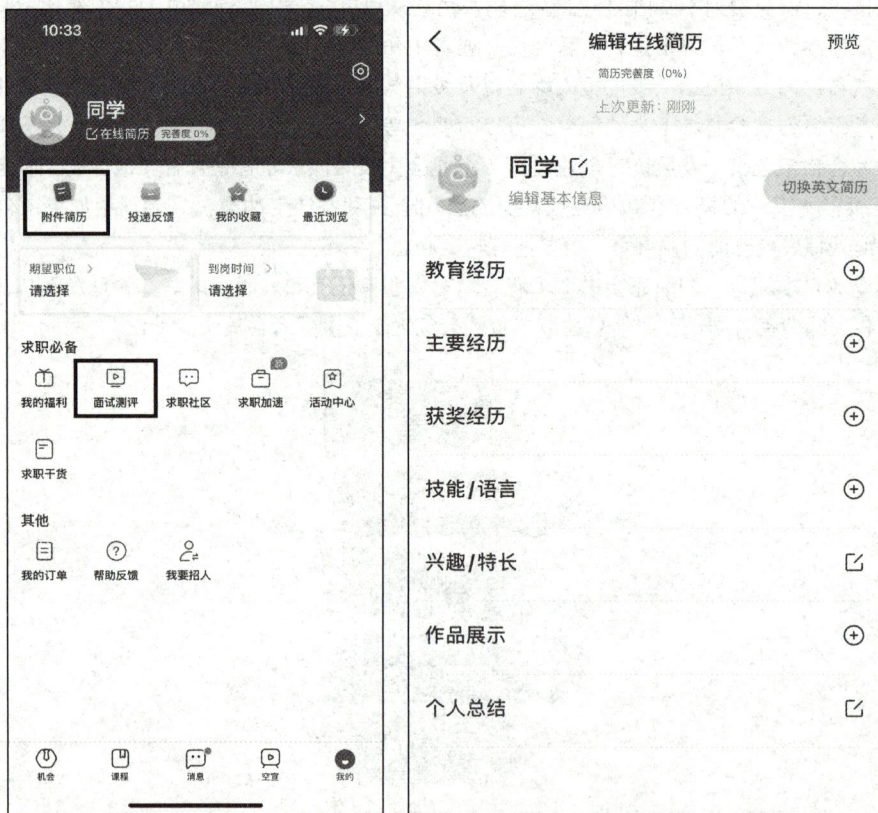

图9-12　实习僧简历制作界面

第三方招聘网站有简历导出功能。大学生如果没有合适的简历模板，可以考虑使用从第三方网站导出的Word版简历，自行根据简历的制作标准修改即可。

（二）企业邮箱直投简历

如果是请企业内的朋友内部推荐或看到企业官网留的简历接收邮箱投递简历，则需要使用自定义格式的简历。撰写自定义格式的简历也要符合六大模块的要求，自己可以选择一个美观简约的模板，书写内容条理清晰。求职者可以准备3种类型的简历（见图9-13）：全能型、专业技术型、外资企业专用型，求职时要根据自己投递企业的职位要求决定简历的内容。

全能型	专业技术型	外资企业专用型
·中文求职信 ·中文简历 ·英文求职信 ·英文简历 ·专业证书 ·获奖证书 ·作品案例	·大学课程 ·大学成绩单 ·擅长技能 ·专业相关实践 　经验及业绩 ·专业证书 ·获奖证书	·英文求职信 ·英文简历（格式参考 　国外格式和语言表达， 　避免中式英文） ·中文简历和求职信 ·社团活动和社会实践

图9-13　简历类型

（三）招聘会现场直投简历

招聘会现场直投简历往往需要求职者携带一份纸质简历，纸质简历通常在双选会现场或宣讲会现场，与面试官直接接触时投递。去现场求职的大学生，应事先了解意向企业的岗位要求，并根据岗位要求设计对应的电子版简历。纸质简历的内容与电子版简历的内容要求一致，大学生在投递纸质简历的同时一定要在线上完成电子版简历投递。特别强调，初次现场投递的纸质简历请勿过厚，控制在1～2页即可，以免面试官因阅读时间有限而忽略简历上的重点内容。像获奖证书和项目案例等内容，大学生可以待简历通过初筛后，以电子版的形式提交。

（四）新媒体时代的微简历

微简历是最近几年流行的一种迎合年轻求职者多样化展示自我需求的快速投递简历的形式。多数微简历出现在企业公众号、小程序、招聘App中。

第一种微简历是文字版的：求职者只需要填写个人信息、教育背景和主要工作经历，字数一般在300字以内。图9-14所示为一个名为法律火锅的公众号在某篇推文中展示出来的个人简历范本。

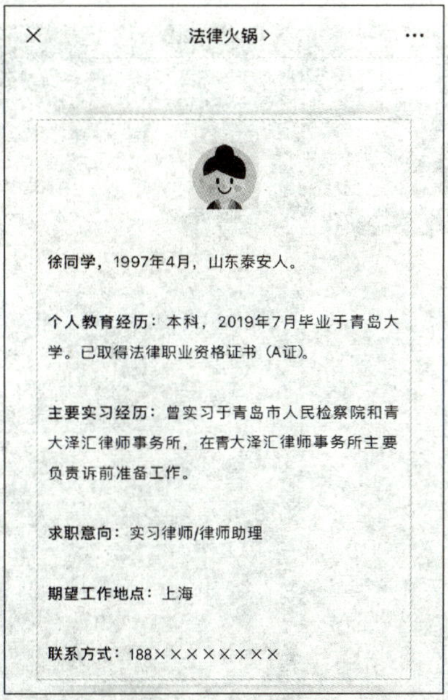

徐同学，1997年4月，山东泰安人。

个人教育经历： 本科，2019年7月毕业于青岛大学。已取得法律职业资格证书（A证）。

主要实习经历： 曾实习于青岛市人民检察院和青大泽汇律师事务所，在青大泽汇律师事务所主要负责诉前准备工作。

求职意向： 实习律师/律师助理

期望工作地点： 上海

联系方式： 188×××××××

图9-14　文字版微简历

第二种微简历是视频版的：一些有创意的互联网企业和广告创意公关企业希望求职者多元化地展示自己，会举办视频微简历创意大赛。例如：腾讯2018年举办的"鹅厂微简历大赛"（见图9-15），要求求职者上传1分钟的视频简历，同时要求求职者登录腾讯招聘页面投递简历。微简历的特点要求：内容画面有趣、优势突出、语言精练有传播性。

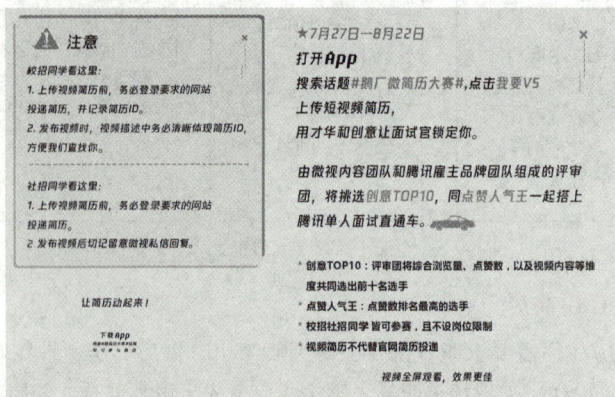

图9-15 腾讯的"鹅厂微简历大赛"

三、大学生简历常见的问题

很多大学生第一次制作简历时参考同学的模板和表述形式，但是因为都不是太有经验，容易陷入误区。下面介绍大学生简历中常见的典型问题。

（一）简历模板颜色多

网站上的免费简历模板的页面设计和颜色非常有特点，但是不利于面试官阅读，打印效果也不好。例如，某同学下载的简历模板，如图9-16所示，虽然有个性，但是如果使用黑白打印机打印出来，简历的呈现效果非常糟糕，影响阅读。

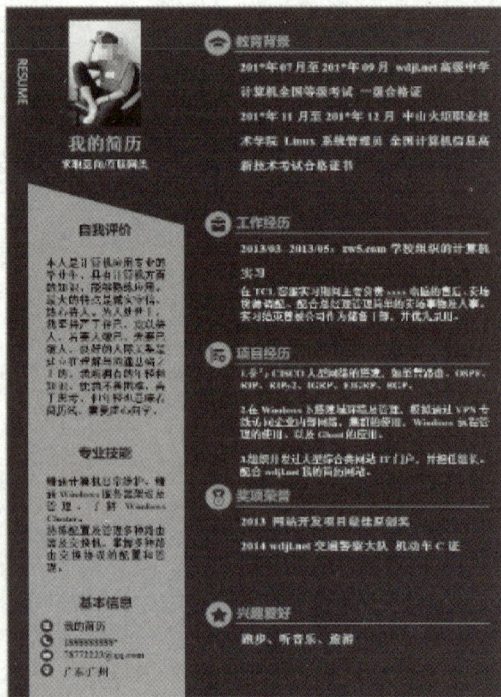

图9-16 个性化的简历

（二）简历无效页数多

有些大学生为了让简历看起来美观、大方，会加上图9-17所示的封面和封底设计，这种于内容无益的设计非常浪费面试官的时间。一旦面试官需要打印简历，还会造成纸张浪费。

案例

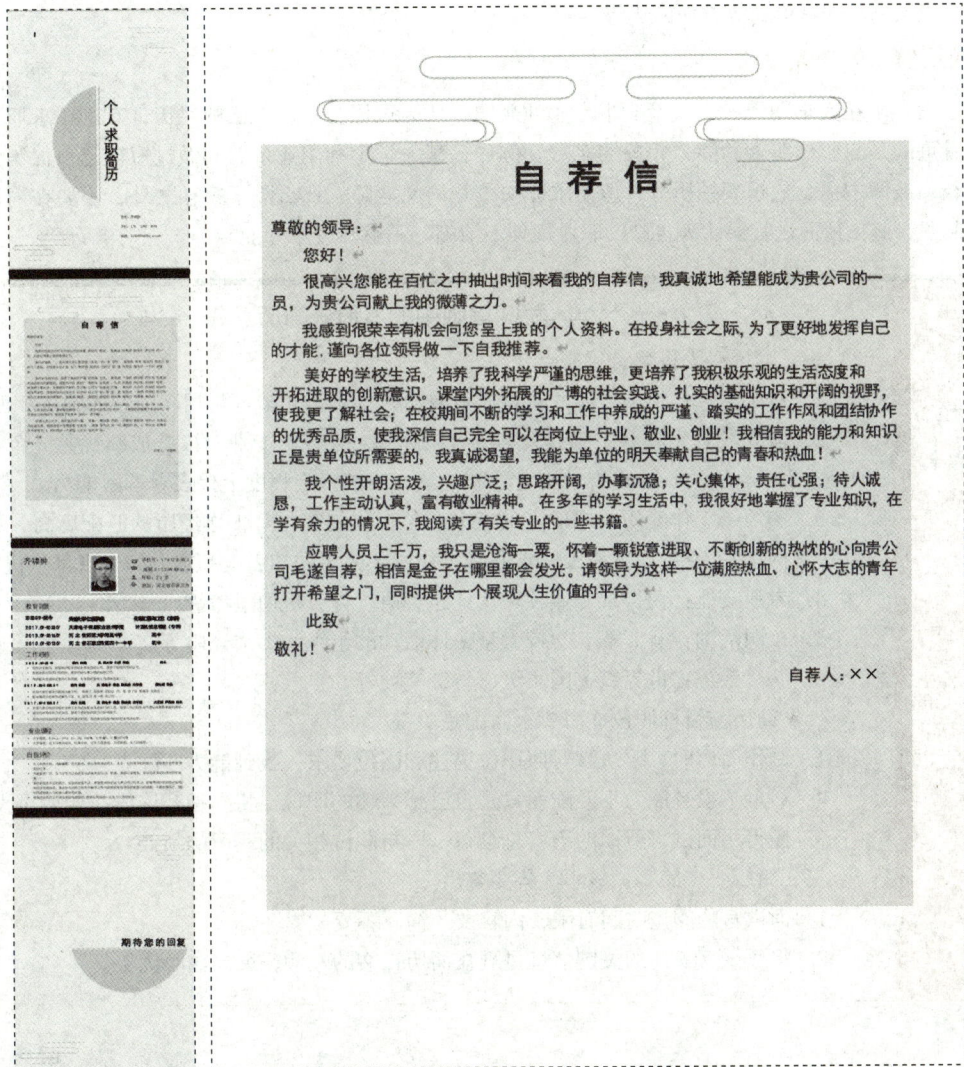

图9-17　案例分析

✹ 企业辅导老师说

这份真实的大学生求职简历的典型问题比较多，抛开病句问题、排版不规范问题，无效内容就有3页：求职简历不需要呈现封底、封面，自荐信可以改为自我评价，总结3～5句话，将其放入简历正文即可。例如：我的优点是性格开朗、热爱运动，班干部经历锻炼了我组织集体活动的能力；我是同学眼中的热心人、老师眼中的积极分子，对待事情认真负责；我热爱本专业，思维开放，乐于接受挑战，虽实习经历有限，但工作热情无限。

（三）简历无效内容多

有的大学生没有多少经历可写，为了增加篇幅，就将自身所学课程罗列其中，但面试官在初筛简历时并不关注求职者学习的具体课程，更关注求职者的毕业院校、所学专业、综合绩点、专业相关赛事的成绩等。

大学生可以对在校期间的学习项目经历和社团活动经历进行整理，从而体现自己在专业水平、团队合作、组织策划、人际沟通等方面的优势。

（四）简历实习杂又多

很多大学生在大学期间做了大量非本专业的兼职，认为这样会丰富自己的经历，有助于求职，但是面试官看重的是与职位要求的能力相关的实习。例如：某大学生利用业余时间做过短期超市促销员、导购、家教、兼职主播、短视频拍摄等，但是求职岗位是语文老师，那么除了家教之外，不要在简历中呈现其他兼职，避免让面试官误认为自己的职业规划不清晰、不够热爱本专业。

**成功
小贴士**

面试官眼中的100分简历

一、简历六大模块有"亮点"

1. 基础信息：形象，照片符合职业身份；性别、年龄等与招聘岗位的要求相匹配。

2. 教育背景："双一流"大学或者国际知名院校，专业对口，成绩优秀。企业招聘不仅看重综合能力，还重视学历背景和成绩。成绩一定程度上代表着学习能力。

3. 实习/工作经历：求职者的意向职位工作内容与其工作经历的匹配度高，如公司相关、行业相关或者职位相关；求职者过往所在公司的知名度和本人的表现都很优秀。

4. 专业技能：获得某专业领域认证；英语、计算机通过考级。

5. 校园活动：有大赛、学校大型集体活动的组织和参与经验等。

6. 获奖荣誉：世界级、国家级、省级奖项等。

二、简历与目标职位能力要求匹配是关键

1. 制作简历时，要认真对照职位描述和岗位要求，找到能力匹配点。

2. 尽量不投递能力不匹配而只是自己感兴趣的职位，将兴趣磨炼成技能后再投递。

3. 懂得用面试官习惯的语言总结每一段与职位相关的实习的绩效。

三、简历要"简"，核心优势要突出

1. 面试官的阅读时间有限，内容要"简"不要"繁"。

2. 将面试官关注的关键信息呈现在简历正文的左侧，突出核心优势。

第二节　了解招聘流程

本节重点帮助大学生熟悉企业招聘流程，帮助大学生从招聘人员的视角去思考问题和做好面试前的准备工作。

案例

小李毕业后，在地产行业工作了一年半，现在想转行到互联网行业。他对自己的职业兴趣和对未来从业方向进行梳理后，就去某一线互联网公司的广告部应聘社群运营职位。小李在面试环节不到20分钟时就被告知面试结束。

小李认真分析过自己的能力，觉得自身可以匹配这个职位，总结面试失败的原因时发现是自己的面试准备工作不足导致面试现场表现紧张，回答得不理想。小李在自我介绍环节过多描述简历中已有内容，对地产行业的介绍过于冗长，却没提到对互联网行业的认识以及与职位相关的经验和知识，而且自我介绍时间超过了面试官给予的时间。

此外，小李在简历中将自己的工作职责范围写得过于宽泛，让面试官抓不住重点，而阐述时并没有留时间介绍自己参与项目的细节，从而导致面试提前结束。

小李重视这个机会，但是没有准备好面试，说明面试经验有限，没有做模拟面试演练，也没有就企业相关的背景知识进行了解，导致面试时没有让面试官看到自己的优势，反而暴露了问题。如果大学生缺乏经验，那么向专业的面试辅导老师学习如何准备面试非常重要。

✳ 企业辅导老师说

专业的面试官会在面试前做好准备工作，带着岗位要求对求职者进行全面考察。小李的问题是缺少经验的职场人普遍存在的问题。缺少工作经验又想跨行业求职的求职者，需要在面试前做好以下准备。

1. 掌握要加入企业的动态，结合自己为什么要应聘这个职位，表明自己对该企业的熟悉程度和想加入该企业的理由。

2. 将自己的核心竞争力从简历中提取出来，结合职位需求进行介绍。

3. 分析职位要求中哪些内容是自己过往能力和经验可迁移过来的。例如：社群运营需要用户调研和用户维护的经验和能力，求职者就要在面试中讲解自己实习市场部相关职位时负责过线下活动，对于用户调研的流程比较熟悉等内容。

4. 面试中，如果面试官认为简历内容所体现出的实力和实际工作内容所需要的能力有差别，求职者可以在面试现场态度诚恳地说明自己的优势，请面试官结合自己的水平衡量向自己推荐其认为更适合自己的职位。

招聘人员的职责是用专业的方法和流程为企业选出合格的候选人。招聘人员筛选人才，不论采用什么方法和流程，都是为了能让企业招到合适的人才。招聘人员会围绕求职者的综合能力、个性特质、求职动机、期望值这4个方面不断探寻，直到找到合适的人才。大学生了解招聘流程有助于做好求职准备，并且能通过面试进展预判自己通过的概率。招聘流程根据不同的岗位和企业要求，一般分为常规版招聘流程和复杂招聘流程，大多数企业会采用常规招聘流程。

设计流程前，专业的招聘人员会做以下3项准备工作：明确需求、了解对象和洞察市场。

● 明确需求，就是招聘人员要明确企业需要什么样的人才：清晰定位自己企业的文化适配人才的兴趣、性格、态度、价值观是什么样的，然后采用专业的方法和流程去识别人才。例如：企业需要进攻型人才，还是防守型人才；企业需要团队合作性高的人才，还是独立创造性高的人才……这些需求是在设计面试流程前就要明确的。此外，招聘人员还要明确用人部门的岗位需要什么样的人才，这是不可以更改的硬条件，如年龄、学历、经验、专业技能等。

● 了解对象，就是招聘人员面试前要了解简历的亮点和疑问点，在面试过程中有技巧地进行核实，确认人才符合企业需求和岗位需求。

第九章 求职就业宝典

155

● 洞察市场，就是招聘人员在面试前和面试中会通过调研了解市场同类岗位的具体人才信息，了解人才分布的具体行业、岗位、市场上的薪酬体系和人才稀缺程度，以此来预估招聘成本和薪酬预算。

一、常规招聘流程

根据招聘人数和岗位的不同，招聘流程设计的复杂程度会有区别。常规招聘流程设计如图9-18所示：第一步通过网上申请收集简历，负责简历筛选的招聘人员会根据简历内容与岗位描述的匹配度判断人岗的基本适配度；第二步通过笔试测评进行人才第二次筛选，线上测试的设计题目一般会包括不同类型的心理测评和能力测评，以判断求职者的性格、兴趣与能力是否能达到企业的职位需求，有一些企业会选择将这一测试安排在面试结束后进行；第三步是对应招聘职位业务线的招聘人员通过初试判断求职者的工作能力、工作意愿以及目前求职的状态，核实个人背景、入职时间等信息；第四步人力资源部或业务线的领导作为主面试官进行复试，判断求职者的综合素质的适配度；第五步是谈Offer，由负责人力资源管理的面试官主谈薪酬和入职前需要核实清楚的各种细节，通过以上步骤，确保为企业选到最合适的人才。

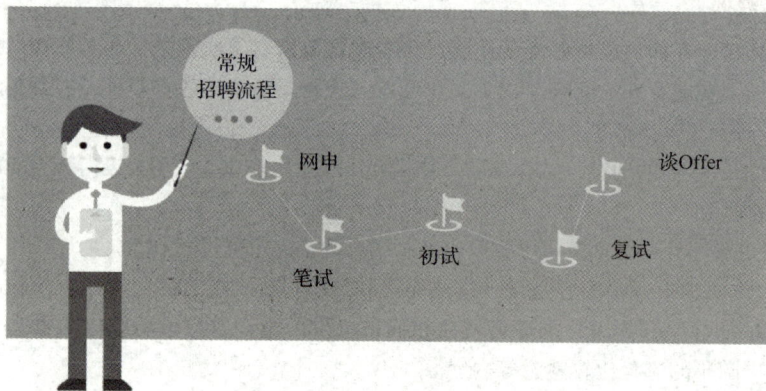

图9-18 常规版面试流程

二、复杂招聘流程

因企业对人才评价的流程设计不同，一些企业也会针对重要职位设计出比较复杂的招聘流程（见图9-19），复杂版招聘流程与常规版招聘流程的区别主要是在笔试测试的多样性，以及集体面试的考察环节增加了很多不同类型的测试人才综合能力的考察方式，同时在每一轮面试中，参与面试决策的面试官会更多。之所以设计得如此复杂，是因为考虑到有些岗位对人才招聘要求高，例如，科研岗位、管理培训生、企业高级管理者以及涉及商业机密的岗位，这类职位的人才培养成本高，一旦招错人才，岗位离职风险大，因此需要更加专业和严谨的面试流程，降低招聘决策风险。

笔试环节，面试官会通过笔试题目考察求职者的能力、职业兴趣、价值观、专业水平等。由于要在校招季大批量简历中快速过滤掉不合格的简历，所以企业一般不会把笔试题目设置得太难。

面试环节，面试官会综合考察求职者全方位的水平，通过不同的面试方法多角度地识别匹配度，帮助企业选出适合的人才。

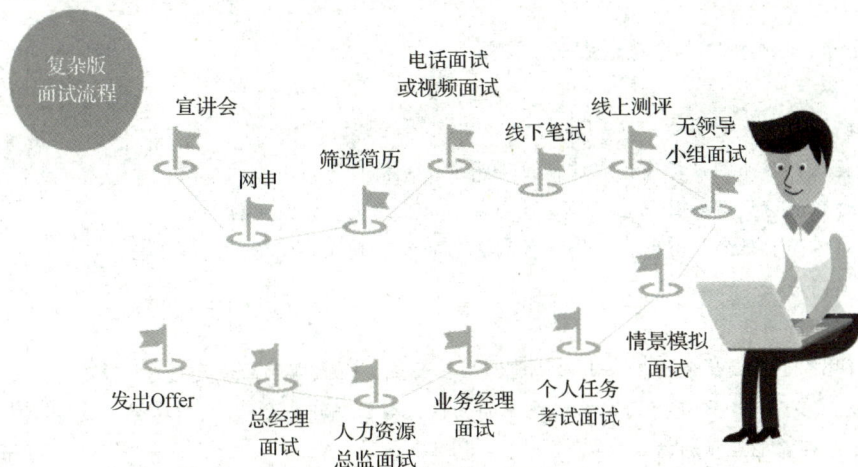

图9-19　复杂版面试流程

第三节　面试通关秘籍

老子说过："天下大事，必作于细。"大学生如果希望在面试中脱颖而出，让面试官优先选择自己，同时争取到更合理的薪酬福利，就要认真学习本节内容。

案例

小郑毕业于上海某传媒大学，学校不算知名大学，但是她形象气质好，学习努力，在大学期间争取到了在上海某电视台做实习生的机会，毕业后希望多接触新行业，所以没有选择留在电视台做编导，而选择进入电竞领域做导演。但是工作一年多，所在企业受经济环境影响被收购，职业发展遇到瓶颈，小郑不得不重新面对就业问题。小郑内心对行业发展和职业发展的不确定，让她不敢轻易选择工作，于是，小郑通过求助专业的老师为自己梳理职业定位和进行面试辅导。

通过老师帮助小郑梳理现状及现有行业的发展空间，小郑感觉电竞领域并不是自己想长期发展的领域，随后重新梳理了个人期待和能力，很快明确了就业方向。小郑的具体梳理思路如下。

目前现状

行业：电竞/游戏/互联网

平台：电竞头部企业

岗位：导演

核心优势：国际赛事经验、科班出身、有传统广电实习经历、策划能力强、文案写作能力强、年轻、好学、气质佳、思维敏捷、思维开放……

待改善方面：缺少管理经验、对自己定位过高、从业时间短

职业规划

重新定位行业：新媒体

重新定位职业：市场部

目标岗位：30岁市场部经理，35岁市场部总监

目标企业：哔哩哔哩、网易、快手、阅文

面试准备

1. 调研行业发展趋势
2. 搜集目标企业的目标岗位以及岗位说明书，分析自身与岗位的匹配度
3. 通过职业访谈调研目标企业的工作内容、企业文化、绩效考核要点
4. 针对不同职位的关键能力要求，根据自己的经验和优势制作不同版本的简历
5. 投递简历
6. 准备面试
7. 获得3家企业面试邀请，每次面试前做模拟面试，面试后做面试复盘

通过以上准备，小郑获得两家心仪企业的面试机会，并进入Offer谈判环节，最后成功加入自己的意向企业，目前已经顺利转正。

✳ **就业指导老师说**

已经离开校园的大学生如果工作2年内出现换工作的想法，不要盲目选择行业，翻开本书，重温职业规划的思路以及面试经验，结合自己优势进行目标梳理后再行动，可以让自己更加顺利地获得心仪Offer。

✳ **企业辅导老师说**

小郑不同于应届生，有一定经验，但仍然是职场新人。她受到企业被收购并且前景不确定的打击后非常有挫败感，但是认为自己不应该随波逐流，改变职业航道也许可以看到机会。职业定位与发展是每个人在职业生涯中会持续面对的问题，懂规划可以让自己少走弯路。小郑之所以求职顺利，是因为她做好了准备工作。

1. 换工作前先思考，定好目标再出发。
2. 不盲目投递简历，先分析岗位需求，在保证简历内容真实的前提下，梳理过往经历并展示亮点，列出工作内容和项目绩效。
3. 求职面试不焦虑，锁定目标找方法，每次面试必总结。
4. 获得Offer不骄傲，综合对比再决策，要想获得好福利，学会谈判很重要。

一、了解科学面试法

大学生如果想了解面试官的心理和人才识别方法，就要了解不同面试方法背后的逻辑。大学生了解不同的面试方法后可以用大学时间有针对性地完善自我，以及在面试时适应面试官的提问方式，有的放矢地回答问题。如果面试中遇到不太专业的面试官，大学生还可以利用所学知识引导面试话题，梳理出自己与岗位匹配的核心竞争力，让面试官优先考虑自己。

面试方法和流程都有可以参考的标准，面试方法也非常多样化。用于人才选拔的面试方法根据面试的结构化程度可以分为结构化面试法、非结构化面试法和半结构化面试法；根据面试的技术可以分为行为面试法、压力面试法和情景面试法。还有一种名为评价中心面试法的面试法，包括无领导小组讨论、案例面试、公文筐测验、管理游戏等。

（一）结构化面试法

结构化面试法是指经过统一培训的面试官通过统一的面试流程和面试题目，按顺序向求职者提问，

再按照标准答案和对应级别给求职者打分的面试方法。因此，结构化面试法也称为固定模式型面试法。

结构化面试法有3个特点：面试程序结构化、面试题目结构化和面试得分结构化。这种面试法的优势是降低了非结构化面试法的主观性，从而提高了面试的可靠性和准确性。面试官经过培训，对求职者的评价更加客观、公正。

结构化面试法通常有4种题目类型。

● 情景类问题，是对工作场景提出假设，让求职者回答的问题。

● 工作知识类问题，涉及工作中会用到的综合能力，一般是专业领域的题目或管理和人际类题目。

● 工作样本模拟问题，是对工作中会出现的关键工作的实际场景进行实操性考核，如人力资源培训岗会要求求职者直接给出培训流程的方案。

● 工作要求问题，旨在考察求职者的工作适应性，经常涉及的问题是"你是否愿意接受出差、加班、工作应酬或者常驻某一地区"等。

（二）非结构化面试法

非结构化面试法没有固定的流程和提问内容，面试官可以向求职者灵活提出与工作相关的问题，求职者的回答也很灵活。例如，面试官可以提问："你的成长经历中有什么事情让你印象深刻吗？为什么？"求职者的回答范围不设限，可以是工作、生活和学习中的任何一件事，只要说明为什么印象深刻就可以。

有些面试官比较喜欢问开放性问题，如"你的朋友评价你是一个什么样的人"（开放式）；同时会尽量避免引导式提问，如"当你觉得自己做错事的时候，你会主动和领导沟通，还是选择当领导问起时你才说"，明显具有引导倾向的问题属于无效问题。

（三）半结构化面试法

半结构化面试法是由结构化面试法和非结构化面试法融合的方法，是一种灵活性更强的面试方法，既有标准问题，也有开放性问题，提问顺序不固定。由于半结构化面试法，既可以用标准化问题过滤出人才，又可以采用非标准化问题深度互动，从而多角度考察求职者的综合素质、动机、价值观和个人期待，所以大多数企业会比较愿意采用这种面试方法。

（四）行为面试法

行为面试法是根据个人行为表现的连贯性原理发展起来的，要求求职者描述过往的工作案例或者生活经历来展示个人素质和优势的方法。行为面试法的假设前提是，一个人过去的行为能预示他未来的行为。例如：一个过去喜欢创造新事物的人，他的创新意识较强。行为面试法在前3种面试方法中都可以灵活应用。

行为面试法属于结构化的面试方法，因此也被称为结构化行为面试法。STAR原则是在行为面试法中最实用的面试原则，S是Situation（背景）、T是Task（任务）、A是Action（行动）、R是Result（结果），这个原则也是面试官在考察求职者能力时喜欢用的评估原则。

（五）压力面试法

压力面试法是招聘中经常出现的面试形式，主要检测的是求职者在压力下处理人和事的能力。例如：工作中处理复杂人际关系和冲突时的情商和情绪稳定性；组织安排高强度任务时，面对压力是否有责任心和坚韧的精神把任务完成。这一环节是很多大学生求职中容易出现问题的环节。

（六）情景面试法

情景面试法也是招聘中普遍应用的一种结构化面试方法，这个面试方法是面试官根据实际工作中可能出现的情况进行相关联问题模拟的面试方法。一个人未来的工作表现会受到他分析问题能力和解决问题能力的影响，因此情景面试有针对性、真实性、可信性、直接性和预测性的特点。例如：在工作中如果你和同事共同负责一个项目，但是你们对于项目的处理意见不合，你会如何处理这件事？举一个过去在你学习或者工作中真实发生的、你调动大家和你共同处理一件事的例子，中间遇到了哪些困难，你又是如何解决的？

（七）评价中心面试法

评价中心面试法是一种从多角度对个体进行标准化测试的方法，融合多种面试形式，曾用于军事，现在用于企业人才选拔。公文筐测试、管理游戏和角色扮演常用于中高端人才的选拔，校园招聘的面试中常用的是无领导小组讨论。

无领导小组讨论是评价中心面试法中使用最多的测评技术，多用于小组面试，由随机选择的求职者组成一个6~9人的临时小组，让他们讨论指定题目、共同商议、轮流发言，并得出共同的结论。题目设有情景，求职者自发选择自己所扮演的角色，一般有几种角色：组织者、时间官、记录者、汇报者、参与者。通常是1个面试官观察2个求职者，总讨论时长是1小时左右，所有环节面试官均不参与讨论，包括分座位等。面试官主要考察求职者的综合素质，如沟通表达、解决问题、组织协调、说服他人、辩论演讲、人际关系处理等方面的能力，还有求职者的个性特质，如成就动机、价值观、自信心、责任心、创造力、内向、外向和情绪稳定性等。无领导小组讨论的评价结果是多位测试者在同一标准和流程下观察汇总得出的，具备客观性。无领导小组讨论在校园招聘中使用非常多，在专业面试官的观察下测试的信度、效度高，面试效率更高。无领导小组讨论也是公务员选拔、企业批量招聘和高管内部竞聘选拔的面试方式之一。

无领导小组讨论中的面试官的评价标准常有以下几个。

● 有效发言次数。

● 组织讨论和引导他人积极参与的能力。

● 是否有独立思考并提出有效建议的能力，是否敢于发表不同意见。

● 倾听能力，尊重他人的能力，即在别人发言时不随意打断他人，但是反应快，能够抓住适合表达的机会表达自己的不同观点。

● 时间把控能力。

● 观点总结能力。

● 演讲呈现能力。

● 发现团队人才和授权管理的能力。

不论哪一种面试法，都是企业为了选出岗位需要的人才而采用的，所以大学生需要训练的是解题思路，有针对性地将题目要考察的能力和性格特质全方位展示出来。大学生在校期间多参加一些学校和人才交流中心组织的模拟面试大赛，有助于提升临场发挥能力。

✳ **课堂活动**

练习1

某银行无领导小组讨论的问题

假设你是某面包公司的业务员，现在公司派你去偏远地区销毁一卡车的过期面包（可以食用，无损身体健康）。在执行任务的途中，你被一群饥饿的难民堵住了去路，因为他们坚信你所坐的卡车里有能吃的东西。这时报道难民动向的记者也刚好赶来。对于难民来说，他们要解决饥饿问题；对于记者来说，他要报道事实；对于你来说，你作为业务员是要销毁面包的。

现在要求你既要解决难民的饥饿问题，也不让他们吃这些过期的面包，又不让记者报道过期面包的事实。

请问你将如何处理？

说明：① 面包不会致命；② 不能贿赂记者；③ 不能损害公司形象。

任务要求：

各自读题5分钟，每人阐释各自观点时间2分钟；

请就对方提出的方案阐述自己的意见；

通过小组讨论，在15分钟内决定方案，派出代表做陈述。

无领导小组讨论解题思路如下。

1. 分配角色。

2. 分析利益冲突。

3. 找到双方需求。

4. 提炼价值观和工作职责。

5. 梳理答题逻辑框架。

练习2

应聘市场策划职位

某科技公司新上市一款手机，要策划品牌发布活动，希望针对"95后"用户进行推广。公司希望市场活动策划人员设计3个不同的宣传推广方案，做前、中、后期的活动策划，每场活动推广预算在1000万元以内。

解题思路如下。

1. 分析受众群体的需求。

2. 介绍同品类针对20～30岁群体常用的市场推广策略。

3. 策划方案的思路和活动执行的流程。

4. 把控预算。

5. 评估活动传播效果。

练习3

视频市场调研

视频媒体时代，你认为市场上的视频社交平台各自有哪些优点和缺点。如果以视频社交为出发点，让你设计一款未来更有商业价值的新产品，你的思路是什么？

解题思路如下。

1. 对相关同类互联网产品进行调研和了解。

2. 从用户视角分析需求和产品设计的亮点。

3. 把新产品该有的功能模块和作用描述清楚。

4. 阐述对商业化的理解和新产品设计的想法。

5. 找到种子用户的画像和其在互联网平台的聚集地，思考裂变引流的模式。

二、了解面试常问问题

大学生面试前的准备工作之一是熟悉面试官的常问问题，针对岗位梳理思路，并进行面试模拟。

大学生在面试前进行专业的职业规划学习，在老师的辅导下梳理自己的成长轨迹和对职业规划的想法，回答问题时会更加精准。

目前的高校就业处非常重视大学生就业能力和职业素养的提升，会带领大学生参与就业面试大赛，并且开设专业的职业规划和面试辅导课程，对参赛学生进行一对一指导。

（一）面试问题分类举例

面试官会围绕简历进行提问，全方位地了解大学生的综合素质。面试官常问问题示例如表9-1所示。

面试官重点关注4类经历：学生干部、科研项目、社会实践和学习过程。面试官不仅要考察大学生当前的工作能力，还要考察个人发展潜力、性格与企业岗位的匹配度。关于发展潜力，企业最看重大学生六大核心素养：适应力、文化贡献力、团队合作力、领导力、责任感和目标感。

表9-1　面试官常问问题示例

简历模块	典型问题
个人信息	1. 请做简单的自我介绍
求职意向	1. 为什么选择我们企业
	2. 你有哪些能力可以胜任这个岗位
	3. 关于应聘这个岗位，你做过哪些准备
教育背景	1. 为什么选择这个学校和这个专业
	2. 在专业课中你最喜欢哪一科？为什么喜欢
	3. 读书期间让你最引以为豪的一件事是什么
	4. 你对自己选择的专业满意吗
	5. 你喜欢什么专业？为什么喜欢这个专业
	6. 你对于学习深造有什么计划
实习经历	1. 你在实习期间有哪些收获
	2. 实习中对你来说最有挑战的任务是什么？你是如何解决的
	3. 你在你的领导身上学会了什么
	4. 你认为实习期间的哪些表现是能让你领导满意的？哪些表现是让他不够满意的
	5. 你为什么不选择留在实习企业
	6. 你理想的工作是什么样的
项目经历	1. 请介绍一下你参与的这个项目
	2. 项目中你主要负责哪些工作
	3. 项目中让你印象深刻的事情是什么？为什么
	4. 你觉得项目有哪些遗憾？如果重新做一次，你会如何安排
	5. 做这个项目，你最大的收获是什么
社会实践	1. 你为什么参加这个活动
	2. 参加活动后，你的哪些能力提升了
	3. 你在活动中的职责是什么
	4. 在这个活动中，你最有成就感的事情是什么
奖励荣誉	1. 你是如何获得这些荣誉的
	2. 和同样争取这个奖项的同学相比，你在哪些方面更有优势
	3. 你为什么要争取这些荣誉
	4. 这些荣誉中哪个对你最有意义？为什么
职业资格证书	1. 你考这些证书的目的是什么
	2. 你认为自己有哪些专业和技能优势？请举例说明

简历模块	典型问题
个人生活经历	1. 你父母的职业是什么
	2. 他们对你的工作选择有哪些建议
	3. 成长中，对你影响最大的人是谁
	4. 身边的人都是如何评价你的
	5. 你从小到大做过最让自己自豪的事情是什么
个人职业规划、个性品质、沟通能力	1. 你的梦想是什么
	2. 你最欣赏哪3个人？欣赏他们的哪些方面
	3. 你希望自己成为一个什么样的人
	4. 描述一下你理想状态下的职业规划
	5. 如果你不适合我们这个职位，你还会考虑哪个职位
	6. 你认为什么风格的领导是你愿意追随的
	7. 工作中如果你和领导的观点不一致，而且你坚信你的观点是对的，你会怎么做
	8. 同事之间争取项目，你没有争取到，而且你认为能力不如你的人被选为负责人，你会怎么做
	9. 你的领导在组会上因为你的工作失误批评了你，但是失误实际是同事造成的，你会如何处理

针对表9-1列出的问题进行练习，大学生可以进一步了解面试官的提问思路。大学生越早了解这些问题，对学业规划和职业规划越有帮助，可以提升学习动力和进行职业规划的积极性。

（二）面试问题回答指南

大学生意识到每一个面试问题背后必有考察点时，就会认真思考如何回答问题。有面试经验的大学生，回答问题的思路更清晰，能抓住问题的要点。面试官在整个招聘过程中始终关注以下3个问题。

● 你是我要找的人才吗？

● 如果你顺利入职，可以稳定地工作吗？

● 你能很好地融入团队吗？

下面的问题回答指南会帮助大学生针对自身能力水平、职业发展、个人特质等多个维度阐述回答逻辑。当然，这些内容是为了让大学生在进入职场前可以有意识、有准备地规划学习、规划实习，让自己面试时有内容可以陈述，并且知道如何陈述会让面试官印象深刻。这些表达逻辑也适用于职场内部竞聘和商务合作洽谈等场合。

1. 自我介绍阶段

面试开始后，面试官通常会通过1～3分钟的自我介绍快速识别大学生的自我总结能力、沟通表达的逻辑和水平。

大学生在此阶段常出现的问题：

● 重复简历已有内容；

● 漫无目的地长篇大论，内容没有重点；

● 夸大其词地认可自己，让面试官感觉不真实；

● 过度谦虚，妄自菲薄，让面试官感觉不自信；

● 过度紧张，表达磕磕巴巴，展示出心理素质差。

下面是自我介绍的注意事项。

第一，内容管理。

自我介绍的呈现逻辑可以用MTV原则来梳理。

● M（Me）指我是谁；

● T（Task）指我在过去的任务中取得了哪些成就；

● V（Value）指我能带来的价值是什么。

第二，表情管理。

面带微笑，语言简练，自信；与面试官有眼神交流，自然地注视面试官的鼻梁处；介绍时嘴角自然上扬。

第三，声音管理。

面试时容易紧张，导致声音发抖、发颤，这会影响面试官的印象分。在家对着镜子不断练习自我介绍，到面试现场就会比较放松。

练习呼吸，将空气吸入腹腔，再慢慢呼出，说话时尽量控制语速，不要出现气短的感觉。如果普通话不标准可以说慢一点，让自己吐字清晰。打开口腔可以让发音更响亮、清晰。

第四，时间管理。

面试官一般会提出自我介绍的时间要求，如果面试官没有提出，大学生可以把自我介绍的时间控制在1~3分钟。时间太短，显得准备不足；时间太长，会让面试官失去耐心。把握MTV（Me，Task，value）呈现逻辑，介绍时根据岗位要求把自己的优势介绍清楚，关注面试官的反应。如果对方听得津津有味，身体前倾、频频点头或者眼神表达出想再多听一些的意思，大学生可以酌情补充细节。

举例

　　面试官您好，我是张××，今年毕业于双一流大学××大学，所学专业是市场营销，意向职位是与我专业相关的××职位（Me）。我的两段实习经历均与意向职位有相关性，一段是在同行业的乙方××公关公司担任实习生，主要负责客户调研工作，另一段是在制造业的甲方企业市场部实习，主要负责品牌活动执行。我在两段实习期间均获得优秀实习生称号，并得到部门领导的好评。我在我的老师和同学眼里是一个爱专业、爱运动、爱交友的热心人，我的专业课成绩在班级排名第一。我在大学期间担任学生会主席，带领学生会成员一起策划了校级联欢晚会和大学生校园运动会，获得校领导的好评（Task）。对于意向职位，我认为自身具有3点优势：擅长人际沟通、专业对口、有一定的市场活动策划经验。我具有相应的实习经历，能够很好地将市场营销理论和实践相结合。我真诚希望在本次面试中可以获得您的认可，有机会加入贵企业，贡献价值（Value）。

---

2. 考察能力阶段

针对面试官提出的与能力相关的问题，大学生应围绕专业、实习经历或者工作经历、在校经历来回答。但是，有些大学生在面试时，答非所问，或者回答内容冗长，重点不突出。

在此阶段常出现的问题有以下3种。

● 回答问题既不客观也不具体，更多停留在自我欣赏上。

例如，面试官问："你为什么认为你有能力做好这份工作？"回答："大家认为我做事非常认真，我相信我可以做好这份工作。"

举例

　　职位：销售

　　问题：你为什么认为你有优势做好这份工作？

> 有效回答：我学的是畜牧专业，但是我并不喜欢，为了顺利转型，在不影响学业的前提下，我做了3份与销售相关的工作，锻炼了我3个方面的能力。① 不怕开拓陌生客户。我的第一份工作是培训招生，招到了100位学生，在暑期实习生里业绩排名第一。② 擅长维护客户关系。我在驾校销售岗位期间，遇到很多要退费的客户，但在我的维护下，没有一人退费，因为我亲自为这些报名的客户安排课程时间并一对一打电话安抚情绪。③ 学习能力强。我是行业新人，但是我喜欢看与工作相关的图书并学习相关课程，学习提升销售能力和顾问式营销思路，经常在团队内部分享销售经验。

● 表达的优势与职位要求的能力无关。

例如，面试官认为某职位需要的是团队配合和强执行力，而大学生表达的自身优势是有个性化的创意，这就是不直接与职位相关的优势。

举例

> 职位：项目执行助理
>
> 问题：你认为做好这个工作的必备素养是什么？
>
> 有效回答：我认为有3个核心素养。第一，执行力。项目要落地，就要确保执行到位，我参与过校庆和社团活动的组织策划，将项目执行到位就成功了一半。第二，变通能力。发生突发事件要第一时间报告上级，并想到解决方案。第三，沟通能力。工作要协调各方需求，要理解各方想法并且有效传递解决方案。

● 回答绩效时不量化。

很多没有经验的大学生喜欢用形容词描述优势，而不是用可量化的绩效来展示优势。例如，面试官问："你认为在上一份实习工作中你的表现有哪些亮点？"大学生回答："领导认为我的文案写作能力特别强。"

举例

> 职位：内容运营助理
>
> 问题：你认为上一份实习工作中你的表现有哪些亮点？
>
> 有效回答：我的文案写作能力得到领导认同，写过的文章有3篇在自媒体平台的阅读量破十万人次，每一篇的转发量都破万人次、评论量上千条。

针对考察能力的问题如何回答更加有效，下面为大家总结了一些回答思路。

第一，介绍时要按照STAR原则介绍自己的能力和优势。

STAR原则是很多知名企业的面试官常用的考察能力的原则。

● S（Situation）：事情发生的情景是什么。

● T（Task）：你的目标任务有哪些。

● A（Action）：针对这样的情景，你采用了什么行动方式。

● R（Result）：结果如何，你有哪些收获，提升了什么能力。

简而言之，大学生可以利用STAR原则在面试中有逻辑地介绍自己。

> **举例**
>
> 职位：销售
>
> 问题：回忆遇到过的让你印象深刻的困难，你是如何面对的？
>
> 有效回答：大学期间，我做过一年驾校的销售人员，期间我一直是销售冠军。有段时间，很多学员要求退款，面对学员利益和驾校利益，我选择的方案是积极帮助学员转卡和将他们的学习时间延期，实现零退款。同时我还帮助驾校策划了新的推广方案进行线上引流，为此驾校领导专门为我录制了实习期间工作表现的鼓励视频。

第二，重点介绍与岗位素质相关的成就事件和能力。

这个环节需要重点解读职位描述。对于工作要求的能力，大学生一定要结合岗位所需专业水平和个人的案例和成绩做重点介绍。

前面提到的动宾结构的表述方式，同样适用于面试，并且大学生的回答一定要可量化或可验证，而不是形容词的堆砌。

> **举例**
>
> 如果应聘岗位要求沟通能力强，大学生可以这样介绍："我自身的优势之一是沟通能力良好，我在大学期间负责组织班级活动。由于学校要求在1周之内出2个节目，我们班上有45个人，所以我找到了20位有才艺的同学，邀请他们参与活动策划，结合每个人的优势做了分工，这样不仅使节目有了着落，也使整体活动策划和流程安排非常顺利，达到了班级活动人人参与的效果。"

第三，案例必须真实，经得起追问和核实。

即使实习经历少、可总结的案例有限，大学生也不要在面试时虚构经历，因为面试官可能阅人无数。如果在面试中被识破说谎，大学生就不可能有入职的机会了。

> **举例**
>
> 如果被问到相关经验而自己确实没有可讲的经验时，大学生可以和面试官这样说："谢谢您问我这个专业问题，我确实没有接触过这方面的事务。根据您刚才问的问题，我可以现场按照自己的理解回答一下，如果方向不对请您指正，我愿意面试结束后尽快总结这类问题的解决思路，并以邮件的形式反馈给您。您看可以吗？"

第四，态度必须真诚和认真。

态度真诚和认真是与面试官建立信任的必要条件，大学生提前针对岗位做模拟面试练习、准备好自我呈现的内容和意外问题的应对方法很重要。同时，面试官如果因为你的诚恳给了你后期反馈个人问题的机会，大学生一定要在面试结束后真诚地向面试官表达感谢。

> **举例**
>
> 大学生可以这样说："非常感谢您提供面试机会，我会认真再梳理一下您问的问题。虽然不知道今天的面试结果如何，但是我觉得今天的面试非常有价值，您以专业视角帮助我提升了对自己的认知，我会尽快向您反馈，可以给我一下您的邮箱吗？"

3. 考察稳定性阶段

面试官除了看重大学生的能力外，还看重大学生的稳定性。稳定不仅是个人需求，还是企业需求。企业培养职场新人上岗从而产生绩效的成本很高，所以企业也希望招到合适的稳定的员工。

面试官考察稳定性的问题很多，一般包括以下4类。

● 你为什么想选择我们企业的这一职位？（动机）

● 你理想的职业规划是什么？（职业规划）

● 你认为收入、发展、人际关系、工作和生活平衡、健康这5个因素的重要性排序是怎样的？为什么这样排？（职业价值观）

● 到目前为止，你对我们企业的整体感受是怎样的？我们企业最吸引你的是什么？（个人印象）

大学生在此阶段常出现的问题如下。

● 职业规划过于宏大，但是能力一般，让面试官感觉心浮气躁。例如："我的目标是3年升到总监、5年升到总裁，然后自己创业，挑战自我。"

● 过于在乎收入。例如："收入是对能力的证明，如果不能给予我更好的待遇，就说明企业不重视我。"

● 对企业文化不够理解、认可度低，让面试官觉得适应性差。例如："我理想的工作状态是自由支配工作时间，不接受加班、出差。"

大学生回答面试官考察稳定性问题的思路如下。

第一类，动机问题。

大学生要围绕自身的专业、兴趣、实习经历或者未来行业预期等展开说明，要提前调研职位要求和行业发展的情况，不要讲假大空的话。

第二类，职业规划问题。

大学生要根据自己3～5年的近期规划、5～10年的中期规划和10年以上的远期规划表述自己的想法。

● 近期规划，指大学生要想明白是沿着专家线发展，还是沿着管理线发展，因为两条发展线需要积累的核心竞争力是不同的，大学生可以借机询问面试官企业对于新员工的培养计划。

● 中期规划，指大学生要结合自己理想职业生涯的发展目标，以及自己为实现目标积累的资源和培养的能力展开描述。

● 远期规划，指大学生要结合理想的事业状态和生活状态，以及自己的梦想和情怀展开描述。

第三类，职业价值观问题。

职业价值观排序要匹配自己的职业目标，不要自相矛盾。如果你的职业目标是成为部门骨干，5年内获得独自带项目的能力和机会，但是职业价值观排序是工作生活要平衡、希望有自由支配的生活时间、身体健康、不能加班，这看起来就是冲突的。此时，可以换一种说法表述职业价值观，例如："我希望获得更多的成长空间，愿意为提升能力暂时放弃休息时间，让自己多充电、多学习，同时，我希望把每年可以支配的假期分配给自己的家人和业余爱好，让自己工作时全力以赴，休息时尽情放松。"

第四类，个人印象问题。

大学生在面试时可以多分享自己了解的企业文化、面试官给自己的感觉、工作内容等方面的信息，让面试官感受到这是在认真观察和深思熟虑后做出的回答。

4. 考察个性特质阶段

面试官对大学生个性特质的考察贯穿面试所有环节，大学生的个性特质反映了其入职后能否可以快速适应岗位、融入团队。

面试官考察大学生个性特质的问题很多，一般包括以下5类。

● 你眼中的自己是什么样的？你身边的人（老师、同学、朋友、父母）对你的评价是什么样的？你认同吗？（自评和他评）

● 你觉得自己的哪些个性对你与人相处有优势？哪些是存在问题的？（人际关系）

● 如果在工作中和同事因为讨论工作而产生冲突，你会如何解决？（冲突管理）

● 你从小到大对什么方面的事比较感兴趣？（兴趣）

● 如果你的上级要求你做的事违反企业制度，你怎么办？（价值观）

大学生在此阶段常出现的问题如下。

● 只讲优点不讲缺点，容易让面试官感觉自评过高。

● 处理人际冲突时情商过低，总是讲自己的优点、别人的问题。

● 性格过于呆板，让面试官感觉很无趣。

大学生回答面试官考察个性特质问题的思路如下。

第一类，自评和他评问题。

从实际出发，进行自我评价时一定要想好对应的例子，说明为什么要这样评价自己。例如，大家一致认为你做事太"较真"，你举出平时和大家一起做事时过于认真的例子，这样会加分，而不要举出那些过于斤斤计较的例子。

第二类，人际关系问题。

根据自己的个性特点在与人相处时发挥的作用来回答。如果自认为是开朗、积极主动的人，大学生就可以举一些因为开朗、积极主动而赢得良好关系的例子。如果自认为内向、不爱与人交流，大学生就可以举出一些自己可能会觉得不够舒适的情况，但不要举出因为自己个性让对方很不愉快的例子。总之，面试时不能说谎，也不要将自己的问题放大化。

第三类，冲突管理问题。

冲突管理问题考察的是大学生的情商和解决工作冲突的能力。大学生回答问题时应把握以下3个原则：第一，以解决问题为出发点；第二，做好表情和情绪管理，如果沟通方式让面试官产生了情绪，要为自己的沟通方式道歉，但是要让面试官理解自己的初心是希望更好地解决问题；第三，要展现出自己的魄力，要敢于和对方探讨问题，针对发现的问题，要勇于表达，并给出解决方法，同时保持谦虚的态度，对于思考不足之处可以请对方指出来，一起探讨。

第四类，兴趣问题。

兴趣影响大学生将来投入工作的热情。兴趣可以与工作无关，也可以与工作有关，但是应是长期坚持并且热爱的，而不是一时兴起的事。

第五类，价值观问题。

这类问题既考察大学生的人品，也考察大学生的智商和情商。价值观是做事的原则和底线，所以大学生要先明确地表达自己的观点和态度，再说明原因和处理方法。君子有所为，有所不为，违反企业利益和法律的事不能做，违反职业道德的事不能做。

5. 考察面试态度阶段

在面试结束前，面试官会提出一个问题："你有问题要问吗？"在真实的面试中，很多大学生没有利用好这个问问题的机会。

大学生不会问问题的原因主要有以下3种。

● 没准备，一紧张就不会问，索性随便选择一个问题。

● 对职位不感兴趣，所以也不想浪费时间交流，直接放弃问问题的机会。

● 只想聊关于薪酬福利的事，询问有没有五险一金和补助等，而忽略了与个人发展有关的问题。

大学生在面试中必须关注以下问题，从而有效提问。

● 掌握自己入职后所在部门的业务属于企业的新业务还是老业务，是核心业务还是周边业务，判断部门未来的发展空间。

● 了解自己入职后所在团队各级领导的经历和背景。

● 了解自己加入企业后有哪些可以提升个人能力的机会。

● 了解在同一岗位上，目前在企业晋升速度比较快的员工所做的努力。

● 了解对于自己的面试表现，面试官有哪些反馈和建议。

● 请面试官分享这家企业吸引他加入的亮点，他认为自己有哪些方面与企业的职位相匹配。

（三）面试谈薪的方法

面试必定涉及薪酬谈判环节。大学生经常在初面中，会被问及薪酬期待，或者自己主动向面试官询问有关薪酬的问题。求职者和面试官在试探双方的需求，面试官想了解求职者的下限，求职者想了解面试官的上限。有的职场人因为不会和面试官谈薪酬，让自己要么白白丢掉好机会，要么因为薪酬没谈妥，只能委屈加入新岗位。到谈薪这个关键环节，有3个重要的注意事项，分别是谈薪时机、谈薪对象和谈薪方式。

1. 谈薪时机

谈薪的时机不应该是初次面试结束前由自己主动提出，而应该在对方对你表示欣赏，并且询问你对于薪酬的期待，以及确认可以入职的时间时商讨。

校园招聘企业会有统一的校招薪酬标准，但是按照经验，根据毕业学校和面试表现，薪酬还有可以谈判的空间，尤其是当你已经拿到同行业头部公司的Offer后，这个时机最有谈判的空间。

2. 谈薪对象

一般情况下，求职者是与HR谈薪，除非自始至终都是业务部门负责人面试。与HR谈薪，是比较合适的，他会根据你的综合能力和公司的薪酬标准识别可以为你争取的福利，而且如果你的薪酬期待不合理，他也会表明原因。HR比较理性，不会计较你因为薪酬谈不好而产生的情绪，这样可以有效避免你与业务部门负责人谈薪时可能产生的不愉快。

3. 谈薪方式

大学生应请面试官先介绍一下这个岗位的薪酬福利，对其开出的条件做到心中有数后再谈。如果面试官想知道大学生的期望薪资，大学生有两种回答方式：一种是参考网站上同类岗位的薪酬水平，报出自己的期望值；另一种是根据已经获得的同类岗位的Offer，表达希望不低于某一个薪酬数值，同时表示尊重企业的薪酬体系。

当面试官表示企业能给的薪酬与大学生的预期不匹配时，大学生不要急于表达不满的情绪，更不要表示希望加薪的理由是生活开支高。

大学生从以下角度谈薪是比较合适的。

● 询问这个职位的晋升体系和对应的薪酬水平。

● 调研同类职位在其他企业的薪酬水平，如果底薪和绩效悬殊，可以请面试官介绍一下福利构成及绩效考核条件。

● 了解同一岗位绩效最好的员工和绩效一般的员工的薪酬差别，了解自己入职后的薪酬提升空间。

● 多分享自己对企业的价值，展示自己的能力。

面试前，大学生对本节分享的常见问题进行总结和练习，可以有效提升面试的成功率。这部分内容也能帮助大学生在求职中学会自信表达、有效沟通。

三、掌握面试策略

面试形式分为视频面试、语音面试、现场面试，视频面试和语音面试统称为线上面试，现场面试即线下面试。线上面试是目前校园招聘中比较常用的第一轮面试形式，一般采用视频面试的形式。对于大学生来说，在线上面试前需要提前关注很多细节才能保证面试流程的顺畅。大学生结合真实面试中常出现的问题和面试流程，总结应对思路，掌握以下应对策略，就能够在线上面试中发挥正常水平。

（一）线上面试"避坑"指南

视频面试和语音面试都属于线上面试，两者共同之处比较多，大学生用准备视频面试的标准准备语音面试一般不会出问题。不要因为是语音面试就准备得比较随意，声音可以反映出一个人的面试状态和对面试的准备程度、重视程度。了解以下常见的5个问题，有助于大学生顺利通过线上面试。

● **问题1**：没有提前测试线上面试工具，网络卡顿、声音小。

应对策略：提前下载好相关软件，并熟悉不同按钮，找到话筒静音、视频开关，并测试音量和网络环境；面试前提前20分钟进入线上会议室，设置成静音和视频关闭状态安静等待面试官。

● **问题2**：视频中画面背景比较乱，声音嘈杂，影响面试印象和沟通效果。

应对策略：提前准备好耳机，选择无噪声的面试环境；背景可以是一面白墙或者书架，也可以设置虚拟背景。

● **问题3**：不适应视频沟通，眼睛不看镜头，导致无法和面试官有很好的眼神交流。

应对策略：提前练习自我介绍，保持自信与微笑，声音要适度放大，必要时配一个话筒，让自己熟悉视频面试中的互动形式。

● **问题4**：坐姿和着装不得体，过于随意。

应对策略：正襟危坐，后背挺直，表情自然；建议男大学生穿深色西服和浅色衬衫，女大学生穿职业套装，不要穿褶皱过多的衣服。

● **问题5**：小组视频会议面试，声音嘈杂，出现抢话、叠音的情况。

应对策略：自己不说话时要将话筒调为静音；如果想抢答，举手示意或用软件功能举手后再打开话筒回答问题。

（二）面试步骤流程指南

根据面试人数的不同，面试时长有所差异，单独面试和集体面试的考察形式不同。一个标准化的一对一面试时长在20~40分钟，集体面试或者高级岗位面试的时间会更长一些。大学生面试前应预留出足够的时间，如果面试时间有冲突，要协调好每场面试之间的时间。

线上面试和线下面试的基本流程有相似之处，面试的基本流程如图9-20所示。

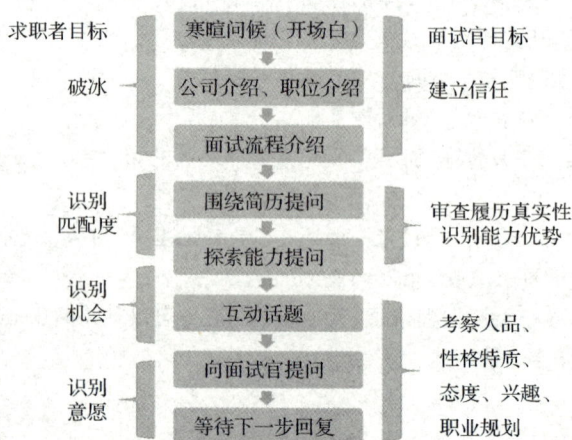

图9-20 面试流程

1. 寒暄问候，双方自我介绍

面试官一般会先亮明身份，主动介绍自己的姓名和所属部门，告知大学生如何称呼自己，并在面试中提示大学生：所有的面试问题都要保证如实作答，如果不方便回答可以拒绝回答。

面试官会请大学生做1~3分钟的自我介绍，大学生针对简历和综合情况介绍自己的经历和求职意向即可。

2. 面试官进行企业介绍、职位介绍和面试流程介绍

这一部分的内容不是所有企业的面试官都会介绍的，因此大学生要提前做好这部分的功课。有些面试官会反问大学生对企业业务和对这个职位的认识，以及询问大学生选择这个职位的原因。

受过规范培训的面试官会在面试开始或结束时说明本岗位共有几轮面试、由哪个部门的人员负责后面的面试。如果面试官没有告知，大学生要在面试结束后主动询问，确认后续的面试流程，了解参与面试的企业人员的职务背景，方便准备之后的面试。

之所以强调这一点是因为大多数面试失败的大学生会忽略第二步的细节，让自己一直处于被动状态。

3. 面试官围绕简历和能力提问，识别履历的真实性和职位与能力的匹配度

在这一环节面试官会结合对于岗位的面试考察方式，采用不同的面试方法。

面试官会根据面试人数融合多种面试方法，多角度识别人才，大学生不需要掌握所有面试方法，但是要对这些面试形式有所认识，以免在真实的面试场景中因为过于紧张发挥失常。

4. 了解大学生的工作动机、价值观、性格、人品、态度和职业发展规划等

这个环节主要考察的是大学生的工作动机、价值观、性格、人品、态度和职业发展规划等，例如：关于工作动机的问题，自己认为做什么事能够让自己投入更多的精力，不去计较得失；关于性格的问题，生活中父母、老师、亲友认为自己是一个什么样的人；关于职业发展规划的问题，3年到5年内自己的生活达到什么状态是自己比较满意的。

面试官提出生活化的问题既可以缓解氛围，还可以了解大学生的内心想法。面试官的目的是明确大学生的动机、价值观和特质与职位的适配性。例如：一个从小喜欢自己做决策的人，面对学业和工作更容易自我驱动，朝着自己的目标努力；反之，一个多数时候是家人帮助做决策的人容易受他人观点的影响，对于工作和职业规划往往处于被动状态；家境比较好的大学生往往不是很在乎收入，更关注自我成长、人际交往以及健康安全等；急需用钱的大学生，往往更在乎收入、自我成长等。面试官通过了解大学生的成长经历，可以更好地判断工作内容和部门文化是否满足大学生的个人诉求，以此分析大学生的稳定性和工作动力来源。

5. 面试官询问求职者是否有要问的问题

这是识别双方意愿和态度的最后环节。很多准备不足的大学生会回答"我没有问题"，认真准备的大学生会结合自己的需求提出一些与工作相关的问题。

四、破解面试问题

一份好简历可以帮助面试官了解求职者的个人素质、过往经历，有哪些经验是可以运用到未来工作场景中的。面试环节是面试官识别求职者关键能力、验证其能做什么的关键环节。一个优秀的求职者不仅要有丰富的学习和工作经验，还要在面试前做好准备，让自己在面试中展示出自己的水平。

优秀的职场人士既会做事又会表达，可是很多大学生缺少面试经验，不熟悉面试环节和考察方式，不会有针对性地总结优势，导致自己过度紧张，答非所问，让自己与好机会失之交臂。自身能力不够需要专业积累，无法临阵磨枪，但是应聘态度和心理素质可以通过快速训练得到改善。

（一）面试印象差的原因

在面试现场，求职者给面试官留下的印象差的原因如下。

● 精神紧张，在面试现场答非所问，声音软绵绵，因准备不足导致被问得面红耳赤。
● 难以沟通，让面试官失去耐心。
● 夸大其词，让面试官觉得不够诚信。
● 情绪失常，在被否定时，会情绪激动或者用语言攻击面试官。
● 态度不端，对求职职位和企业业务完全不了解，现场表现过于随意。
● 造型不合适，忽略对外在形象的管理。

（二）赢得面试好印象攻略

在面试中表现力强的求职者并非具有天生的优势，而是非常善于提前学习、总结规律，注重面试前、面试中、面试后的准备工作，让自己的综合实力完美呈现。就像上文案例中的小栾，面对之前的失误选择求教职业教练，并且非常用心地对每一次面试的问题都做了总结，在模拟面试中优化自己的回答思路，最终获得了心仪的工作机会。

1. 面试前

大学生在面试前要做好以下准备工作。

● 与邀请面试的工作人员电话确认面试流程。
● 提前对面试官可能会询问的问题做好回答的思路梳理。
● 上网查询企业介绍、业务发展范围和行业排名，应聘岗位的职责要求，他人的面试经验。如果可以通过职业访谈等形式提前了解企业的文化、制度、专业、经验要求、发展空间等信息，更有助于大学生提前评估自己与企业的匹配度。
● 若面试要求使用外语作答，则需要提前准备相应的简历和回答。
● 提前练习自我介绍，不断优化和精简语言。

2. 面试中

初次见面要给面试官留下良好的第一印象，进门的那一刻就是面试的开始。注意仪表得体、表情自信、语言简练有逻辑，礼貌回答问题，让面试官感受到真诚。主动与第一次见面的面试官保持友好互动，因为其既会向你反馈面试结果，也有可能是你未来的同事，面试结束离开之前要留下其联系方式以便跟进面试结果。

3. 面试后

面试后求职者要重点做好以下3件事：一、用微信或者邮件感谢面试官邀请面试；二、总结面试官的提问和自己的答题思路，做好面试总结记录，从自我介绍、专业展示、沟通表达、情绪状态等方面对自己在本次面试中的表现进行评分；三、对职位进行综合分析，进一步判断其是否为最佳职位。如果是，重点跟进面试结果，并集中精力准备下一轮面试；如果不是，可以开始寻求更心仪的职位。

不需要在每一次面试中都获得完美的结果，但既然选择去面试，就应该珍惜自己投入的时间，认真面对。

（三）面试关键考察点

面试流程不论是简单还是复杂，都万变不离其宗，大学生在求职前要掌握面试官在不同面试环节的考察重点。常规面试经过3个关键环节后，面试官就可以确定是否录用。

心理学的冰山模型（见图9-21）很好地诠释了面试官选择人才的甄别方向。第一轮

扫码阅读
面试关键考察点

面试主要识别冰山上的人才质量，它决定了人才的工作能力匹配度，以及冰山下的个性特质，这决定了求职者性格与岗位和团队文化的匹配度；第二轮面试重点考察冰山下的动机，动机决定了自驱力和工作态度；第三轮面试重点考察期望值，期望值决定了企业是否录用求职者以及未来与求职者长期的合作与发展。面试官的具体考察细节可以扫描上页中的二维码进行学习。

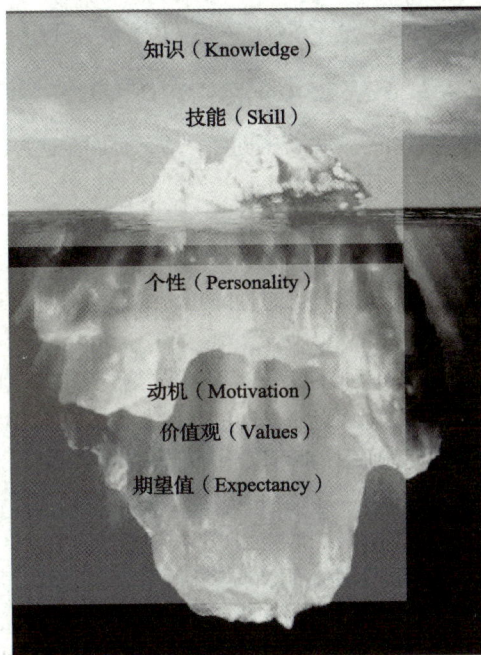

知识（Knowledge）

技能（Skill）

个性（Personality）

动机（Motivation）
价值观（Values）
期望值（Expectancy）

图9-21　冰山模型

案例

　　小栾所学专业是计算机软件，成功应聘上了算法研发岗位。他之前面试过几次总是失败，后来找专业的职业教练进行职业规划和面试素养培训，终于获得一家大型民营企业的关注，最终不仅通过了简历筛选和面试，还被面试官表扬是最能抓住重点表达观点的求职者。

　　小栾学习面试方法的第一个任务就是模拟面试，预判面试题目，总结每一个面试问题背后的考察点和自己回答逻辑的严谨性。他保持总结习惯，复盘每次面试的问题，这些总结和复盘为他求职成功发挥了巨大的作用。他将他经历的民营企业三轮面试的流程和面试官提出的问题做了以下总结。

　　第一轮是集体视频面试，人力资源业务合作伙伴和业务部门中的一位技术专家参与面试。面试官让每一个人轮流自我介绍和回答问题，面试问题集中在对岗位的理解、过往的社会实践经历、自身的优势和兴趣、为什么觉得自己适合这项工作等方面。

　　第二轮面试是现场面试，由用人部门的经理面试，问题集中在技术水平测试、行业问题、对于未来职业发展的期待与定位、对于企业文化的理解、目前在接触哪些岗位机会、对于出差和加班是否介意等方面。

　　第三轮面试是人力资源部的面试，在面试前求职者们先做了线上心理测试，测试类型是新人职业素质和职业价值观。这次面试围绕以下问题展开：自己觉得最有成就感的经历；认为什么事能够让自己愿意投入更多的精力，不计较得失；生活中父母、老师、亲友认为自己是一个什么样的人；自己最崇拜的榜样是谁，为什么崇拜他；3年到5年内自己的生活达到什么状态是自己比较满意的；公司最吸引自己的地方是什么；最有顾虑的地方有哪些；如果拒绝这个机会可能是什么原因。最后，终于到了谈薪环节，面试官直接亮出了这个职位的薪酬底薪以及对应届生的绩效要求，就福利的细节做了解释，询问自己是否有不理解的地方；询问自己对于职位、薪酬和入职时间有无疑问……

✳ 就业指导老师说

缺少面试经验的大学生如果不对每一次面试进行总结，可能会让自己重复犯错。大学生可以就一些企业关注的共性问题提前梳理好回答逻辑。

✳ 企业辅导老师说

面试不是只说自己想说的，而是要将自己想说的和面试官想听到的，以及对成功入职有帮助的信息快速梳理出来，用简练的语言回答。

1. 集体面试考察的是综合素质和反应能力，以及对待工作的态度、心理素质等，所以不要在回答问题时太被动或总是最后一个回答。面对比自己优秀的求职者不要气馁，因为自信、热情、良好的反应能力和沟通能力以及过硬的基础素质都可以让自己脱颖而出。

2. 用人部门的经理面试关注专业素养和个性品质、关注求职者是否属于值得培养的人才，更看重专业实力，以及求职者对职业发展的想法和对企业的认同度。

3. 第三轮面试就是考察求职者的个性品质和与企业文化的契合度，判断求职者对薪酬的期待，确认到岗时间等细节。要提醒求职者的是，在此轮面试过程中不要骄傲，更不要过度激动表达出"非此企业不进"的状态。要保持理性，不能为了争取高薪，将自己已有的那些工作机会和薪酬在此和面试官呈现，这是不职业的表现，同时会让面试官认为你也会拿着他开出的条件去谈下一家公司。求职者面对薪酬问题时只需要表达自己非常珍惜这个机会，虽然自己有获得更高薪酬的入职机会，但是个人觉得能有长远发展的机会更重要，会慎重考虑这个机会，希望面试官可以综合考量，看看还有哪些福利是可以争取到的。

成功小贴士

一、容易导致面试失败的4个核心问题

1. 形象问题

仪表：发型、妆容、精神面貌、表情管理。

体型体态：身材、站姿、坐姿、走姿。

身体气味：口气、体味。

面试着装：衣服、包、鞋、腰带、手表。

面试礼仪：礼貌用语、情绪管理。

2. 心理素质和准备工作的问题

不熟悉面试流程和面试方法，导致面试时频频出错。

准备工作不足，无法有效回答面试官提出的关于企业和职业的问题。

被面试官否定和质疑时，不能控制情绪。

3. 资料真实问题

学历不真实。

成功小贴士

工作履历不准确：就职企业、就职时间、就职职位、就职待遇等不准确。

工作能力不真实：绩效数据、项目案例造假。

人品不过关：取决于过往合作的老师、同学、领导和同事对于人品的评价。

4. 职业规划问题

求职过于理想化，想做的事没能力做，能做的事不愿意做。

求职过于盲目化，没有工作动力、目标，行动力差。

求职过于消极化，否定自己，对就业环境感到恐惧，不敢面对拒绝。

求职过于高估化，高估自己的能力和应得薪酬，以至于迟迟找不到满意的工作。

二、提升面试成功率的9个方法

1. 提前准备好1分钟和3分钟的自我介绍；

2. 提前熟悉面试企业信息和职位要求，总结自身的优势和能力匹配的案例；

3. 提前模拟面试；

4. 观看职场类节目总结经验，如《非你莫属》《初入职场的我们》；

5. 面试前做同类职位的一对一职业访谈；

6. 面试中表达逻辑清晰，自信大方，言之有理；

7. 面试中先介绍自身符合岗位要求的能力，再介绍证明能力的案例；

8. 面试结束时表达对工作的积极态度和对面试官的感谢；

9. 面试结束后要复盘，总结面试问答思路中需要完善的地方。

回顾·练习

1. 请根据自己的学习和工作经历制作一份符合意向职位要求的简历。

2. 请进行限时3分钟的自我介绍模拟练习。

3. 请通过网络求职进行一次真实的实习职位面试。

4. 请写一份详细的面试总结，总结重点是面试官的问题和自己的回答。

5. 请邀请一位专业的面试官为自己做一对一辅导。

发现·探索

活动主题　分析简历

这份简历是王同学在学校根据自己的综合情况制作的。简历的各大模块信息齐全、内容比较精简，但是在介绍个人和实习工作职责时没有突出优势。针对王同学实际的工作情况，企业辅导老师对简历进行了修改。

请你根据本章所学内容讨论简历修改前后的差别，说明哪份简历更好及原因。

修改前的简历如图9-22所示。

个人简历

王同学

- 为人诚恳，乐观向上，与人和善，动手和执行能力强，具有耐心和信心；
- 积极进取，有较强的团队精神，吃苦耐劳，工作积极主动；
- 性格沉稳，喜欢交朋友，乐于、善于学习他人优点。

🎓 教育背景

浙江××大学 材料工程 硕士　2019.9—2022.6

主要从事棉织物的功能化改性、有机化合物合成及高分子材料合成实验等；已发表 SCI 二区论文一篇，撰写实用新型专利一篇。

××学院 材料科学与工程 本科　2015.9—2019.6

主修课程：高分子化学、高分子物理、有机化学、分析化学、材料科学基础、材料加工、物理化学、化学工程、仪器分析等。

👤 校外实践经历

毕业实习生：浙江××药业有限公司　2019.2—2019.5

主要职责：

- 负责各类抗生素药品的配料、加工成型以及包装；
- 协助检验部门对产品的质量进行检测，如微生物含量、有效成分含量等；
- 协助整理近年来公司的生产资料，对其归档。

🏫 校内实践经历

××学院校学生会素质拓展部部长　2016.9—2017.6

- 主持部门日常工作，审核全校各类学生活动，录入综合素质学分。
- 组织校级英语竞赛，举办消防安全运动会等。

××学院材料科学与工程班副班长　2015.9—2019.6

- 协助团支书和班长管理班级日常事务，组织开展各类团日活动。

浙江省 杭州市

1×××××××××

1××@163.com

安徽省 合肥市

1994.05.02

技能

场发射扫描电子显微镜（FE-SEM）

X 射线能谱仪（EDS）

抗菌测试

荣誉

2016	国家励志奖学金；优秀团干；××市优秀志愿者
2017	校一等奖学金；优秀班干；校优秀学生干部、先进个人
2018	校三好学生；校二等奖学金
2020	校三等奖学金

爱好

图9-22　修改前的简历

修改后的简历如图9-23所示。

王同学

电话：1×××××××××　邮箱：×××××××××@163.com

目前居住地：浙江杭州　　　意向地域：安徽、江苏

意向行业：医药公司　　　　求职目标：管培生

🎓 教育背景

2019.9—2022.6　浙江××大学 材料工程 硕士

主要从事棉织物的抗菌、疏水等功能化改性，已在 Top 期刊发表相关 SCI 论文一篇，撰写实用新型专利一篇。

2015.9—2019.6　××学院 材料科学与工程 本科

👤 校外实践经历

2019.2—2019.5　毕业实习生：浙江××药业有限公司

- 负责各类抗生素药品的配料，熟悉各类药品的配方；了解了药品加工的标准化流程，掌握了药品包装的全流程以及包装的规范化标准；与质检和生产部门沟通交流。
- 对抗生素类药品的质量进行检测，在对各批次药品的检测过程中做到了零失误。
- 有效管理了公司近五年的数百份生产资料，同时对所有资料进行标准化的归类整理，并且进行了数字化录制，方便后续人员的查询与归档。

📖 校内实践经历

2016.9—2017.6　××学院校学生会素质拓展部部长

- 作为组织者与策划者，带领部门人员成功举办了参赛人数近两千人的英语竞赛；其间负责与赞助商、校团委以及十四个院系部门的对接协调工作。
- 协助保卫处与消防队共同举办了参赛人数达 300 余人的消防趣味运动会。
- 参与制定了《学生综合素质学分实行办法》，同时负责审核全校各类活动近百场，做到学分登记审核零失误。

2015.9—2019.6　××学院材料科学与工程班副班长

- 协助团支书和班长管理班级日常事务，组织开展各类团日活动20余次，使班级获得"优秀班集体"荣誉称号。
- 连续四年协助老师对课程进行考勤工作，提高同学们上课的积极性，使班级获得"优良学风班级"荣誉称号。

荣誉

2016　国家励志奖学金；优秀团干；

　　　××市优秀志愿者

2017　校一等奖学金；优秀班干；

　　　校优秀学生干部、先进个人

2018　校三好学生；校二等奖学金

2020　校三等奖学金

技能

场发射扫描电子显微镜（FES-EM）

X 射线能谱仪（EDS）

抗菌测试

自评

- 具有探索和创新精神，熟练掌握有机和高分子化合物对纤维素的功能化改性；同时了解有机合成的基本操作。
- 能够很好地发现问题和解决问题；具有良好的沟通协调能力和团队合作精神；具有较好的自我控制力和执行力，承受压力能力强。

爱好

图 9-23　修改后的简历

第十章
职场适应加油站

10

关键词	劳动法　试用期　职业焦虑　职业倦怠　职场人际　职场规则 职业化
学习指南	1. 掌握就业必备法律常识； 2. 掌握试用期考核的关键要素，顺利转正； 3. 掌握职场规则，以尽快适应职场； 4. 掌握职业生涯生存期向事业期过渡的必备技能。

——案例导入——

《一生的旅程》一书的作者罗伯特·艾格是迪士尼的前任CEO，他曾在ABC（美国广播电视台）工作过22年，担任过20多种不同类型的职位，与14位不同的上级领导合作，做过底层的工作，也做过具有创新力的电视节目。他经历过两次自己就职的公司被收购，ABC被迪士尼收购后，他靠自己的智慧和格局在迪士尼工作23年，成为迪士尼的第六任CEO。

他在书中为职场人展示了职业生涯可持续发展的素养、知行合一的人品和做事格局，以及合作共赢的思维。他可以通过沟通让固执的史蒂夫·乔布斯放下对他的职场偏见，从拒绝与他接触到成为他事业和生活中的挚友。最重要的是他把45年的职业生涯的案例和做事思路与人生经验都总结了出来。第一部分是他职业生涯初期的学习阶段，适合初入职场的人，第二部分是职业生涯的领导阶段，包括他经历的重大决策与变革，也包括他在职场数十年面对各种困难时如何突围的管理经历。

罗伯特·艾格总结了10条优秀职场人需要具备的领导力素养：乐观、勇气、专注、果断、好奇、公正、慎思、真诚、追求极致和完美、诚信。

这样的案例值得初入职场和在职场遇到发展瓶颈的人学习，学习他面对问题的心态、解决思路及如何找到自己做事的动力和使命感。

　　人人都希望拥有可持续发展的职业生涯，让自己快速适应职场，并且在工作中抓住机会，为每一次职业转型做好准备。本章将介绍大学生顺利入职心仪企业后如何安全度过试用期，以及在工作中找到目标和榜样，保持积极的工作态度，在感兴趣的领域保持热情，获得维持自身职业生命力的方法。

第一节　职场新人应掌握的法律小常识

大学生在做职业选择前不仅需要掌握职业规划和职业决策的知识，还需要掌握一定的法律常识，避免与企业产生劳动纠纷。

本节从Offer签订、签订劳动合同、解除和终止劳动合同3个方面介绍法律常识，帮助大学生尽可能避开入、离职的法律风险。

一、签订 Offer 的法律常识

收到Offer时，大学生要重视Offer的细节，避免让自己还未入职就因为不懂法而步入职场陷阱。

（一）Offer的具体内容和作用

Offer是求职者与企业双方经过前期的招聘和面试沟通后，企业在决定录用求职者后，向其发出的录用通知书。Offer中一般包括职位、级别、工资待遇、试用期、社保、福利、报到时间等与工作相关的事项。

Offer是企业邀请求职者加入的一种要约，是企业在双方确认劳动合同之前发出邀请的一种正式的有法律效力的文件。不同企业人力资源部的要求和规范不同，呈现的Offer内容会存在差异，在格式和条款上会有不同的版本，但大学生要确定录用通知上不能缺失职位、级别、工资待遇、试用期、社保、福利、报到时间等关键信息，否则遇到企业单方面违约的情况时无法保护自身利益。为了让大学生更真实和全面地了解Offer，此处将某求职者收到的Offer（见图10-1）作为案例呈现出来，供大学生参考。

私人密件

录 用 通 知 书

尊敬的先生 / 女士：

您好！非常荣幸地通知您，您已经通过了××××××集团有限公司的×××项目的面试。基于对您的个人素质的肯定和您同该职位要求的契合，××××××集团有限公司人力资源部代表公司热忱地邀请您加入，并成为××××××大家庭的重要成员。请您认真阅读以下条款，以便双方达成一致。

1. 所属单位：×××××××××××××××。
2. 职位：××部门的××。
3. 加入日期：×××年××月××日前。
4. 劳动合同：公司将在您正式报到之后与您签订劳动合同，合同期限为3年，试用期为6个月。关于劳动合同的续签、变更和解除，双方均应遵照劳动法的相关规定严格办理。
5. 薪酬约定：您的岗位薪酬将执行月薪制，税前月薪底薪为××××元（大写：××××圆整）。试用期期间按100%发放，转正后，入职满一年（含试用期）的员工，税前年终奖金为1～5个月月薪不等，具体数额根据个人业绩与公司整体业绩达标率进行综合评定。年终奖金发放时间为次年4月1日前，但是在4月1日之前离职的员工，不享受年终奖。以上薪资已经包含国家规定的所有津贴，其他福利如通信补贴、工作餐补贴、补充商业保险等按照公司福利制度执行。

图10-1　某公司的录用通知

6. 社会保障：若您符合国家规定的劳动用工条件，正式入职之后，您可以享受公司为员工提供的社会保险与住房公积金。

7. 工作地点：您的工作地点在×××× ，并会根据工作需要出差。

其他：

1. 未尽事宜以双方约定为准。

2. 您的薪资福利待遇属于公司机密，未经允许不得向第三方透露，否则立即按公司规定作辞退处理，并承担因此而引起的后果。

3. 本通知有效期在双方正式签订劳动合同后自动结束，双方约定以劳动合同相关条款为准。

在入职本公司之前，您需要通过入职体检，并提供充分的支持性文件证明您已与原单位终止 / 解除雇佣关系，提供毕业证书和学位证书，同时通过公司对您的背景核实。

您的服务条款与条件将在您和×××××公司签署的劳动合同和《×××××公司员工手册》中予以规定。《×××××公司员工手册》将随您与公司正式签订的劳动合同一并发放。

请允许我借此机会真诚地欢迎您加入我们公司！

×××××集团有限公司

人力资源部

时间：202×年××月××日

本录用通知书自发送之日起15日内有效，请在有效期内将其签署并返回，以作为您的任职承诺书。

受聘人签名：

时间：202×年××月××日

正式报到后，您需要办理完入职手续。报到时，请携带以下资料。

1. 身份证、毕业证书、学位证书和相关资格证书原件及复印件。

2. 原单位离职证明或其他可以证明终止前劳动关系的文件（应届毕业生凭报到通知）或原单位离任审计报告或离任鉴定书。

3. 由正规体检机构或市二级甲等及以上医院出具的入职体检报告。

4. ××××银行卡复印件。

图 10-1　某公司的录用通知（续）

（二）Offer发出的形式

关于Offer的法律效力在《劳动合同法》中并没有明确规定，但是这不代表它就没有法律效力。有的企业的人力资源部误认为Offer没有法律效力，因此在Offer的设计、发送及撤销方面都很随意，从而引发了大量劳动争议。

企业一般会通过电话、微信等形式通知求职者已经被录用，并且就Offer里涉及的内容与求职者进行沟通确认，待求职者确认内容后，发出正式的电子版Offer或者将纸质版Offer邮寄给求职者。

大学生可以通过录用通知方式这一细节感受企业人力资源部工作流程的规范性，并通过Offer的内容评估企业人力资源工作的严谨性和专业度。

（三）Offer的法律效力

有些大学生并不知道Offer的法律效力，甚至不知道有发放Offer这一环节。

Offer与劳动合同相关法律问题

Offer条款内容和入职后签订的劳动合同内容不一致，应该以什么为准？

法律实务中，企业与求职者签订的劳动合同，因企业原因或求职者意愿的原因，发生职务和福利待遇调整，与之前企业发出的Offer有变化时，如果求职者以为已经签订了劳动合同，就对之前发放的Offer不做任何处理，就可能引发两者日后产生冲突时，以哪个文件为准的问题。

由于这两份文件都是企业提供的，根据劳动法律法规的基本原则，在企业不能有效举证变更原因的情况下，法官很可能会根据情况作出有利于求职者的司法解释。因此，求职者要有意识地向企业确认Offer细节，并请企业以正式文件的方式发出Offer。

企业在劳动合同和Offer出现信息不一致时，要补充约定之前发放的Offer失效，或者直接在劳动合同的条款中说明当劳动合同和Offer条款有冲突时，以劳动合同规定的条款为准的说明。

大学生毕业前求职，有的企业已向求职者发送了Offer，后又告知求职者因业务调整无法录用求职者。此时，企业需要承担什么后果？求职者应该如何维护自己的利益？

案例

小刘是某大学的应届毕业生，某年4月，顺利通过了某知名企业的面试。在终面结束后，企业的人力资源部向小刘发出了Offer，该Offer上写明了小刘的入职部门、职位、月薪、年终奖、综合福利待遇和具体的入职时间。小刘接受了此Offer，就等毕业后入职，但是，当他按时报到时被告知企业因业务发展受阻要临时裁员，暂时不招新员工。小刘非常沮丧，于是向劳动争议仲裁委员会申请劳动仲裁，要求企业承担赔偿责任。

✳ 案件审理结果

劳动争议仲裁委员会认为，该企业向小刘所发的Offer是一个内容具体的要约，送达小刘时即已生效，该企业就应该受到该要约全部内容的约束。小刘在该Offer上写明的报到日期前报到，即表明双方已经就该Offer的全部内容达成了一致。本案中，小刘放弃继续求职，完全是基于对该Offer的合理信赖。该企业未就要约变化有任何提前告知小刘的行为，导致小刘没有做其他准备。所以，该企业应赔偿小刘因此遭受的损失。

✳ 律师专业点评

我国《民法典》规定，一项合同的订立要经过要约和承诺两个程序。所谓"要约"是希望和他人订立合同的意思表示，该意思表示应满足两个条件：一是内容具体确定；二是表明经受要约人承诺，要约人即受该意思表示约束。所谓"承诺"，是指受要约人做出的同意要约内容以成立合同的意思表示。承诺一旦生效，合同即成立并产生法律约束力。

根据上述法律规定，我们可以看出，本案中的Offer符合要约的全部特征。Offer由企业向小刘发出，包含和明确了与工作相关的全部主要信息，因此，其构成要约也就具有要约的法律效力。小刘接到Offer后，以如期报到的行为表明了接受Offer全部内容的意思表示，属于对该企业发出要约的承诺，因此，该Offer对企业和小刘均产生法律约束力，任何一方违约都应承担违约责任。

✳ **企业辅导老师说**

　　求职者掌握一定的法律常识可以让自己在求职路上少走弯路。求职者通过Offer书写的规范程度，可以识别企业人力资源管理的专业度。契约精神是每个企业应该履行的社会责任，也是每个求职者对个人承诺负责的一种态度。

　　求职者如果按约定接受了Offer，就要如约报到，如中途有变化也要提前通知企业，避免给双方带来不必要的损失。

二、签订劳动合同的法律常识

　　劳动者与用人单位建立劳动关系必须在双方平等自愿、协商一致、诚实信用的前提下。《劳动法》第十六条规定："劳动合同是劳动者与用人单位确立劳动关系、明确双方权利和义务的协议。"电子劳动合同与纸质劳动合同具有同等法律效力。

（一）劳动合同的规范性

　　大多数大学生因为缺少求职经验和法律常识，在签订第一份劳动合同时往往会忽视劳动合同的规范性，导致自己入职后面对劳动纠纷时无法用劳动合同保护自身利益。

1. 劳动合同的时间

　　用人单位自用工之日起就与劳动者建立劳动关系。用人单位应该在用工当日与劳动者签订书面劳动合同，当日未签订的，应当在用工之日起一个月内完成书面劳动合同的签订。

2. 劳动合同的期限

　　劳动合同有3种类型：固定期限劳动合同、无固定期限劳动合同和以完成一定任务为期限的劳动合同。大学生签订的劳动合同通常为第一种，首次签订的劳动合同的期限一般是1年或3年。

3. 试用期期限

　　劳动合同期限三个月以上不满一年的，试用期不得超过一个月。

　　劳动合同期限一年以上不满三年的，试用期不得超过两个月。

　　三年以上固定期限和无固定期限的劳动合同，试用期不得超过六个月。

　　以完成一定工作任务为期限的劳动合同或者劳动合同期限不满三个月的，不得约定试用期。

　　需要大学生注意的是，试用期只有一次，用人单位不得在劳动者转正前延长试用期期限，试用期期限包含在劳动合同期限内。

4. 试用期工资计算规则

　　《劳动合同法》第二十条规定："劳动者在试用期的工资不得低于本单位相同岗位最低档工资或者劳动合同约定工资的80%，并不得低于用人单位所在地的最低工资标准。"

5. 劳动合同的关键信息

　　《劳动合同法》第十七条规定了以下九项劳动合同中必须列示的内容。

　　（1）用人单位的名称、住所和法定代表人或者主要负责人。

　　（2）劳动者的姓名、住址和居民身份证或者其他有效身份证件号码。

　　（3）劳动合同期限。

　　（4）工作内容和工作地点。

　　（5）工作时间和休息休假。

（6）劳动报酬。

（7）社会保险。

（8）劳动保护、劳动条件和职业危害防护。

（9）法律、法规规定应当纳入劳动合同的其他事项。

此外，用人单位与劳动者可以约定试用期、培训、保守秘密、补充保险和福利待遇等其他事项。

需要大学生特别注意的是，有的用人单位为了规避税务或其他法律问题，让劳动者签署两份信息不一致的合同。这是违反《劳动法》的，大学生要维护自己的合法权益。

（二）劳动合同期内调整工作岗位的注意事项

合同期内调整岗位需要在双方协商一致的前提下变更劳动合同，要明确新岗位的职责、岗位绩效考核标准和福利待遇。

劳动者要清楚了解用人单位对于职位的考核标准，如果出现多次绩效不合格，需要及时主动与自己的上级商讨改进方案。

若因绩效不合格而被通知调整岗位，劳动者需要向直属领导和人力资源部核实清楚。如果确属劳动者个人能力问题，劳动者也接纳新岗位，双方就可以签署岗位调整的劳动合同，但是不需要延长试用期。

如劳动者因工作表现良好获得升迁或跨部门调整，也需要根据新岗位或部门调动而签订劳动合同变更协议。

（三）不签订劳动合同时的应对

用人单位如果拖延签订劳动合同时间，需要承担的法律风险和责任如下。

如果用人单位不签订劳动合同，劳动者可以申请仲裁，要求用人单位支付两倍工资赔偿。

劳动者可以随时解除关系，且不用承担赔偿责任。

用人单位自用工之日起满一年不与劳动者订立书面劳动合同的，视为用人单位与劳动者已经订立无固定期限劳动合同。

如果是劳动者因个人问题拖延签订劳动合同的时间，用人单位多次催促也未能奏效时，用人单位有权单方终止合同，不需要支付经济补偿金。

三、解除和终止劳动合同的法律常识

劳动者在解约时容易因为不规范的离职而与用人单位产生冲突，导致对要加入的下一家用人单位的离职原因调查环节产生影响。用人单位如果过分为难离职劳动者，拒不办理离职，或者不结算工资，劳动者可先查询相关法律规定，有法可依地与人力资源部负责人沟通，必要时可以选择申请劳动仲裁，但是尽量用协商的方式解决问题。

对于自身利益，劳动者需要关注以下法律问题：薪酬福利的结算、补偿金、是否签署过竞业禁止协议等。

（一）劳动合同解除注意事项

劳动者要懂法，从法律角度有意识地协商、沟通，确保顺利解除劳动合同，避免与用人单位发生冲突。

常规情况是用人单位与劳动者协商一致解除劳动合同。

劳动者在试用期内提前3日通知用人单位，可以解除劳动合同。转正后劳动者提前30日以书面形式通知用人单位，可以解除劳动合同。

如果用人单位存在未及时足额发放工资、不依法缴纳社保、损害劳动者身心健康等情况，劳动者可以解除劳动合同。

如果劳动者存在试用期被证明不符合录用条件、严重违反用人单位的规章制度、严重失职给用人单位造成重大损害等情况，用人单位可以解除劳动合同。但是劳动者有《劳动合同法》第四十二条规定的特殊情况的，用人单位不得依照《劳动合同法》第四十条、第四十一条的规定解除劳动合同。

（二）获得经济补偿金的法律条件

一些劳动者与用人单位之间的法律纠纷产生于利益冲突，离职前因为没有协商好赔偿金额导致走向劳动仲裁，这对于双方来说都是不利的。对于用人单位来说，这增加了一个对单位形象有不良影响的劳动仲裁案件。对于劳动者来说，这会增加顺利入职下一家用人单位的困难。因此，根据法律条款与人力资源部通过协商达成补偿是首选。

关于补偿金的计算，劳动者应先审阅劳动合同，同时查阅当地政策，咨询劳动法专家或者人力资源专家，厘清思路后再主张，以便有法可依地获得自己应得的赔偿，但不要盲目主张，制造不必要的冲突。

扫码阅读
获得经济补偿金
的相关法律条款

（三）离职证明注意事项

劳动者离职，用人单位有义务为劳动者开具离职证明。

离职证明有3个作用：办理档案转移所需；确定原用人单位与劳动者解除劳动合同的事实关系；劳动者可以通过离职证明向有关部门领取失业金。

劳动者拿到离职证明后，用人单位会在15个工作日内办理档案和社会保险关系转移，劳动者应提前规划好社会保险续缴解决方案，避免社会保险断缴影响个人应该享受的保险福利。

成熟的劳动者处理工作相关的问题时会更加理性，更明白如何用法律武器保护自己。大学生学习法律常识、关注职场劳动关系处理的案例，在关键时刻，能够让自己规避风险。

成功小贴士	了解Offer、劳动合同的作用，以及签约和解约的流程对大学生做出重大职业选择与调整有至关重要的作用。 签约前： 签约条款要合理； 自身利益要明确； 违约条款要清楚； 解约流程要合规。 签约后： 入职时间勿延期； 工作绩效要达标； 工作态度要积极； 迟到早退不要有； 为人靠谱机会多。

第二节　试用期职场加油站

正式入职后，大学生需要尽快将学生思维转换成职场思维。企业因为职场人付出的劳动创造了价值而为职场人发放薪酬；职场人衡量自己是否优秀的关键指标是自己是否具备岗位要求的工作胜任力，是否能将负责的工作做好，并解决工作问题，同时获得领导和同事的认可。

优秀职场人用能力做出结果，用人品赢得信赖。本节内容可以帮助大学生如何快速适应职场，顺利度过试用期，让自己成为职场里的优秀员工。

一、积极行动度过试用期

大学生要学会如何做事，快速建立同事之间的人际关系，让自己熟悉和适应新环境。在规范的企业中，人力资源部会根据用人部门要求设计属于该职位的转正评估表，用人部门也会有转正标准。入职后，大学生首先可以关注企业和部门针对新员工的入职培训，在培训中了解清楚企业规则、部门规则、岗位规则，自己需要在试用期掌握的专业知识和试用期转正的考核要求，这样可以让自己快速掌握做事的原则和边界感。

案例

王经理是一家外资企业的销售总监。企业新招的应届生小张，名校毕业，形象佳，面试表现好，企业将小张分配到王经理的部门做市场活动专员。工作中，小张比较积极，主动请求负责企业组织的关于新品的小型线下发布会活动。从立项到实施，他的汇报都非常精彩。但是因为经验有限，在项目执行落地过程中的一个与供应商合作的环节，小张出现了失误，让企业的市场活动不仅没有达到预期的宣传效果，还受到了差评。王经理觉得这个项目是自己让小张负责的，有责任借助此事培养小张，因此让小张做项目总结。

小张花了大量时间介绍活动现场效果和流程安排，以及最后的转化数据，对于失误的原因及后续改进方案只字未提。于是，王经理不得不提醒小张介绍一下本次活动失误的原因和改进方案。小张认为之所以出现失误是因为企业选择的供应商不靠谱，才导致他设计好的展示环节出现了重大问题，建议企业直接换掉供应商。

王经理听到这个答案，非常不认同这种工作态度，批评了小张。

✳ 企业辅导老师说

很多成绩优秀的大学生进入职场后并不能像在学校学习一样表现优异，是因为他们还没有了解职场需要什么样的人。职场不需要只能在考试中取得高分的人，更不需要回避失误的人。

职场需要新人具备4个特征：有担当力、有学习力、有合作力、有沟通力。

1. 担当力体现在做事认真和对事情负责到底。有这种能力的人，才能让领导信任，因为这样的人在遇到问题时不是逃避问题或者推卸责任，而是采取行动积极解决问题。

2. 学习力体现在对新事物的好奇心和对自己负责工作的经验总结上。优秀的员工不是不犯错，而是犯错后会认真总结犯错的原因和避免再犯的方法。

3. 合作力是一种和同事或者合作伙伴共同完成任务的情商和领导力的综合体现。很多新人在职场容易出现的问题就是把功劳都往自己身上揽，错误都往别人身上推。有合作力的人才能聚人心、创佳绩。

4. 沟通力是一种结合运用思维和语言的能力。新人需要站在对方的视角，用对方可以理解和接受的语言表达自己的想法。

（一）入职后的5件事

新人入职后要想快速适应环境、进入工作状态，可以尝试从以下5件事入手。

1. 了解要求

新人要主动和直属领导沟通，了解自己在试用期的工作任务和转正评估的具体要求。

2. 认识人事

新人要主动认识人力资源部的同事，记住对方的名字和负责的工作内容。

3. 熟悉同事

新人要主动向部门的同事介绍自己，并认真记住每一个同事的姓名和进入企业的时间，锁定一到两个愿意帮助新人的同事，以便请教工作问题。

4. 积极工作

新人要主动将工作日报发送给自己的领导。如果企业有要求，新人可以按企业的要求做；如果企业没有要求，新人可以自己做好总结，让领导知道自己的工作进展和问题。

5. 定期复盘

新人要争取每日主动和领导交流10分钟，让领导知道自己在工作中的问题和想法；月末将本月遇到的问题和解决问题的方法总结为月报发送给领导，并主动汇报本月的收获和下月的目标。

（二）试用期汇报工作的方法

很多新人等待领导找自己沟通工作。有的新人不好意思主动汇报工作，也没有必要；有的新人认为自己做得好，领导能看见。但是，如果想成为领导眼中的优秀员工，新人就要既会做事，也会沟通。

1. 定期与领导做非正式工作沟通

除了正常的工作汇报，新人每个月都应主动找领导做一次非正式谈话，选择在领导方便的时间，主动和领导沟通，了解这段时间领导对自己工作表现的看法。好领导愿意为对待工作积极认真并且有培养潜力的新人提供机会。

2. 主动做正式的季度总结

新人工作3个月后，要主动做季度总结。季度总结一般涉及3个部分：第一，目前的工作内容和绩效表现；第二，下一步的工作目标和改进计划；第三，自身的成长和收获。

在职场，定期复盘，总结经验，可以提升能力；善于汇报，赢得信赖，可以抓住机会。

（三）试用期保持好心态

心态影响工作状态。新人应合理地认识自我，为自己设立合理的工作目标，同时要规避以下4种心态。

1. 担心自己不完美的心态

有的新人缺少社会经验，怕做错、说错，以至于工作时谨小慎微，不敢表达想法，更不敢独立承担工作任务。与其担忧做错，新人不如多请示领导和同事，遇到问题多总结。新人要接受犯错后领导对自己的批评和指导，培养良好的心态。

2. 焦虑心态

有的新人刚开始工作时态度积极、充满激情，但遇到困难和受挫后，就会意志消沉，产生焦虑。这种心态常见于职场适应期。能力不足更要持续学习。

3. 不愿意与同事多接触的封闭心态

有的新人性格比较孤僻，喜欢独来独往，不适应集体工作环境。职场不仅包括工作，还有人际交往。在工作中保持学习心态和专业性，多请教、多分享与工作相关的经验，通过积极工作让领导和同事了解自己的能力，通过积极助人让领导和同事知晓自己的人品，通过积极参加团队建设熟悉同事，都是快速适应职场、与同事搞好关系的好办法。

4. 自大心态

有的新人在出现错误时，认为错误都是别人导致的，从不反省自己。新人应多换位思考，培养批判性思维和自省能力。有自大心态的新人在与他人发生冲突时，不要急于反驳，应多倾听不同的观点。

二、理性思考试用期决策

试用期是一个职场变数比较大的时期，企业会根据新人的表现和自身需要而决定录用、淘汰或为其调整部门，新人也会根据对企业的了解和自身需要选择继续工作或离职。

（一）试用期主动提离职的前提

新人通常会在遇到以下3种情况时考虑离职。

● 对工作内容不适应。

● 与同事相处不融洽。

● 入职前确认的工作岗位和内容，在工作没多久后被调整。

其实，遇到前两种情况时没有必要主动提离职，因为暂时的不适应是正常的。新人需要给自己一些时间去成长，遇到问题时不要逃避，可以求助领导。如果是第三种情况，新人要了解调整的原因，如果是部门整体调整，那可以选择先接受调整，再主动适应新的工作内容。

试用期是否主动离职需要判断以下3项内容：第一，所做的事是否对自己未来职业发展和个人能力成长有帮助；第二，直属领导对自己是否认同，是否关注自己在企业的职业发展；第三，自己对企业的价值观、文化是否认同。

只要现在的工作能满足其中任何一条，都值得新人拿出时间先认真工作。但是如果都不满足，那新人就可以考虑主动离职，及时止损。但是，即使要主动离职也要做好工作交接，至少提前一周与领导沟通，让领导了解你的工作进展和交接情况。

（二）试用期转正评估标准

企业的人力资源部有转正评价表格，评分的权重、计算得分的方式及关键指标的定义由人力资源部根据岗位需求制定。

● **评价得分：**一般分为优、良、中、合格、不合格5个级别。

● **评价维度：**从工作业绩（可量化指标结果）、工作知识（职位培训考核成绩）、工作能力（工作要求的业务水平）、工作态度（组织纪律、积极性、责任心、团队合作意识、客户服务意识）、个人潜力（学习能力、创新能力、领导力）等不同方面进行打分，根据得分和权重计算出新人的最终得分。

● **评价人员：**直属领导、上级领导、人力资源部。

● **评价结论：**每个评价人员都要根据综合绩效写出评语。

企业一般都是从能力（绩效、综合素质）、价值观（态度、组织文化匹配度）等综合表现来识别优秀新人、普通新人和要淘汰的新人。

（三）试用期转正或淘汰的心态调整

很多新人在转正前会惴惴不安，就像高考后不知道自己能得多少分，其实这种担心大可不必。能否转正只是一个结果，而转正前的努力才更重要，新人任何时刻都要保持好心态。

顺利转正说明新人在试用期的表现达到了企业要求，并不意味着新人未来就一帆风顺了，所以新人继续保持良好的工作习惯和工作态度非常重要。很多新人工作状态不稳定，在试用期表现很积极，但是转正后就出现迟到早退、不按时完成工作的现象，这样会影响自己职业发展的稳定性。

被淘汰说明新人在试用期的表现低于企业预期。很多新人因为被淘汰或者被辞退而意志低迷，一蹶不振。被淘汰不意味着能力不足，被淘汰有多种可能的原因：第一种是新人选对了职业，但是自己不够努力，工作绩效不佳；第二种是新人选了和能力不匹配但是感兴趣的职业，虽然自己很努力，但是能力暂时达不到企业的要求；第三种是新人选错了企业，不能适应企业文化导致新人格格不入，影响工作状态。不论因为哪种原因离开，新人都需要与人事、部门领导和同事认真沟通，多听听大家对自己的建议，避免同样的问题在下一份工作中再出现，从不同的视角总结经验，为下一份工作做好更充分的准备。

新人应用积极的心态面对每一次体验，通过工作中遇到的顺境建立自信，通过工作中遇到的逆境磨炼意志，相信每一件发生的事都是成就自己的好事。

案例

小丁所学的专业是酒店管理，毕业后在沈阳一家五星级酒店实习。实习期结束后便到北京发展，因为形象和素质良好，有服务精神，小丁成功获得了知名上市人力资源企业提供的客户主任职位。小丁对这个职位非常感兴趣，因为他可以与多家企业的人力资源部负责人沟通企业对于人才的需求。新工作对他最大的挑战是工作要求的专业度和前期要大量开发高质量客户。

小丁入职后参与企业培训和实践考核，成绩并不理想，因此他的汇报领导特为他找了一个带新人能力很强的主管。他加入新的部门后，新主管与他做了一次正式谈话，约定用2个月实现目标，同时新主管愿意拿出1个月每天为他额外辅导1小时。小丁一方面感到有压力，一方面又很感激新主管，他希望自己能胜任这份工作。在第一周小丁表现良好，基本掌握了专业知识点。在第二周学习开发客户和分析客户需求时，小丁感觉难度很大，每次都要先睡30分钟才能打起精神。这样的状态持续了一周，新主管和他谈话了解原因，原来小丁最近感觉工作压力大，睡前玩游戏解压，影响了第二天的工作状态。新主管了解了小丁为什么来北京、在北京的发展目标是什么后，告诉他怎么实现这个目标。落到眼前的工作上，新主管帮助小丁分解了任务难度，和小丁沟通了近期的目标，并再次明确了一遍小丁在2周之内需要完成的业绩指标和要达到的技能标准。因为沟通很真诚，双方确认小丁如果达标就继续工作，不达标就提前结束试用期。

小丁第二个月顺利通过了企业的考核，并在后面的4个月表现良好，顺利转正。如今小丁已经工作多年，都已经实现之前定下的工作目标和生活目标，并且成为一名企业的管理者，但是刚入职场的这段经历让小丁至今难忘。

✳ 就业指导老师说

大学生进入企业要尽快适应角色转换。企业给新人的学习时间是有限的，所以新人在试用期的前1～2个月一定要通过基本功的考核，而且新人的工作态度也会影响企业培养的投入度。

✳ 企业辅导老师说

职场通常有3种类型的员工：自燃型、可燃型、不燃型。第一类属于自驱力很强的优秀员工。对于第二类，企业需要给他们时间，通过挖掘动机和找到适合的指导方法帮助其"燃烧"。对于第三类，企业可以直接淘汰。

小丁的情况在职场非常普遍。小丁有魄力、敢挑战，但是职业化和敬业度不足，导致在工作中的投入度和学习力不强。他在第一个月的成绩不理想，第二个月通过调整找到了状态，但是压力过大反而让自己表现不好，与新主管沟通调整心态后，步入正轨。

小丁的优点是形象和素质好，有服务精神，有服务行业的经验，沟通能力良好，遇到问题可以真实地说明原因，承认错误并及时改正。

小丁是一个有目标感的人，面对有一定难度的工作时也会逃避，但又不想放弃。汇报领导抓住这个特点，为他选择了适合他的新主管。小丁也是一个懂得感恩的人，看到他人为他付出后也愿意努力。

三、以开放的心态融入企业

企业有自己的企业文化和组织之间的人际文化。文化既包括看得见的显性文化，也包括看不见但是存在的隐性文化。了解企业文化、适应企业文化是新人必须掌握的职场学问。快速了解企业文化是适应企业文化的前提，带着适应精神主动行动就可以更好地适应企业文化。

（一）适应组织文化

根据冰山模型，文化有冰山上的显性文化，也有冰山下的隐性文化。新人入职后学习的企业规章制度、岗位要求、晋升机制都属于显性文化；企业的默认文化、对于员工价值观评判和个性特质的标准都属于隐性文化。

宝洁以"美化生活"为企业使命，非常看重以下7个方面的能力。

● 强烈的主动工作能力，独立完成任务的能力。

● 卓越的领导才能，能带动和激励他人更积极地投入工作。

● 较强的表达交流能力，拥有说服他人的能力，同时可以对他人的观点和建议进行开放性思考与接纳反馈的能力。

● 较强的分析能力，能全面思考工作中的问题，得出合理的结论。

● 较强的创造性，具有新思维、新方法，找到完成任务的最优路径；积极面对变化，并具有跳出固定化思维定式想问题的意识，做事不按部就班，敢于打破传统和常规。

● 团结合作精神，善于与他人合作，能够在集体任务中发挥个人魅力，充满热情地与大家共同完成任务。

● 做人诚实正直，遵守企业制度。

华为的文化特色包括以下3点。

● 狼性文化。华为人要具备敏锐的洞察力和不屈不挠、奋不顾身的进攻精神。

● 垫子文化。华为人桌下都有一个垫子，在午休和加班休息时使用。

● 不穿红舞鞋。华为人专注现有领域，做细、做精，始终保持清醒的头脑，始终坚持自己的主航道，不因诱惑而穿上诱人跳舞的"红舞鞋"。

国有国法，家有家规，企业有企业文化与规章制度。新人入职后需要第一时间了解企业文化。

（二）建立良好的人际关系

1. 遇到不支持自己工作的人时

如果有人不支持你的工作，分析其是出于为公司利益考虑，还是为了保护个人利益。如果对方是出于为公司利益考虑，那你要积极与对方沟通，让他理解你们的出发点是一致的，也可以邀请领导和同事一起参与、讨论出最佳方案，避免自己陷入思维盲区。如果是你的方案影响到了对方的个人利益，那你最好先请示领导，让自己不带攻击情绪，冷静地处理问题。以公司利益和集体利益为重的人会获得更多人的支持和理解，以一己私利为出发点的人可以偶尔得利几次，但是不会一直得利。总之，遇到此类问题时先换位思考，再表达自己的想法。

2. 做错事让他人感到不满时

敢于真诚认错是一种高自尊的体现。如果因为自己的失误给他人带来了损失和影响，要先诚恳地道歉，再提出弥补方案。

《一生的旅程》中写道，迪士尼乐园出现过一起重大事故，小孩在玩耍时不幸被鳄鱼拖入水中致死。罗伯特·艾格满脑子想的是孩子家人的伤痛，以及如何让对方感受到他真诚的道歉和解决问题的态度。在获得孩子父母好友的同意后，他诚恳地向孩子的父母道歉并和对方沟通，从而换来了孩子父母的原谅："答应我，你会尽一切力量，不再让这种事发生在任何一个孩子身上。"

3. 在职场要经营的人际关系

新人如果只维护领导，会被人误解为"爱拍马屁"；只关注同事，会引起领导的不满；只在企业交朋友不在企业外社交，会让人感觉自己除了同事没有朋友。

人际关系建立在多维的关系上：领导、同事、客户、商务合作伙伴、同学、各领域的专业型优秀人才、兴趣爱好相投的社群朋友、做商业有格局有情怀的企业高管等。

领导、同事、客户、商务合作伙伴会在职场初期帮助新人适应岗位，做出绩效。后面4类关系在未来职场晋升和职业转型，需要扩充工作以外的外部信息和社会资源时帮助新人。很多新人不会有这么立体多维的人际关系经营维度，那只要处理好眼前的关系就够了。人际关系资源是慢慢积累的，有意识地用心经营才能在需要大家支持时获得支持。随着投入维护的时间和个人能力的增长，新人的人际圈还会不断迭代。

在职场，他人对新人的喜欢是建立在新人真心欣赏每一个与自己接触的人身上的优点，并且让他感受到自己发自内心的欣赏上的。与人交往不要虚情假意，从心理学的角度看，要想让他人真心喜欢自己，新人要先懂得关心和欣赏他人。

> ★
> **成功**
> **小贴士**
>
> 掌握以下6招有助于新人在试用期轻松过关。
> 1. 每日、每周、每月总结工作，汇报想法。
> 2. 快速记住每一个同事的姓名，找到愿意帮助自己的同事。
> 3. 了解本岗位的转正标准，尽量使自己完成的工作进程和质量高于领导的期望值。
> 4. 摆正心态，受挫时不气馁，有成绩时不骄傲，做部门里积极做事、不计较、不抱怨、乐于助人的新人。
> 5. 熟知企业文化，成为懂规矩、有悟性的新人。
> 6. 做好工作，处理好人际问题，不拉帮结派。

第三节　转正后的职业发展

3类职场人会在30岁以后陷入职业迷茫期。

第一类职场人在职业发展前不懂得职业发展之道，不善于经营自己的职业生涯，因为各种原因频频换工作，导致自己在所属行业和岗位中都没有垂直的深度发展。

第二类职场人是因为职场能力迭代过慢，并且不懂得让领导赏识自己，一份工作做了10年却没有太多成长，又不擅长其他的工作，职业生涯遇到了天花板，随时可能被淘汰。

第三类职场人是因为工作和生活发生冲突，主动选择离开岗位，但是离开前还没有明确自己擅长什么、以后能做什么等问题。

以上3类职场人都属于没有在职业发展的第一阶段做好职业规划，找到自己的职业发展目标的人。

> **案例**
>
> 小阔在职场上一路绿灯，而且入职的全部都是大家羡慕的知名企业，她总是能够第一时间被领

导选出来担当重任。在她离职时，每一个领导都真诚挽留她或帮助她调整岗位。身边人都好奇她用了什么方法让她的职业发展如此出彩。小阚说，她只是懂得锁定企业文化和自己价值观匹配的企业，入职后找到企业的晋升规则，用行动做出绩效，让领导看到结果。

2006年，她加入了一家世界五百强外资软件企业。她当时是以外包身份加入的，但是不到两年，便顺利转正。究其原因，除了她工作能力强、做事认真外，还有两个重要因素：她敢于接手有风险的项目；她的高情商，让领导、同事、供应商对她的人品、专业度和敬业度都非常认可。

她的决策力非常强，在外企工作得风生水起的时候，敢于放下已有成绩和待遇，进入一家民营互联网创业企业。她不仅要适应新企业的工作节奏，而且要接受收入减半的待遇。她认为，如果新企业能够顺利上市，就好好奋斗；如果新企业业务发展不顺利，靠自己的本事再换工作也不是问题。于是，她选择在30时岁放手一搏，用 2 年时间适应新企业的工作节奏。最终，新企业顺利上市。在接下来的5年里，她不仅经受住了每季度一评估的高压考核，还经历了长达 5 年的全国出差生活。如今，她所在的企业是家喻户晓的大企业。她常说非常感恩这段经历，让她永远把"今天的最好表现是明天的最低目标"作为对自己的要求。在入职满10年的时候，她又送给自己一份"礼物"——放下高薪工作，进入学校任职管理者。这样，她既能陪伴孩子的成长，也能为自己未来的职业转型做尝试。

✳ 就业指导老师说

小阚之所以可以拥有别人羡慕的职业生涯，是因为她做到了以下3点：第一，她始终保持清醒的认知，在机会来临时，不会只关注收入；第二，她工作非常敬业，懂得抓住机会展示自己；第三，她有让历任领导都对她印象深刻、信赖她的能力。

每个人初入职场时都心怀梦想，但是，为什么一段时间后人与人之间就会出现差距？目标感、决策力、演讲力、形象、情商、沟通能力、专注力……这些软素质的差别让人和人之间出现了巨大的差距。

有规划地经营自己的职业生涯，提升自驱力，会让自己成为一个充满动力的人。有规划地聚焦优势和投资自己感兴趣的职业技能，提升能力价值，保持专业价值和兴趣价值的变现能力，有助于更好地经营职业生涯。在心理上，规划、经营自己的职业生涯可以有效帮助职场人缓解职场中后期容易出现的3种低能量的职场情绪：职业焦虑、职业倦怠、职业迷茫。这3种情绪其实是每一个职场人都有的情绪，只是遇到的时间不同、程度不同。如何更好地规避这些情绪，就需要认真学习和掌握本节提供的构建健康职业生涯的方法。

一、塑造个人品牌影响力

职场新人要想拥有可持续发展的职业生涯，首先要被人需要。职场新人要有意识地积累职业能力和打造自己在行业和专业领域的个人品牌影响力。不积跬步无以至千里，职场新人应通过职业规划和定位，绘制出5～10年的职业发展蓝图，并不断提升自己。

（一）树立个人职业品牌形象

在职场的每一天都是在为自己的个人信誉和、专业水平以及想成为一个什么样的人做背书。职场新人如果想让自己成为精英人才，在初入职场时就应有个人品牌意识。即使个人品牌在10年后的职业生涯中才会发挥价值，它也需要这10年的积累。先列出自己希望拥有的品牌标签，在学习中找到拥有这种标签的方法，而后脚踏实地地工作。

如果你希望树立自律、高效的职业品牌形象，高效管理自己的生活和工作，可以学习和践行斯蒂芬·科维提出的高效能人士的7个习惯：主动积极、以终为始、要事第一、双赢思维、知彼知己、统合综效、不断更新。长期在做事中磨炼和展示自己的高效能习惯，便可以打造出高效能的品牌标签。

如果你希望树立有领导力的职业品牌形象，那需要学习管理学中对于领导力的定义，并在工作中不断朝着有领导力的行为去发展自己。例如：感召他人加入新项目；在工作中积极行动、以身作则成为部门的榜样；敢于挑战有一定难度的工作或者任务，在做事的过程中将自身的担当力和责任感展示出来；用感恩的心态做事，对帮助过自己的人始终心怀感激，同时也愿意帮助他人；等等。

（二）积累和维护人际关系资源

人际关系资源为什么那么重要？在职场的初期阶段，获得机会可能是因为学历高、专业对口、态度积极、能力匹配。但到了中期或者后期，好机会往往来自熟人引荐，也就是说，你越优秀，身边优秀的、愿意帮助你的人越多，你获得好机会的概率就越大。

每个人生命中都有对自己影响很大的人，如父母、领导、同事、老师等。我们要在点滴小事和关键事件中用心积累彼此的信赖和互相支持的关系。

扫码阅读
积累人脉的方法

（三）懂得随时"照镜子"

在职场中要学会把身边人当作镜子，透过他人的行为反思自己，找出自身的优缺点。我们也可以观察他们的言行举止，学习身边人做得好的地方，对于不合适的行为，要多反思，如果你是他，怎么做会更合适。用照镜子的心态去与人接触时，会多一个看问题的视角，这样不容易陷入认知盲区。

他人愿意给自己提建议，说明对自己是认可的，希望自己做得更好，所以应珍惜那些想让自己变得更好的人。

（四）让企业记住你是谁

很多职场新人在企业做事非常努力，但是遇到领导就紧张得不敢说话，也不敢做公开汇报，这样做只能让自己被人忽视。让大家快速记住自己有以下几个方法。

● **重视入职培训**。参加培训时回答问题要积极，可以及时用信息化工具总结要点，在学完后将学习笔记共享给培训老师和同事，会让大家记住你。老师都期待自己带的学生成绩好，因此，职场新人要争取在培训考试中排名靠前。

● 部门开会要认真，避免做一个只会听话的机器，要敢于在思考后表达观点、积极发言。领导更重视思维能力和表达能力强的人。

● 领导交代的事情，只要接手了就应及时回应。

● **对待身边人要尊重**。遇到冲突观点要先倾听，了解冲突观点背后对方要表达的思想和诉求，然后反观自己是否有思维盲区，如果有，要感谢对方，如果没有，要坦诚、友好地解释自己的言行，以增进对方对自己的了解。

● 如果领导授权可以在重要会议上发言，一定要用心准备，提前演练，请领导和比较擅长汇报工作的朋友或者同事帮助把关，反复练习直到自然表达。抓住可以展示实力的关键机会让企业领导和同事记住自己。

● 做错事情要敢于承担责任，并积极解决问题。不要把时间浪费在狡辩和推卸责任上。犯错后的处理态度才是让他人记住你的关键。

● **远离拉帮结派的团队**。如果必须站队，那就站在为企业利益着想的那一队。

二、做有温度的职场人

在职场，常常会发生变化与冲突。面对和处理这些变化和冲突时，仅依靠企业的明文规定是不够的，还要有理性和高情商。

（一）高情商化解合作冲突

合作冲突是职场常遇到的问题。如果出现了冲突，要梳理清楚既能把事做好，又能把同事关系处理好的思路。

案例

小魏在公司是新人，她最近负责的一位客户属于公司非常重要的核心客户，也是小魏通过一年跟进终于谈成的客户，交付服务涉及多部门合作。大家都非常希望完美完成交付任务，但是不幸的事发生了。在近期一次大型公司宣讲活动中，现场抽奖的一类礼品丢失，致使客户发了很大的火。作为总负责人的小魏只能一边安抚客户一边想办法解决，好在最后大家找到其他礼物代替。但是，这次事件让小魏非常生气，她觉得负责物料管理的同事太不负责任。

于是，小魏直接写邮件对负责参与执行交付的同事进行了内部投诉，并抄送给公司各级领导。公司领导了解到事件的严重性，开始一一问责，让所有参与者反馈问题做总结，并接受处罚。

这件事有必要让所有领导都知道吗？

小魏认为每个人都要对自己的行为负责，不能因为自己的失误影响到整体。同事因为这个失误心理压力非常大，也对小魏产生了很多不满情绪。

小魏在事后接到公司副总裁的电话。电话里，副总裁和小魏说："我理解你因为这个项目付出了很多，希望做到100分。对于同事的失误，你的反馈很重要，让大家发现了管理的漏洞。但是，请你记住，在工作中一定会出现一些失误，让同事反思的方法不是只有投诉，投诉会对你和同事之间的关系产生影响，也会带给他非常大的压力。公司确实应奖罚分明，要让错误的人"买单"。我认可你发现问题和解决问题的行动力，但是想提醒你关注同事的感受也很重要。你很优秀，未来有能力做更复杂的项目。如果你希望咱们公司更多优秀的人愿意和你合作，你就要想想下次应该怎么规避类似问题，同事做错了应该怎么解决？"

小魏当时还觉得有些委屈，但细品之后发现，领导其实是在指导她如何更好地处理人际冲突。

小魏很幸运，有贵人指路，事后她主动和失误的同事做了一次谈心，两人的矛盾得以化解。两人此后合作了10年，对彼此的认可度和满意度非常高。

✳ 企业辅导老师说

小魏在这件事情的处理上不能算完美，但是肯定及格了，原因有以下4点。

第一，发生失误，她没有在现场找同事麻烦，而是在积极想办法，让活动顺利进行。

第二，她认为要将失误的责任落实到人，避免问题再次发生，让领导了解情况、重视问题。

第三，她的投诉让各级领导认识了她，发现她是一个做事有原则、非常认真、遇到突发状况有随机应变能力的人。

第四，小魏听懂了副总裁的意图，通过与同事谈心化解了尴尬。

在职场，冲突多种多样。如果是因为合作发生冲突，要注意以下几点。

● 问题发生时，要以解决问题为目标。不要急于判断是谁的责任，而是要先主动找办法解决问题。

● 如果接到客户投诉，首先要认识到，面对客户，大家是一个团队，要共同承担责任，不要让客户感受到企业内部关系混乱，各自推卸责任。

● 事后组织内部讨论。各方对项目做总结，找出自己负责环节的失误，并提出下次规避问题的方法，将项目中遇到的问题分为轻度、中度和重度，让领导做决策。

● 对事不对人，沟通时厘清思路，注意情绪管理，不要过于激动。

● 同事之间合作，尽量选择做那个多付出的人。因为在职场初期，多做事就是多练习。

● 如果同事犯了错，不要背后议论，也不要当面嘲讽。如果自己有经验，可以私下与同事多分享自己的方法，做一个有温度的职场人。

（二）理性应对变化与冲突

在职场，难免会遇到变化与冲突。这里列出了两种职场新人可能会遇见的变化与冲突的处理方案，供职场新人参考。

1. 刚入职就遇到团队调整，领导换人

领导换人在职场是很正常的事，企业在变革时总会有人事调整。职场新人此时就会陷入选择跟着原领导一起调动还是留在原岗位效力新领导的两难境地。

职场新人要先明确：遇到领导换人并不可怕，关键是自己对待这件事的态度是消极的还是积极的，不要因为情绪影响自己的工作状态。初入职场工作是为了提升能力，为自己职业生涯发展积累经验，用能力和努力获得收入，让自己实现更好的生活目标。

如果特别欣赏原领导的能力与人品，而他所做的事也是你非常感兴趣的，他也愿意培养你，对你职业长期发展更有利，那你可以主动选择跟着原领导一起调动。当初，加入企业是为企业的发展和自身的职业发展而来，团队调整正是用人之际，新领导一定喜欢用积极、有能力、做事认真的人。所以，留在原岗位效力新领导也并不可怕。如果因为原领导离开而被新领导边缘化，处处被为难，也不给成长的机会，那就要第一时间换工作，不要让自己太被动。职业生命中的每分钟都要珍惜，不要让自己陷入能力和经验不增长，还被持续消耗的状态。

2. 企业领导之间发生利益冲突

企业领导之间发生利益冲突时，很多员工会把自己也带入冲突中，不配合对方部门的工作或者背后参与议论领导之间的矛盾，更有甚者为维护自己的领导，扩散各种不利于对方领导的消极言论，这样的行为都是不可取的。企业花钱雇用的是员工做事的能力，所以，员工要做好本分工作，不要站队表态。而且，企业领导之间的矛盾一定不是表面看到的那么简单。不随意评价他人是修养，也是自保的方法。收到领导或者同事让你违犯原则和价值观的暗示时，要选择拒绝。工作可以再找，个人品德不能丢失，触碰道德底线和法律底线的事更不能做。

（三）如何处理办公室恋情

如果想谈办公室恋情要先了解企业文化，很多企业不会将"不允许内部同事恋爱"的相关要求写在制度里，但是，管理者和人事部会在内部宣导。

大多数企业的管理者对于办公室恋情是不太支持的。企业是工作的场所，不是恋爱的场所，有的员工因为办公室恋情对工作产生了负面的情绪。尤其在掌握企业核心信息的敏感部门，恋爱是绝对禁止的，如财务部、法务部的员工与业务部门的员工恋爱，核心高管和员工恋爱，肯定会影响双方工作的理性判断。虽然没有明文规定，但是出现这样的情况，企业会建议其中一位员工离职。

也有一些企业是支持办公室恋情的，甚至鼓励，但是这样的企业往往是有条件地支持。

新人阶段，好好工作，如果遇到心动的人，也不要违反企业制度。职场的做事原则是工作优先，不要做打破规则的那个人。

三、塑造快乐职场新人

很多职场新人工作时，感到非常焦虑。其实，只要找出让自己感到焦虑的原因，并积极调整自己的工作状态和方法，就可以成为快乐的职场新人。

（一）职场焦虑的原因

焦虑不是无缘无故产生的，只有找到成因，才能找到解决问题的方法。职场新人产生焦虑的常见原因如下。

（1）内心非常敏感，对职场文化和规则非常不适应。

（2）个人能力与个人欲望不匹配，攀比心重，认为自己比别人更优秀。

（3）物欲强，入不敷出。

（4）成就动力弱，个人不求进取、追求安逸，工作不积极。

（5）个人能力达不到部门的要求。

（6）不敢和领导多交流，和同事互动少，在工作中受排挤，晋升无望。

（7）跳槽频繁，不懂得积累垂直领域的职业履历，工作没有规划性和持久性。

（二）职场焦虑的缓解方法

学会缓解焦虑是职场新人的必修课，下面分享一些缓解焦虑的方法。

（1）大学期间有意识地结识已经工作的人，让他们和你分享工作中可能遇到的问题。

（2）业余时间多阅读与适应职场文化和提升职场素质相关的图书。

（3）寻求不同专业领域的教练的帮助，如心理、人力资源、管理、商业、演讲与口才、健康、形象管理、健身、人际关系与情感等。

（4）保持正念练习，学会和自己的消极情绪"做朋友"，理性分析问题。

（5）建立自我同一性，对自身的能力优势和专业以及兴趣方向有清晰的认知，有针对性地选择工作岗位。

（6）敢于向上沟通，定期与领导沟通自己对目前工作的想法，让他成为自己工作的支持者和晋升的领路人。

（7）树立求助他人的意识，当意识到自己还没有能力解决某一问题时，求助自己身边的专业人士。

（三）自我激励塑造职业自驱力

有较强的自我驱动力的人才是职场最需要的自燃型人才。保持较强的职业自驱力的前提是自己对工作的期待超越了上级对自己的期待。塑造职业自驱力需要具备以下条件。

（1）保持热情，找到兴趣，知道自己最热爱的领域和最愿意投入精力的事业方向。

（2）保持好奇心，愿意探索新领域，愿意在新的领域做从0到1的事。

（3）保持活力，身心健康，对新工作有争取的意愿和想做好的态度。

（4）保持满足感，在曾经做过的事中找到成就感，对拥有的机会充满感激。

（5）保持改变的意识，时刻觉察现有的工作状态和环境，找到优化和改进的方案。

成功小贴士

保持职业发展可持续的关键行为：

1. 对待每一份工作，不要只看眼前利益，要有长远的想法；

2. 对待工作，要积极行动；

3. 对待职场人际关系，要真诚维护；

4. 在职场，不要让情绪控制大脑；

5. 在职场，不要拉帮结派；

6. 在职场，不要损害企业利益或者破坏团队文化；

7. 在职场，对事有观点、做事有结果、做人有格局，经营个人品牌要用心。

职业生涯发展与就业指导（慕课版）

回顾·练习

1. 新人在试用期要关注哪些法律问题？劳动合同中必须明确的内容有哪些？

2. 新人在试用期如何工作可以赢得领导的认可？

3. 如何在职场塑造个人品牌形象？

4. 你认为职场的消极情绪有哪些？如何应对它们？

发现·探索

活动主题1 理想的职业角色

1. 请描述对于你来说最适合的工作和理想的工作。

2. 获得理想的工作对你来说意味着什么？

3. 你认为理想的同事是什么样的？

4. 请描述让你感觉理想的工作环境、企业文化、价值观，描述得越具体越好。

5. 你认为理想的团队有什么特点？

6. 你认为自己提升哪些技能、改善哪部分性格，会对促进团队合作有帮助？

7. 你认为团队成员之间保持哪种相处关系是最舒适的？

8. 你在团队中发挥哪些优势、扮演什么角色是让自己最满意的？

活动主题2 设定职业目标

请用SMART原则设定自己在职场初期的奋斗目标。

第十一章
生涯转型与平衡

11

关键词	生涯转型　生涯彩虹图　无边界职业生涯　核心能力　布里奇斯变革模型 专业对口　终身学习　生涯平衡　工作与家庭的关系　冲突与平衡 能量　边界理论　性别角色　价值观　企业文化

学习指南	1. 认识生涯转型是生涯发展规划的重要部分； 2. 学习职场转型的思维方法——布里奇斯变革模型； 3. 了解职场转型的方式、面临的阻碍和应对方法； 4. 了解工作与家庭生活的4种关系； 5. 做好应对未来职业转型的准备（从性别角色、价值观认知和企业文化认同等角度）。

案例导入

　　2015年，一封辞职信引发热议，辞职的理由仅有10个字："世界那么大　我想去看看。"辞职信出自某中学的一名心理教师，她已工作11年，辞职是为了心中的梦想——开一家客栈和继续从事心理咨询工作。这一辞职理由引起网友热评："具有情怀的辞职信。"这10个字反映了人们对于"过上另一种生活"和"诗与远方"的向往。近年来，有关跳槽转型的现象日益得到人们的关注。调查发现，一个人一生换七八次工作已经成为正常的现象。

　　我们该如何看待职场转型，如何兼顾生活和事业？本章将介绍职场人面临的生涯转型与平衡问题，以及大学生当下可以做的准备。

第一节　人人都要经历的生涯转型

　　换工作是一种内在的自我发展需要，还是外在环境的要求？如何看待和应对生涯转型？本节将帮助大学生做好生涯转型的心理准备。

一、生涯转型的外在要求

（一）生涯发展阶段的影响

了解生涯转型，首先需要对生涯有整体的认识。本书在第二章第二节介绍了舒伯提出的生活广度、生活空间的生涯发展观构成的生涯彩虹图。生涯彩虹图的出现使人们关于职业生涯发展的视角不再局限于求职的某个时间点或者时间段，而是拓展至一个人一生的生活广度中；对于求职也不再仅仅强调匹配，而是开始动态地看待人在不同的年龄阶段、不同的生活场景（社区、家庭、职场等）所体现的不同的角色以及具有的责任。例如：在20岁时，人们往往处于职业探索期，最重要的角色是学生；在45岁时，有人作为休闲者的角色所占比例逐渐增加，为退休做准备，也有人开始参加培训、学习课程，再次进入学生角色，为下一步的职业转变做准备。

孔子提出："吾十有五而志于学，三十而立，四十而不惑，五十而知天命，六十而耳顺，七十而从心所欲，不逾矩。"在不同的人生阶段，人们的角色和职业多多少少都会发生变化。在这些变化中，人们可以提前做好准备，扮演好自己的角色，完成人生使命。

不过，随着社会的快速变迁、终身学习观念的提出以及人类寿命的延长，生涯发展阶段理论中关于中年期、老年期人的角色与任务的部分，有待进一步完善。同时，人们的生涯转型不能仅仅关注年龄阶段，还要关注科技的发展和职业的快速更新换代、组织结构的变化，以及人们对于生涯发展的内在需求等。

（二）职场组织的变化

20世纪90年代以来，互联网技术飞速发展，知识经济悄然到来，组织兼并、重组的情况日益增多，组织结构在社会发展浪潮中发生了很大的变化。一个突出特征就是组织边界日益模糊化、复杂化，组织从原来的层级、功能体制转向更具弹性、更扁平的结构形态。组织结构的这种变化引发了组织和从业者对职业价值、职业信念的新认识。一方面，从业者开始放弃对组织从一而终的传统观念，而是将职业更多地与个人价值实现联系起来；另一方面，组织为了在更激烈的竞争环境中取胜、保持竞争力，更强调业绩、追求效率。1994年，阿瑟在《组织行为学报》上首次提出"无边界职业生涯"的概念，并将其解释为"超越单个就业环境或雇用范围设定的一系列的工作机会"。超越边界包括从业者在不同的组织里工作，从第一份工作到退休，可以多次转换不同的组织；从业者有更多的机会去尝试不同的职业类型，如我们越来越熟悉的"跨界青年"和"斜杠青年"；职位的转变也不再局限于职级上升，从业者开始更关注具体的工作内容和内心价值的需要。传统的职业生涯与无边界职业生涯的比较具体见表11-1。

表11-1　传统职业生涯与无边界职业生涯的比较

比较维度	传统职业生涯	无边界职业生涯
雇佣关系	以忠诚换取工作安全	以绩效和灵活性换取可雇佣性
边界	一两个组织	多个组织
技能	特定组织专用	可迁移
生涯管理责任	组织承担	个人承担
培训	正式	在职
生涯发展阶段	与年龄相关	与学习能力相关

（资料来源：Sullivan. S. E 1999. The Changing Nature of Careers: A Review and Research Agenda. Journal of Management，25：457-484.）

（三）重新定义的核心能力要求

我们身处的世界变化越来越快，知识边界不断被突破。VUCA是英文单词Volatility（易变性）、Uncertainty（不确定性）、Complexity（复杂性）、Ambiguity（模糊性）的首字母组合，其概括了后互联网时代商业世界的特征：商业组织与个人处于烦絮的状态中。这样的变化，带给人们较直接的感受就是传统认知的一些职业核心技能发生了很大的改变。例如，在过去，传授知识是教师重要的职业技能，教学是以教师为中心的。但是，在互联网高度发达的今天，知识获取的途径变得多元，学生不必从教师的课堂上获得知识，于是，教师的教学技能从传授知识转变为以学生为中心的学习方法的传授和科学思维的训练。同时，越来越多的职位对于专业知识的要求变得模糊，而对于应聘者的软素质和自我管理技能等有了更高的要求。

总之，基本的技能并不成为人和人之间的职业边界，人们可以通过互联网和成人教育等途径学习到技能，而核心能力的发展使得每个人都可以转型和跨界。

<table>
<tr><td>★
**成功
小贴士**</td><td>《哈佛商业评论》中文版增刊《VUCA时代，想要成功，这些原则你一定得明白》分析比较了VUCA时代的特征、变化，以及这些变化带来的后果，从个人、企业两个维度提出应对方案与建议。在选聘人才时，组织一直强调能力，但在风云变幻的今天，这种选拔标准不再适用。组织应以候选人的潜力为重，潜力是具有成长为复合型人才和适应复杂多变环境的能力，它比智力、经验和能力都重要。管理者必须以五大关键指标衡量候选人是否具有潜力：正确动机、好奇心、洞见、参与和决心。

正确动机：以强烈的责任感和极高的投入度去追寻一个大公无私的目标。
好奇心：渴望获得新体验、新知识以及别人的反馈，以开放的心态学习和改进。
洞见：具备收集并准确理解新信息的能力。
参与：善于运用感情和逻辑进行沟通，能够说服他人并与他人建立联系。
决心：面临挑战或受挫时，依旧能为目标不懈努力。</td></tr>
</table>

二、生涯转型的内在平衡

案例

某高校经济管理学院的严敏从小到大学习成绩就很好，即使是自己不太喜欢的学科也能考得很好。高中时，因为考虑到理科能够考出高分，她没选自己更加喜欢的文科。严敏大学毕业以后去了一家比较有名的会计师事务所。几年以后，她觉得每天工作特别辛苦，但是看不出自己为社会创造了什么价值，内心非常不满足。于是她读了MBA，毕业后在某大型金融机构工作了几年。这期间，她开始进行自我探索，尝试学习拍纪录片、写作……直到接触到职场教练这一职业，她发现了自己热爱的事。通过系统的培训与学习后，她辞职成为一名自由职业者，指导他人在职场中获得成长。这一次，她的内心终于安定下来，也终于明确了自己的职业方向。

✳ 点评

从严敏的经历中，我们看到在她的职业发展初期，外界的评价一直引导着她的职业生涯。而分辨清楚一份职业到底是不是自己真正想要的确实不容易，除了不断地反思、尝试，严敏还在不断地学习和走出舒适圈，最终，严敏完成了华丽的转型。

（一）生涯转型方向

人们在考虑职业的发展时，常有一种错觉：只有不断地上升，才是职业的发展。其实，上升只是职业发展的一条路径。《向前一步：女性、工作及领导意志》的作者谢丽尔·桑德伯格谈到她的领悟：职业生涯发展像一个方格架，我们可以在上下左右多个方向探索更多可能，而不是一个竖梯，我们只能上或者下。

职场人可以经历的生涯转型有很多：从国企到民企，不同企业性质的转换；从管理者到创业者，不同领导方式的转换；从财务工作到销售工作，不同岗位的转换；从图书管理员到畅销书作者，不同职业的转换；从全职妈妈／爸爸到职场人，不同人生角色的转换……这些转换涉及发展平台的变化、工作方式的变化、思维模式的变化、人生定位的变化等。

（二）实现生涯转型需要的勇气

心理学家荣格说过这样一句话："每个人都有两次生命。第一次是活给别人看的，第二次是活给自己的。第二次生命，常常从40岁开始。"马斯洛在其提出的人本主义学说需求理论中指出，人们的需求是从安全的需求到生理的需求，到归属和爱的需求，逐步发展到对尊重的需求、自我实现的需求，甚至超越自我。而达到自我实现的人，只有极少数。可见，人们走出自己的舒适圈，有所成长，甚至开始不同的人生阶段或者不同的职业历程，并不容易。职业生涯发展的过程是复杂的、曲折的、迂回的，生涯转型也不是一帆风顺的，人们往往会根据现实的需要来调整自己。在这个过程中，人们要克服的是面临不确定性的恐惧，对自己暂时的否定……当人们具有勇气的时候，就会追寻自己的目标。

（三）实现生涯转型的心理历程

拉尔夫·瓦尔多·爱默生说过："人的伟大不在于他的目标，而是他的转变。"为什么这样说？因为生涯转型需要内在心理发生较大的转变，而人改变自己的固有思维是不容易的。威廉·布里奇斯是布里奇斯变革模型的提出者。该模型强调理解转变的重要性是组织成功实现变革的关键。这个模型同样适用于生涯转型。生涯转型的过程包含3个阶段：放弃过去、中间区域（旧的已经放弃而新的还没有完全呈现）、新的开始。布里奇斯变革模型如图11-1所示。

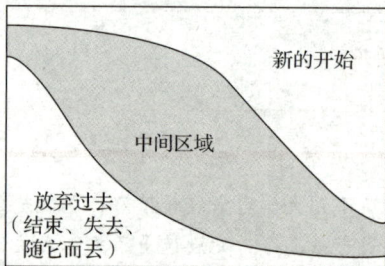

图11-1　布里奇斯变革模型

在生涯转型过程中，人们可能会信心满满地开始一份新的职业，然而事与愿违，人们经常不能很好地开始一份新的职业，其中主要的原因是还没有做好准备、还无法放弃过去。人们往往难以放弃过去的成绩、熟悉的思维模式和工作方式，而这些内容作为心理成本和沉没成本，是需要适时结束的。只有结束了，才能投入新的历程去追求更多的机会成本。例如，某知名互联网企业的一位高管总结他从外企跳到互联网民企所经历的思维模式的变化——两类企业对于风险的偏好不同、对于试错的认知不同，当他跳到互联网民企时，感受到原来强调原则、避免风险的想法完全不适用，互联网民企更加强调业务导向、允许冒险，给予试错的机会。这时，他要做的不是马上开始新的工作，而是通过快速学习来改变自己以往的工作思维模式。开始一份新职业以后，也要留给自己足够的中间区域。在中间区域，人们多半会经历以下过程：觉察到不同职业的差异，接受这些差异，进行适应性的调整和改变。完成这两个过程，真正的转变才开始。

三、大学生应对生涯转型需要做的准备

一些大学生在找工作时会问这样一个问题：找工作要找专业对口的工作吗？这实际上是大学生面临的生涯转型问题。

（一）合理看待专业对口

大学生进行职业选择时往往希望专业对口，的确，专业对口可以使自己的所学能有所用、能够使资源利用最大化。不过，有数据显示，2018届大学毕业生的工作与专业相关度为66%。由于国内移动互联网、共享经济、粉丝经济、新零售等新兴产业和商业模式的出现，社会对跨领域就业、多元化人才的需求持续上升，已经打破专业对口的限制。从这个角度来看，大学生拥有了更多的就业机会。

所以，在校大学生可以拓宽自己的知识面来获得更多的职业发展机会。文科类专业就业面较宽，如中文、历史、哲学、社会学等文科专业大学生可以培养自己的文字表达能力、沟通能力、资源管理能力、问题解决能力和创新思维能力等。在现代社会，文科类大学生如果学习一些数据分析、计算机软件应用、商业管理等应用技术，在职场会更加游刃有余。如数学、物理、计算机、生物等理科类专业培养了大学生较好的逻辑思维能力、问题解决能力、数理分析能力和系统思维能力等。理科类大学生如果学习社会、人文、心理等方面的知识同样也会大大提高职场竞争力。

案例

小杨是某高校中文系本科生，毕业后顺利进入一家中小学数学教育创业公司工作。很多人疑惑地问他："你是学中文的，怎么去了数学教育公司？你可以教数学吗？"实际上，小杨在大学期间已经做了一些转型准备，虽然那时的他并不知道未来的自己会进入这样一家公司。按小杨的话说，转型开始于"不务正业"的尝试。他在大学期间凭着兴趣选修了和中文不相关的课程，如教育社会学思考、化学与社会、组织管理心理学等。同时，出于对公益活动的热爱，小杨组织了上百名来自各大高校的优秀大学生为偏远山区的学生提供免费的高考咨询服务。他还在学校就业中心做过学生助理工作，协助老师帮助其他同学求职。

✳ 点评

这些看似"不务正业"的尝试，让小杨对教育领域产生了兴趣，了解了一定的理科认知思维规律，并且提升了自己的策划能力、组织能力和领导能力。后来，小杨看到这家教育公司的招聘信息，一下子被吸引了，实习后顺利转正。由于岗位是内容运营，他的中文写作能力也能得到很好的发挥。

（二）做好终身学习的准备

联合国教科文组织在1965年提出了终身学习的概念。当人们走向职场时，传统的学历教育学习虽然暂时结束，然而，却有越来越多的人不分年龄进入大学学习，获得相应的学位；通过网络课程远程学习某项技能；在继续教育机构学习某种能力得到职业认证等。

越来越多的人看到，没有必要为学习而学习，而应为了自己的兴趣和动机去学习，边学习边应用。学习不再和工作、生活分开，而是其中的一部分。学习什么？怎样学习？怎样学以致用？相信每个人都可以找到自己的答案。大学生尤其要意识到，在现代无边界的职场里，所在单位不再是提供正式培训的机构，职业生涯的发展责任成为希望跨越职业边界的个人的责任。大学生要做好准备，合理利用自己的业余时间，不断学习新技能，提升认知、改变思维，从而获得更好的职业发展机会。

第二节　创造平衡的职业生涯

当代大学生择业更加理性务实，他们不仅重视收入，也看重工作的舒适度和稳定性。由于当代大学生成长的经济环境相对优越，他们对于工作与家庭的平衡关系十分关注和重视。

本节将从工作与家庭的关系进行分析，探讨工作与家庭的冲突和平衡，为大学生创造平衡的职业生涯提出切实的方案。

一、工作与家庭的关系

家庭对每个人来说都有重大的意义，也会对职业发展产生重大的影响。有研究表明，婚姻和父母施加于个人的压力远远超过工作本身带来的压力。工作与家庭的冲突将对个人职业发展目标的实现产生重要影响。家庭成员的意见对个人的职业选择和工作成果也有重要的影响。可以说，家庭对工作的影响是深刻而全面的。

工作与家庭关系密切，一般来说，工作与家庭存在4种关系：分离、溢出、补偿和冲突。

（1）分离。分离指人们把工作与家庭分开，认为工作与家庭是两个分开的领域，相互之间互不干扰，互不影响。有些人强调不要把工作带回家，更不要把工作中负面的情绪带回家；有些人认为家庭是温馨的、充满人情味的，而工作是冰冷的、理性的，两者是完全不同的。

（2）溢出。溢出指人们在工作与家庭之间不断跨越，会把对工作的情感带到家庭中，也会把对家庭的情感带到工作中。比如，一个人在家庭中关注美的感受，他在工作环境中也会注重积极地创造美感。这种在行为、情绪和技能等多方面的溢出既具有积极面，又具有消极面。

（3）补偿。补偿指人们以在一个领域中得到的满足来弥补另一个领域的不满。举例来说，一个人在感情中受挫，他把自己的时间和精力投入工作，通过获得工作上的满足感来补偿感情上的挫败感。

（4）冲突。工作与家庭的冲突主要是角色的冲突。无论是父母的角色、子女的角色，还是夫妻的角色，都和工作的角色存在时间和空间上的冲突。例如，异乡务工的人们就常遇到在外工作与照顾老家父母的冲突。

工作与家庭的关系是多种多样的，实际上两者之间并不存在以上任何一种绝对的关系。越来越多的人发现，工作边界与家庭边界的渗透性和弹性导致了两者之间的冲突和平衡，个人在两者之间跨越并不是被动的，个人可以平衡两者的关系。

二、工作与家庭的冲突和平衡

前文已经介绍了工作与家庭存在的4种关系：分离、溢出、补偿和冲突。在这4种关系中，分离、溢出和补偿在某种程度上使两者处于一种良性互动状态，而工作与家庭的冲突往往是职场人苦恼和希望调整的部分。

（一）工作与家庭冲突的原因

工作与家庭冲突的原因有多种。除了上文提到的角色冲突，还有职业的性质不同导致的冲突，如传统的种植业、手工业等，家庭可以参与，而实验室工作、边防工作等，家庭能参与的部分就很少；工作的地理位置不同和工作时间不同导致抚养子女难、照顾老人难；职业的声望、地位、收入、福利待遇等与家庭成员主观评价和预期不同，导致心理上和情绪上的问题；等等。可见，当个人的时间、精力、情感等有限资源难以同时满足工作与家庭的需要时，冲突就产生了。冲突不仅会对个人和组织产生负面影响，也会对家庭和社会产生消极的影响。

（二）工作与家庭的平衡状态

所谓工作与家庭的平衡状态，指的是工作与家庭的功能同时协调运行的状态，也是个人能够感知到工作与家庭的冲突可以通过调整和改善而减弱的状态。工作与家庭的平衡并不会是长期状态。由于个人职业发展的变化，如职位晋升、工作调动等，家庭系统的改变，如结婚、孩子出生等，原有的两个领域协调运行的状态必然暂时失衡。另外，个体的主观知觉也会造成工作与家庭之间的失衡。比如，当女性在家庭生活里被认为是主要的承担者，而男性只是辅助角色时，职场中的女性将会更多地体验到工作与家庭的冲突，而男性体验到的冲突则少很多；当社会认同女性和男性具有同样的家庭责任时，男性不会因为多承担了家务而产生会耽误工作的知觉，冲突就会减弱。

所以，工作与家庭的平衡不是一种持续状态，而是一种动态的平衡。人们有时候担心失衡，不过，仔细观察人的职业生涯，这种暂时的失衡正是一种活力的表现，职业的变动和家庭的改变，是每个人人生发展的信号与展现。当人们意识到要迎接这种动态平衡时，将能够更加积极主动地投入工作与家庭，去适应和调整这样的变化，这也会带来主观的幸福感。

成功小贴士

很多人相信"工作是能量的消耗者，生活是能量的恢复者"，当繁忙的工作让人感到精力耗竭时，人们渴望回到家庭里休息。其实，很多时候，家庭是让人更加疲惫的地方。比如，做家务和带孩子。与其以家庭为庇护所，不如学习管理好精力。怎么管理好精力？你需要认识身体里的4种能量，并学会管理它们。

（1）物理能量。这是常见的、基础的能量，是身体感觉。日常的运动、良好的生活作息能够维持较稳定的物理能量。

（2）精神能量。它是人们从分析和思考中获得的。人们往往关注自己的身体健康情况，而忽略自己的精神能量。实际上，精神能量也是有限的，它也会在思考中不断消耗。一旦你发现自己的精力不足，就应该停下来做些恢复精神能量的事，如睡觉。

（3）情感能量。情感能量来自与他人的联系——相互给予和付出。当你情绪低落和痛苦时，你需要寻找他人来帮助你。你也可以补充情感能量，比如与朋友在一起做些有趣的事。

（4）激励能量。它是从做一些对人们来说有意义的事中获得的。在做某些事时，即使我们在体力和精力上都感到很疲惫，但是我们仍然愿意咬紧牙关坚持下来，这是激励能量所驱动的。

所以，当你发现自己疲劳时，你可以从这4个角度入手让自己得到恢复。不要把所有消耗能量的事放在一起，这会让你很难恢复。你可以把这4个能量交替使用，例如，物理能量消耗，让情感能量充沛，把它们融入你的工作和生活中，让你保持在一个整体能量较稳定的状态。

（三）从边界理论认识工作与家庭的平衡

克拉克和阿什福思等人将边界的概念运用到工作—家庭领域，认为作为两个领域——工作与家庭，存在边界，人们在工作领域与家庭领域来回穿梭，而这两个领域有自己独特的规则和角色期待，人们每天按照某种领域的规则来行动，创造和维持工作与家庭的边界来管理相应领域的活动，履行相应领域的角色期待。

人们要想在两个领域自如灵活地穿梭，最重要的是感受到边界的弹性。研究表明，家庭的支持，可以使人们感到自己的生活具有灵活性；而工作中，领导和同事的支持，以及工作弹性的制度（如工作时间的灵活性、办公方式的灵活性、对家庭生活的支持计划等）有助于人们体验到较高的工作弹性。人们要获得工作与家庭的平衡，首先要正确看待工作与家庭的关系，两者不是非此即彼和泾渭分明的关系，每个人都可以在两个领域来回穿梭。并且，人们可以通过得到不同领域的支持和认同，来让不同的边界具有弹性，让自己更加有效地平衡需求。

三、大学生面对生涯平衡需要做的准备

大学生在寻找未来的职业发展方向时，不但要考虑到自身能力的发挥、职位的晋升，还需要用更加

宽广的平衡视角来看待生涯发展。下面从不同性别的影响、个人价值观的影响、企业文化的影响3个角度来帮助大学生为生涯平衡做好准备。

（一）性别角色的挑战

在找工作和职业发展的过程中，男性和女性都可能遇到性别带来的职业发展瓶颈。相对来说，女性遇到的更多，甚至可能遭遇性别歧视。比如，大学生在找工作的过程中，女性更多地被问及自己的婚姻问题和生育问题；一些企业由于种种原因倾向于招聘男性。在生涯发展平衡问题中，由于传统观念的影响和女性自身的生理特点，女性往往被期待更多地照顾家庭。针对这些挑战，女性要更加清晰地了解自己作为女性面临的情况，做出提前准备和规划，寻求和自己所要求的工作和家庭平衡相契合的工作。更重要的是，面临职业发展挑战的时候，女性可以从自己能够掌控的角度出发，积极争取发展的可能性。同时，男性在生涯发展中也面临性别带来的问题。实际上，男性面临的挑战更加隐性，比如，男性在职场中的发展被期待更多，而对于家庭活动被期待更少，导致男性不能自由地在两个领域转换。所以，性别角色既是每个人在职业发展中可能遇到的挑战，也是在寻求生涯平衡中需要关注的方面。

> **案例**
>
> 晓辉是计算机专业的硕士毕业生，在找工作的过程中，她的简历屡屡不被通过。于是，她找到学院负责就业的老师交流，一坐下来，她就伤感地说，由于性别，所以简历总是通不过，求职信心一下子没了。老师问她为什么会这样想？她提到身边和自己一样专业的男生似乎总是能够通过简历筛选，而自己无法通过，所以认为是因为性别被拒绝了。老师和她详细沟通后，发现她刚刚开始找工作时，一直认为自己的专业好找工作，并没有做更多的准备。唯一的一次面试机会是校友推荐的，由于准备不足，她在面试中没有能够展现自己的能力和优势落选。之后，她就再也没有拿到面试的机会。谈到这里，晓辉才发现自己没有好好珍惜机会。谈话之后，晓辉不再纠结自己的性别问题，开始积极地求职：修改简历，让简历更加完善；梳理自己的职业规划，建立更加清晰的求职目标。后来，她顺利进入一家心仪的公司工作。晓辉告诉老师，当时，这家公司组织了参访活动，她提前做好准备，对公司及其业务进行多方了解。在参访交流环节，她回答的问题给负责招聘的领导留下了很好的印象。面试时，那位领导对她格外关注。最终，这家公司录用了她。

（二）个人价值观的认知

从价值观的角度来看，平衡是一个人将自己的优先需求和价值观融入职业和生活愿景的能力。有的人希望能够更多地照顾家庭，有的人希望在工作中获得声望，有的人希望将兴趣融入工作等。人们越清楚什么是自身最为看重的方面、什么能带给自己满足感和成就感，就越可能在专业选择、职业选择和培养职场技能时综合考虑不同因素，在职业生涯发展过程中掌握主动权。例如，一位大学生热爱时尚领域，学的是化学专业，她希望将自己的专业应用在时尚领域，于是通过语言培训和相关领域的实习，最终如愿进入一家知名的跨国香水公司，从事研发工作。

（三）企业文化的选择

企业文化是个人和组织的重要纽带。大学生要寻找的不再是终身的雇佣者，而是企业文化与自身相匹配的企业。当今职场充满挑战，人们希望兼顾工作成就、家庭角色和个人成长，似乎比从前更加困难。不过，越来越多的企业看到了人们的需求，以及工作与家庭平衡带给员工的活力和创造力，很多企业推出基于工作与家庭平衡观念的弹性工作方案。比如，在保证一定工作时长或者完成工作任务的情况下，支持员工灵活选择工作时段和工作地点。大学生在找工作时可以考察企业对于工作与家庭平衡的态度以及提供的相关制度保障。

案例

　　越来越多的企业倡导工作和生活之间的灵活性。以下是全球管理咨询公司麦肯锡对于公司的工作—生活灵活性的说明。

　　我们鼓励工作—生活灵活的文化，并提供支持职业成功的特定计划，为从事咨询顾问的员工提供在项目之间多休息5到10周的选项，促使他们能够更长时间地担任当前职位，从而减轻满足下一个职位要求的压力。我们对作为父母的员工承诺，包括为人母、为人父和为人养父母的员工提供广泛的休假福利：由专门的主管通过网络平台提供辅导和支持，帮助员工在产假后快速恢复工作状态。

回顾·练习

【生涯发展转型访谈】

　　使用布里奇斯变革模型，访谈1~3位在生涯发展中做过转型的校友，具体了解在生涯转型的3个阶段中他们是怎样思考的、怎样行动的。

　　放弃过去阶段：

_____

　　中间区域阶段：

_____

　　新的开始阶段：

_____

_____

　　请总结你对生涯转型的新认识。

发现·探索

活动主题1　生涯平衡轮

　　图11-2是一个探索工具——生涯平衡轮，有助于你觉察生命里对于自己来说最重要的方面。

　　第一步：请找到一个安静的地方，准备一张纸和一支笔。请思考在你的生命里，包括工作和生活，你认为最重要的东西是什么。事业、家庭、健康、精神追求，还有什么？请你列出5~8个生命里重要的元素。

　　第二步：请在纸上画一个圆，并根据元素的数量将圆平均分成几份。

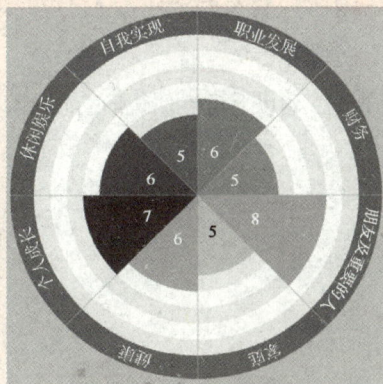

图11-2　生涯平衡轮

第三步：请在圆边上标注出你所列的每个元素的名称，如事业、家庭等。这些元素在你心里的重要程度是不一样的，你认为每一个元素的重要程度如何，请给它们打分（1到10分，1分代表最不重要，10分代表最重要）。根据分数涂出相应的面积。

思考

1. 你在生涯平衡轮中的各方面做得怎么样？

2. 这些元素对你的职业选择有什么影响？

3. 你是否准备改变？改变的第一步是什么？

活动主题2　平衡的工作生活

（一）关注多重角色的平衡

对你而言，工作与家庭间有哪些冲突？工作与家庭对彼此又有哪些益处？请思考，并在表11-2中记录下来。

表11-2　工作与家庭的平衡关系

	工作对家庭	家庭对工作
冲突		
益处		

（二）检视你现在的生活状态与你的理想生活

1. 我现在的生活状态：

● 工作角色：_____%

● 夫妻角色：_____%

● 为人子女或父母角色：_____%

● 学生角色：_____%

● 休闲者角色：_____%

● 社会公民角色：_____%

● 其他：_____%

说明：将以上角色按照所占百分比画在图11-3中。

图11-3　现在生活状态饼图

2. 我的理想生活：

● 工作角色：_____%

● 夫妻角色：_____%

● 为人子女或父母角色：_____%

● 学生角色：_____%

● 休闲者角色：_____%

● 社会公民角色：_____%

● 其他：_____%

说明：将以上角色按照所占百分比画在图11-4中。

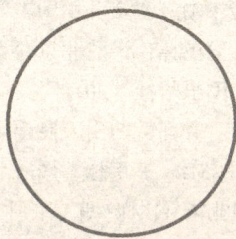

图 11-4　理想生活饼图

通过以上练习，我的发现是_____。

参考文献

[1] 金树人. 生涯咨询与辅导[M]. 北京：高等教育出版社，2007.

[2] 萨克尼克，若夫门. 职业指导：职业生涯规划教程[M]. 中国就业培训技术指导中心，清华大学学生职业发展指导中心，译. 北京：中国劳动社会保障出版社，2017.

[3] 贝恩. 职场心理类型：MBTI视角[M]. 孙益武，译. 上海：上海财经大学出版社，2012.

[4] 鲍利斯. 你的降落伞是什么颜色[M]. 李春雨，王鹏程，陈雁，译. 北京：中国华侨出版社，2014.

[5] 白金汉. 现在，发现你的职业优势[M]. 北京：中国青年出版社，2011.

[6] 艾利克森，普尔. 刻意练习[M]. 王正林，译. 北京：机械工业出版社，2017.

[7] 平克. 驱动力[M]. 杭州：浙江人民出版社，2018.

[8] 徐笑君. 职业生涯规划与管理[M]. 成都：四川人民出版社，2008.

[9] 哈蒙德，基尼，雷法. 决策的艺术[M]. 王正林，译. 北京：机械工业出版社，2016.

[10] 苏文平. 职业生涯规划与就业创业指导[M]. 北京：中国人民大学出版社，2016.

[11] 拉塞尔. 麦肯锡方法[M]. 北京：机械工业出版社，2020.

[12] 卡尔. 积极心理学[M]. 北京：中国轻工业出版社，2013.

[13] 保罗，埃尔德. 思辨与立场：生活中无处不在的批判性思维工具[M]. 李小平，译. 北京：中国人民大学出版社，2016.

[14] 国家职业分类大典修订工作委员会. 中华人民共和国职业分类大典[M]. 北京：中国劳动社会保障出版社，2015.

[15] 奥西普，菲茨杰拉德. 生涯发展理论[M]. 顾雪英，姜飞月译. 上海：上海教育出版社，2010.

[16] 吴沙，遇见生涯大师[M]. 北京：北京大学出版社，2017.

[17] 里尔登，伦兹，彼得森，等. 职业生涯发展与规划[M]. 侯志谨，等，译. 北京：中国人民大学出版社，2016.

[18] 朱士蓉. 生涯混沌理论综述 [J]. 商丘师范学院学报，2019.（08）：25-30.

[19] 陈曦，尹兆华. 大学生生涯辅导教程（第2版）[M]. 北京：高等教育出版社，2016.

[20] 刘平青，陆云泉. 职业生涯与人生规划[M]. 北京：北京大学出版社，2014.

[21] 钟谷兰，杨开. 大学生职业生涯发展与规划[M]. 上海：华东师范大学出版社，2008.

[22] 林幸台，田秀兰，张小凤，等. 生涯辅导[M]. 台北：心理出版社，2010.

职业生涯发展与就业指导（慕课版）